코틀린 디자인 패턴 2/e

Korean edition copyright © 2023 by 에이콘출판㈜. All rights reserved.

Copyright ⓒPackt Publishing 2022.
First published in the English language under the title
'Kotlin Design Patterns and Best Practices - Second Edition - (9781801815727)'

이 책은 Packt Publishing과 에이콘출판㈜가 정식 계약하여 번역한 책이므로
이 책의 일부나 전체 내용을 무단으로 복사, 복제, 전재하는 것은 저작권법에 저촉됩니다.

코틀린 디자인 패턴 2/e

고전 패턴, 반응형 패턴, 동시성 패턴을 활용해
확장성 있는 애플리케이션 개발하기

이대근 옮김   알렉세이 소신 지음

 에이콘출판의 기틀을 마련하신 故 정완재 선생님 (1935-2004)

룰라 리어스Lula Leus에게, 당신은 언제나 내 영감의 원천입니다.
나의 멘토 리오르 바온Lior Bar On께, 선생님이 아니었다면
글을 쓰지 못했을 것입니다.

— 알렉세이 소신Alexey Soshin

추천의 글

코틀린^{Kotlin}이 세상에 나온 지 갓 10년이 됐다. 비교적 젊은 언어다. 그러나 코틀린은 거인의 어깨 위에 서 있다. 다른 프로그래밍 언어에서 많은 기능과 모범 사례를 차용했다는 뜻이다. 덕분에 다른 언어를 통해 습득한 지식을 코틀린에서도 유용하게 활용할 수 있다.

디자인 패턴$^{design\ pattern}$은 코틀린을 효율적으로 사용하기 위한 모범 사례의 일종이다. 코틀린 커뮤니티의 열정 넘치는 개발자들이 열심히 디자인 패턴을 설명하는 것을 보면 참 대단하다고 느낀다. 그중 한 명인 알렉세이 소신은 이 책뿐 아니라 여러 강의와 매체를 통해 그의 지식을 공유하기 위해 애써 왔다.

코틀린 언어의 친절한 안내서인 이 책을 읽고 나면 다양한 디자인 패턴의 의미와 활용법을 익힐 수 있을 것이다. 디자인 패턴 사용 경험이 있는 자바^{Java} 개발자라면 똑같은 일을 코틀린에서는 어떻게 하는지 알 수 있다.

디자인 패턴은 C++과 자바 같은 객체지향 언어의 시대에 탄생했다. 그러나 코틀린에서는 함수형 스타일로도 프로그램을 작성할 수 있다. 이 책은 함수형 스타일의 장점을 갈무리하고 코틀린에 적용하는 방법을 설명한다.

저자는 책의 꽤 많은 분량을 할애해서 코틀린의 코루틴을 사용한 비동기 프로그래밍을 다룬다. 오늘날 동시성 프로그램을 작성하는 법, 그중에서도 비동기 프로그래밍으로 동시성을 구현하는 방법을 이해하는 것은 필수적이다. 애플리케이션을 잘 설계하기 위해서도 동시성에 대한 이해는 매우 중요하다. 동시성 디자인 패턴은 더 나은 동시성 프로그램을 작성하는 방법을 보여 줄 것이다.

이 책을 읽고 나면 코틀린이라는 현대적 프로그래밍 언어와 친숙해질 뿐만 아니라 코틀린으로 프로그램을 작성할 때 따라야 할 모범 사례를 탄탄하게 익힐 수 있을 것이다. 저자의 노력과 열정에 경의를 보낸다!

안톤 아르히포프 Anton Arhipov
젯브레인스 JetBrains 의 코틀린 개발자 애드보킷 Developer Advocate

옮긴이 소개

이대근(daekeun.lee2@gmail.com)

한국과학기술원KAIST에서 전산학과 수학을 공부하고, 동 대학원 협동분산네트워크연구실에서 석사 학위를 받았다. IoT 시스템과 인공위성 영상처리 프로세서, 웹 백엔드 등의 개발에 참여했다. 좋은 이름 짓기와 일관된 코드 스타일에 집착하고, 도전적인 리팩토링을 즐기며, 성실한 게으름을 미덕으로 생각한다. 고객과 개발자가 함께 행복한 소프트웨어 개발 방법론에도 관심을 갖고 있다. 소프트웨어를 통해 더 많은 사람에게 좋은 가치를 전할 수 있기를 꿈꾼다.

옮긴이의 말

코틀린은 매력적인 언어입니다. 현대적인 언어의 특징을 잘 갖추고 있으면서도 사용하기 까다롭지 않습니다. 자바의 오래된 문법으로부터 독립했지만 여전히 자바 생태계를 누릴 수 있습니다. 젯브레인스 사에서 개발한 언어인 만큼 IDE 지원이 강력하고, 안드로이드의 기본 개발 언어로 채택돼 커뮤니티도 두텁습니다. 최근에는 상당한 수준의 멀티플랫폼 개발까지 지원하면서 미래가 더 기대되는 언어입니다.

코틀린의 이러한 매력을 충분히 느끼려면 코틀린을 '코틀린답게' 사용해야 합니다. 그러나 코틀린의 문법만 공부해서는 무엇이 코틀린다운 코드인지 알기 어렵습니다. 코틀린은 기본적으로 모든 프로그래밍 패러다임을 지원하는 다중 패러다임 언어이기 때문입니다. 즉 코틀린으로도 얼마든지 자바 스타일의 코드를 작성할 수 있습니다.

그래서 실제 문제를 해결하는 코드를 살펴보는 것이 중요합니다. 『코틀린 디자인 패턴 2/e』이 다양한 수준의 수많은 예제로 가득한 것도 그런 이유입니다. 저자는 자주 등장하는 문제에 대한 전형적인 해결책인 디자인 패턴을 가장 코틀린다운 코드로 구현해 보여줍니다. 어떤 패턴은 코틀린의 문법 요소 덕분에 훨씬 간결해지고, 어떤 패턴은 구현할 때 코틀린의 기능에 크게 의존합니다. 이러한 예제를 통해 독자는 코틀린의 모범 사례를 자연스럽게 체득할 수 있을 것입니다.

이 책의 놀라운 점은 GoF[Gang of Four]의 고전 디자인 패턴에 그치지 않고 반응형 패턴과 동시성 패턴까지 자세히 다룬다는 것입니다. 프론트엔드 개발에서 반응형 프로그래밍은 이제 표준처럼 자리 잡았고, 많은 데이터를 효과적으로 다루기 위해서 동시성 프로그래밍은 필수적입니다. 그러나 이들을 디자인 패턴으로 인식하고 예제 코드와 함께 일목요연하게 정리한 자료를 찾기란 여전히 쉽지 않습니다. 그렇기에 코틀린 개발자뿐만 아니라 현대적인 애플리케이션을 개발하는 모든 이에게 이 책은 좋은 안내서가 될 것입니다.

마지막 두 장에서는 Ktor와 Vert.x 프레임워크를 이용해서 실제 마이크로서비스를 개발하는 예제를 보여 줍니다. 비록 간단한 서비스이지만 코틀린이 웹 서버 개발에 사용하기에도 충분히 매력적인 언어라는 것을 엿볼 수 있습니다. 또한 앞서 설명한 여러 디자인 패턴이 실제 프레임워크를 활용할 때 어떻게 접목되는지 확인할 수 있기에 예제를 그대로 따라 구현하는 것만으로도 책의 내용을 더 깊이 이해할 수 있게 될 것입니다.

이 책을 통해 코틀린이라는 멋진 언어를 처음 배우려는 이들은 그 매력을 십분 느끼고, 현대적인 언어에 디자인 패턴을 접목해 확장성 있는 소프트웨어를 개발하고자 하는 이들은 필요한 모범 사례를 습득할 수 있기를 바랍니다. 마지막으로 이 책이 한국의 코틀린 커뮤니티에 조금이나마 보탬이 되기를 기대합니다.

| 지은이 소개 |

알렉세이 소신 Alexey Soshin

15년의 실무 경험을 가진 소프트웨어 아키텍트다. 코틀린이 베타 버전일 때부터 코틀린 세계를 누볐으며 그때부터 코틀린의 열성적인 팬이 됐다. 컨퍼런스 연사이자 작가이며, 'Pragmatic System Design'이라는 온라인 강의의 강사로 활동하고 있다.

감수자 소개

아딧야 쿠마르 Aditya Kumar

4년 경력의 안드로이드 개발자다. 지금까지 마이크로소프트와 우버 등의 회사에서 근무했다. 여러 프로젝트에 쓰이는 핵심 컴포넌트를 개발하는 데 기여했으며 그의 업적은 코틀린 커뮤니티에서 잘 알려져 있다. 안드로이드 개발 외에 시스템 엔지니어링이나 백엔드 엔지니어링 같은 다른 기술 분야에도 관심이 있으며 언젠가는 깊이 파고들 예정이다.

니콜라 코르티 Nicola Corti

구글 코틀린 전문가 Google Developer Expert for Kotlin다. 코틀린을 버전 1.0부터 사용해 왔고 모바일 개발자를 위한 오픈소스 라이브러리와 도구들(Detekt, Chucker, AppIntro 등)의 메인테이너 maintainer로 활동하고 있다. 현재는 영국 런던에 있는 메타 Meta의 리액트 네이티브 React Native 팀에서 근무하면서 가장 유명한 모바일 크로스플랫폼 프레임워크 중 하나인 리액트 네이티브를 개발하고 있다. 개발자 커뮤니티에도 적극적으로 참여하는데, 국제 컨퍼런스 발표부터 CFP 위원 활동, 그리고 유럽 전역의 개발자 커뮤니티 지원 활동까지 두루 열심이다.

요스트 헤이콥 Joost Heijkoop

개인 컨설턴트로 일하고 있다. 노련한 JVM 및 프론트엔드 개발자로서 어려운 문제에 달려들어 개선책을 제시한다. Kotlin.amsterdam과 Amsterdam.scala의 주최자이며 언제나 도움의 손길을 내밀기를 주저하지 않는다.

차례

추천의 글 006
옮긴이 소개 008
옮긴이의 말 009
지은이 소개 011
감수자 소개 012
들어가며 022

1부 — 고전 패턴

1장 코틀린 시작하기 031

기술적 요구 사항 032
기초 문법과 기능 032
다중 패러다임 언어 033
코틀린 코드 구조 이해하기 034
명명 관례 034
패키지 034
주석 035
Hello Kotlin 035
타입 이해하기 038
기본 타입 038
타입 추론 039
값 040
비교와 동등성 040
함수 선언 041
null 안전성 043
코틀린 자료 구조 복습 044

- 리스트 ... 045
- 세트 ... 045
- 맵 ... 046
- 가변성 ... 047
- 집합 자료 구조의 다른 구현체 ... 048
- 배열 ... 049

제어 흐름 ... 050
- if 조건식 ... 050
- when 조건식 ... 052

텍스트 다루기 ... 052
- 문자열 보간 ... 053
- 여러 줄 문자열 ... 053

반복문 ... 055
- for-in 반복문 ... 055
- for 반복문 ... 056
- while 반복문 ... 057

클래스와 상속 ... 058
- 클래스 ... 058
- 인터페이스 ... 063
- 추상 클래스 ... 064
- 접근 제한자 ... 065
- 상속 ... 066
- 데이터 클래스 ... 067

확장 함수 ... 069

디자인 패턴 소개 ... 071
- 디자인 패턴이란? ... 071
- 코틀린에서 디자인 패턴을 사용하는 이유 ... 073

요약 ... 073

질문 ... 074

2장 생성 패턴 사용하기 ... 075

기술적 요구 사항 ... 076
싱글톤 패턴 ... 076
팩토리 메서드 패턴 ... 080

			정적 팩토리 메서드	083
		추상 팩토리 패턴		086
			캐스팅	088
			하위 클래스 생성	089
			스마트 캐스팅	090
			변수 가리기	091
			팩토리 메서드의 모음	092
		빌더 패턴		094
			유창한 설정자	097
			기본 인수	099
		프로토타입 패턴		100
			프로토타입에서 시작하기	102
		요약		103
		질문		104

3장 구조 패턴 이해하기 105

기술적 요구 사항		106
데코레이터 패턴		106
	클래스에 기능 추가하기	107
	엘비스 연산자	107
	상속의 문제점	108
	연산자 오버로딩	112
	데코레이터 패턴 사용 시 주의할 점	114
어댑터 패턴		115
	기존 코드에 어댑터 패턴 적용	118
	실제 코드에서 사용되는 어댑터 패턴	119
	어댑터 패턴 사용 시 주의할 점	120
브리지 패턴		120
	변경 사항에 다리 놓기	122
	타입 별칭	124
	상수	124
합성 패턴		126
	부 생성자	128
	varargs 키워드	129

합성 객체로 이뤄진 합성 객체 중첩하기 129
퍼사드 패턴 130
경량 패턴 133
　보수적으로 접근하기 133
　메모리 절약하기 136
　경량 패턴 사용 시 주의 사항 137
프록시 패턴 137
　lazy 위임 함수 139
요약 139
질문 140

4장　동작 패턴과 친해지기　141

기술적 요구 사항 142
전략 패턴 142
　과일 무기 구현하기 144
　일급 객체로서의 함수 145
반복자 패턴 148
상태 패턴 151
　상태 패턴의 50가지 그림자 152
　큰 규모의 상태 패턴 155
명령 패턴 156
　명령 실행 취소 161
책임 사슬 패턴 162
해석기 패턴 166
　도메인 특화 언어 166
　나만의 언어 만들기 167
　접미 호출 172
중개인 패턴 173
　중개인 177
　중개인 패턴의 두 가지 유형 178
　중개인 패턴 사용 시 주의 사항 179
기억 패턴 179

방문자 패턴 182
    크롤러 작성하기 183
템플릿 메서드 패턴 186
관찰자 패턴 191
    예제: 동물 합창단 191
요약 197
질문 197

2부 ─ 반응형 패턴과 동시성 패턴

5장   함수형 프로그래밍 소개   201

기술적 요구 사항 202
함수형 프로그래밍을 사용하는 이유 202
불변성 203
    불변 자료 구조 204
    공유된 가변 상태의 문제점 205
    튜플 207
값으로서의 함수 208
    고차 함수 208
    표준 라이브러리에서 고차 함수 사용하기 ... 210
it 표기법 211
    클로저 212
    순수 함수 213
    커리 215
    메모이제이션 218
문 대신 식 사용하기 219
    패턴 매칭 220
재귀 호출 222
요약 224
질문 224

6장 스레드와 코루틴 — 225

- 기술적 요구 사항 — 226
- 스레드 심화 — 226
  - 스레드 안전성 — 229
  - 왜 스레드는 값비싼가? — 231
- 코루틴 소개 — 233
  - 코루틴 시작하기 — 234
  - 작업 — 236
  - 코루틴의 내부 동작 이해하기 — 238
  - 타임아웃 설정하기 — 244
  - 분배기 — 245
  - 구조화된 동시성 — 246
- 요약 — 248
- 질문 — 249

7장 데이터 흐름 제어 — 251

- 기술적 요구 사항 — 252
- 반응형 프로그래밍의 원칙 — 252
  - 응답성 원칙 — 253
  - 회복성 원칙 — 253
  - 유연성 원칙 — 254
  - 메시지 주도 원칙 — 254
- 집합 자료 구조를 위한 고차 함수 — 255
  - 원소 매핑 — 256
  - 원소 필터링 — 256
  - 원소 검색 — 257
  - 각 원소에 대해 코드 실행 — 258
  - 원소의 총합 — 259
  - 중첩 제거 — 260
- 동시성 자료 구조 소개 — 261
  - 순서열 — 261
  - 채널 — 264
  - 흐름 — 269
- 요약 — 275
- 질문 — 276

8장　동시성을 위한 설계　277

- 기술적 요구 사항 … 278
- 값 지연 패턴 … 278
- 장벽 패턴 … 280
  - 데이터 클래스를 장벽으로 사용하기 … 281
- 스케줄러 패턴 … 283
  - 스케줄러 직접 만들기 … 284
- 파이프라인 패턴 … 285
  - 파이프라인 연결하기 … 287
- 팬아웃 패턴 … 288
- 팬인 패턴 … 290
- 경주 패턴 … 291
  - 비편향 select … 293
- 뮤텍스 패턴 … 294
- 사이드킥 채널 패턴 … 296
- 요약 … 298
- 질문 … 299

3부 — 디자인 패턴 활용의 실제

9장　관용구와 안티 패턴　303

- 기술적 요구 사항 … 304
- 시야 지정 함수 사용하기 … 304
  - let 함수 … 305
  - apply 함수 … 306
  - also 함수 … 307
  - run 함수 … 308
  - with 함수 … 309
- 타입 검사와 캐스팅 … 310
- try-with-resources 문의 대안 … 312
- 인라인 함수 … 313
- 대수적 자료형 구현하기 … 314

제네릭에서 타입 실체화	317
상수 효율적으로 사용하기	321
생성자 오버로딩	323
null 다루기	324
동시성을 명시적으로 나타내기	326
입력 유효성 검사하기	327
열거형 대신 봉인 클래스 사용하기	329
요약	330
질문	331

10장 Ktor를 이용한 동시성 마이크로서비스   333

기술적 요구 사항	334
Ktor 시작하기	334
요청 라우팅	340
서비스 테스트하기	341
애플리케이션 모듈화	342
데이터베이스 연결하기	343
엔티티 생성하기	346
일관성 있는 테스트 만들기	349
엔티티 조회하기	349
Ktor에서 라우팅 구조화하기	355
Ktor의 동시성	357
요약	358
질문	358

11장 Vert.x를 이용한 반응형 마이크로서비스   359

기술적 요구 사항	360
Vert.x 시작하기	361
Vert.x에서 라우팅 구현하기	363
버티클	364
요청 처리하기	366
서브라우터 사용하기	367

Vert.x 애플리케이션 테스트하기	368
데이터베이스 다루기	371
설정 관리하기	371
이벤트 루프 이해하기	375
이벤트 버스와 통신하기	378
이벤트 버스로 JSON 보내기	380
요약	382
질문	382

정답과 해설　　383

찾아보기　　389

| 들어가며 |

디자인 패턴을 활용하면 검증된 개발 패러다임을 통해 프로그램을 더 빠르게 개발할 수 있다. 또한 디자인 패턴은 자칫 심각한 문제로 이어질 수 있는 복잡한 이슈를 방지하는 데 도움이 된다. 코드 품질을 개선하고 코드 재사용을 용이하게 하며 더 견고한 아키텍처를 만드는 데에도 유용하다.

코틀린에서 디자인 패턴을 보다 쉽게 받아들일 수 있도록 하며 프로그래머들에게 모범 사례를 제시하는 것이 이 책의 목표다.

책의 첫 부분은 코틀린의 기본적인 문법과 디자인 패턴의 역할을 설명하면서 코틀린으로 얼마나 똑똑하고 실용적인 코드를 작성할 수 있는지 보여 준다. 뒤이어 고전적인 디자인 패턴(생성 패턴, 구조 패턴, 동작 패턴)을 자세히 설명한다. 이후에는 함수형 프로그래밍을 살펴보고 반응형 패턴과 동시성 패턴을 알아보며 스트림, 스레드, 코루틴을 사용해서 더 좋은 코드를 작성하는 방법을 배운다.

책을 덮을 때쯤엔 애플리케이션 개발 과정에서 맞닥뜨리는 일반적인 문제에 효과적으로 대처할 수 있게 될 것이다. 또한 어떤 규모의 프로젝트에서든 확장성 있고 유지 보수가 용이한 코드를 구현할 수 있게 될 것이다.

이 책은 누구를 위한 책인가?

안정적이고 확장성 있으며 유지 보수가 용이한 애플리케이션을 개발하기 위해 코틀린에서 디자인 패턴을 익히고자 하는 개발자를 대상으로 하는 책이다. 제대로 이해하려면 프로그래밍에 관한 사전 지식이 꼭 필요하다. 디자인 패턴에 관한 지식은 유용하지만 필수는 아니다.

이 책의 내용

1장, 코틀린 시작하기 코틀린의 기본적인 문법을 다루고 디자인 패턴의 쓸모와 코틀린에서 디자인 패턴을 활용해야 하는 이유를 논한다. 1장의 목표는 코틀린의 모든 기능을 설명하는 것이 아니라 코틀린의 기본적인 개념과 관용구에 익숙해지는 것이다. 코틀린의 더 많은 기능은 이후의 장들에서 관련된 디자인 패턴을 다루면서 하나씩 설명할 것이다.

2장, 생성 패턴 사용하기 고전적인 생성 패턴을 모두 설명한다. 생성 패턴은 객체를 생성하는 방법 및 시기와 관련된다. 생성 패턴에 숙달되면 객체의 생애 주기를 더욱 잘 관리할 수 있으며 유지 보수하기 쉬운 코드를 작성할 수 있다.

3장, 구조 패턴 이해하기 유연하며 확장성 있는 객체 간 계층 구조를 만드는 방법에 초점을 맞춘다. 데코레이터 패턴과 어댑터 패턴 등을 다룬다.

4장, 동작 패턴과 친해지기 코틀린을 사용한 동작 패턴을 설명한다. 동작 패턴은 객체가 다른 객체와 상호작용하는 방법, 그리고 동적으로 객체의 동작을 변경하는 방법을 다룬다. 효율적이며 결합도가 낮은 객체 간 통신을 구현하는 방법을 살펴본다.

5장, 함수형 프로그래밍 소개 함수형 프로그래밍의 기본 원칙을 설명하고 이 원칙이 코틀린 언어와 어떻게 어울리는지 살펴본다. 불변성과 고차 함수, 값으로서의 함수 등의 주제를 다룰 것이다.

6장, 스레드와 코루틴 코틀린에서 스레드를 새로 띄우는 방법을 자세히 알아보고 스레드보다 코루틴이 확장성 측면에서 더 나은 이유를 설명한다. 코틀린 컴파일러가 코루틴을 다루는 방법, 그리고 코루틴 시야 및 분배자와의 관계를 살핀다.

7장, 데이터 흐름 제어 집합 자료 구조에 적용할 수 있는 고차 함수를 다룬다. 순서열sequence, 채널channel, 흐름flow을 사용해 동시성·반응형 코드에서 고차 함수를 적용하는 방법을 살펴볼 것이다.

8장, 동시성을 위한 설계 동시성 디자인 패턴이 어떻게 수많은 작업을 한 번에 관리하고 작업의 생명 주기를 구조화할 수 있도록 해주는지 설명한다. 동시성 디자인 패턴을 잘 사용하면 자원 유출이나 데드락과 같은 문제를 방지할 수 있다.

9장, 관용구와 안티 패턴 코틀린에서 권장되는 모범 코드와 사용해서는 안 될 코드를 논한다. 관용적으로 사용되는 모범적 코틀린 코드가 어떻게 생겼는지, 또 피해야 할 코드는 어떻게 생겼는지 배울 수 있을 것이다. 9장을 읽고 나면 가독성과 유지 보수성이 더욱 높은 코틀린 코드를 작성할 수 있을 뿐 아니라 흔히 저지르는 실수도 피할 수 있을 것이다.

10장, Ktor를 사용한 동시성 마이크로서비스 지금까지 배운 지식을 활용해 코틀린으로 마이크로서비스를 개발한다. 이를 위해 젯브레인스에서 개발한 Ktor 프레임워크를 사용할 것이다.

11장, Vert.x를 활용한 반응형 마이크로서비스 코틀린에서 마이크로서비스를 만들기 위한 또 다른 방법으로 반응형 디자인 패턴에 기반을 둔 Vert.X 프레임워크를 소개한다. 실무에서 실제로 사용되는 코드 예제를 살펴보며 동시성 및 반응형 패턴의 장단점을 논하고, 언제 각 패턴을 사용해야 하는지 알아볼 것이다.

정답과 해설 장마다 제시한 질문의 답이 수록돼 있다.

이 책을 최대한 활용하려면

독자는 자바에 대한 기본 지식이 필요하며 자바 가상머신[JVM, Java Virtual Machine]이 무엇인지 알아야 한다. 또한 명령줄을 사용해 작업하는 데에 어려움이 없어야 한다. 이 책에서 사용하는 일부 명령줄 예제는 OS X을 기준으로 하지만 윈도우[Windows]나 리눅스[Linux]에도 쉽게 적용할 수 있다.

책에서 사용하는 소프트웨어/하드웨어	운영체제 요구 사항
JDK 11	윈도우, macOS 또는 리눅스
그래들(Gradle) 6.8	윈도우, macOS 또는 리눅스
PostgreSQL 14	윈도우, macOS 또는 리눅스

이 책을 디지털 버전으로 보고 있다면 코드 예제를 직접 타이핑하거나 도서의 깃허브 Github 저장소(다음 절에 링크 정보가 있다)에서 코드를 받도록 하라. 책의 코드를 복사해서 붙여 넣으면 정상적으로 실행되지 않을 수 있다.

예제 코드 다운로드

이 책의 예제 코드는 다음의 깃허브 링크(https://github.com/PacktPublishing/Kotlin-Design-Patterns-and-Best-Practices)에서 받을 수 있다. 코드가 변경될 때에는 깃허브 저장소를 업데이트할 것이다.

에이콘출판사 홈페이지(http://acornpub.co.kr/book/kotlin-design-patterns-2e)에서도 동일한 코드를 내려받을 수 있다.

팩트 출판사의 도서 및 비디오 자료와 관련된 다른 코드도 풍부하게 마련돼 있다. 다음 링크(http://github.com/PacktPublishing/)에서 확인해 보라!

컬러 이미지 다운로드

이 책에서 사용한 스크린샷 및 도표의 컬러 이미지를 PDF 파일로 제공하고 있다. 다음 링크(https://static.packt-cdn.com/downloads/9781801815727_ColorImages.pdf)에서 받을 수 있다.

사용된 규칙

독자의 이해를 돕고자 다루는 정보에 따라 글꼴 스타일을 다르게 적용했다. 이러한 스타일의 예제와 의미는 다음과 같다.

문단 내 코드: 문단 내에 있는 코드 조각, 데이터베이스 테이블명, 폴더 이름, 파일명, 파일 확장자, 사용자 입력, 트위터 ID를 나타낸다. 예를 들어 다음과 같다.

"수신자 측에서 예외를 처리하는 것은 매우 간단하다. collect() 함수를 try/catch 블록으로 감싸면 된다."

코드 블록은 다음과 같이 표시한다.

```
val chan = produce(capacity = 10) {
    (1..10).forEach {
        send(it)
    }
}
```

코드 블록에서 일부 코드에 독자의 관심을 끌고자 할 때는 해당 코드를 굵게 표시한다.

```
flow {
    (1..10).forEach {
        ...
        if (it == 9) {
            throw RuntimeException()
        }
    }
}
```

명령줄 입력이나 출력은 모두 다음과 같이 표시한다.

```
...
4초 -> 30 수신
5초 -> 40 수신
6초 -> 49 수신
...
```

고딕체: 새로운 용어나 중요한 키워드 또는 화면에 표시되는 단어(메뉴나 다이얼로그 창에 표시되는 단어)를 나타낼 때 **고딕체**를 사용한다. 예를 들어 다음과 같이 나타낼 것이다.

"다음 화면에서 **Test framework**로 **JUnit 5**를 선택하고 **Target JVM version**에서는 **1.8**을 선택한 뒤 **Finish** 버튼을 클릭하라."

팁 또는 중요한 내용

> 이와 같이 박스 안에 표시된다.

문의

독자 피드백은 언제나 환영이다.

일반적인 의견: 이 책의 제목을 메일 제목에 넣어 customercare@packtpub.com으로 이메일을 보내면 된다. 이 책의 내용에 대한 질문이 있다면 questions@packtpub.com으로 이메일을 보내면 된다.

한국어판에 관한 질문은 이 책의 옮긴이나 에이콘출판사 편집 팀(editor@acornpub.co.kr)으로 문의해 주길 바란다.

오탈자: 정확한 내용을 전달하고자 모든 노력을 기울였지만 실수가 있을 수 있다. 책에서 발견한 오류를 알려 준다면 감사하겠다. www.packtpub.com/submit-errata에 방문해서 이 책을 선택한 후 **Errata Submission Form** 링크를 클릭하고 자세한 내용을 넣어 주길 바란다.

한국어판의 정오표는 에이콘출판사의 도서정보 페이지 http://acornpub.co.kr/book/kotlin-design-patterns-2e에서 찾아볼 수 있다.

저작권 침해: 인터넷에서 어떤 형태로든 팩트 책의 불법 복제본을 발견한다면 주소나 웹 사이트 이름을 알려 주면 감사하겠다. 불법 복제본의 링크를 copyright@packtpub.com으로 보내 주길 바란다.

저자 신청: 독자가 전문 지식을 가진 분야의 책을 쓰거나 기여하는 데 관심이 있다면 authors.packtpub.com을 방문하길 바란다.

1부

고전 패턴

1부에서는 코틀린 프로그래밍 언어의 기본 문법과 함께 고전 디자인 패턴을 코틀린에서 구현하는 법을 살펴볼 것이다.

고전 디자인 패턴은 시스템 설계의 세 가지 중요한 문제를 다룬다. 객체를 어떻게 효율적으로 생성할 것인가, 객체 간 계층 구조를 어떻게 캡슐화할 것인가, 객체의 동작을 어떻게 더욱 역동적으로 만들 수 있는가 하는 것이다.

디자인 패턴의 어떤 부분이 언어 자체의 기능으로 녹아들었는지 살펴보고 그렇지 않은 부분은 직접 구현하는 방법을 배울 것이다.

1부에는 다음과 같은 4개의 장이 있다.

- **1장**, 코틀린 시작하기
- **2장**, 생성 패턴 사용하기
- **3장**, 구조 패턴 이해하기
- **4장**, 동작 패턴과 친해지기

01
코틀린 시작하기

1장에서는 많은 분량을 할애해서 코틀린의 기본적인 문법을 다룰 것이다. 어떤 언어로 디자인 패턴을 구현하려면 먼저 그 언어에 익숙해져야 하기 때문이다.

또한 디자인 패턴으로 해결하려는 문제가 무엇이며 왜 코틀린에서 디자인 패턴을 사용해야 하는지 간단히 살펴볼 것이다. 디자인 패턴의 개념이 낯선 사람들에게 특별히 도움이 될 것이다. 그러나 숙련된 엔지니어라고 하더라도 흥미로운 관점을 얻을 수 있을 것이다.

코틀린의 모든 기능을 설명하는 것은 1장의 목표가 아니다. 다만 기본적인 개념과 구문에 익숙해질 수 있도록 돕고자 한다. 이후의 장에서 디자인 패턴을 다루면서 관련된 언어의 기능이 있으면 그때 더 자세히 소개할 것이다.

1장에서 다루는 내용은 다음과 같다.

- 언어의 기초 문법과 기능
- 코틀린 코드 구조 이해

- 타입 체계와 null 안전성
- 코틀린 자료 구조 복습
- 제어 흐름
- 텍스트 처리와 반복문
- 클래스와 상속
- 확장 함수
- 디자인 패턴 소개

1장을 읽고 나면 코틀린의 기본 지식을 얻을 수 있다. 이는 이어지는 내용을 이해하기 위한 토대가 될 것이다.

기술적 요구 사항

1장의 안내를 따라 수행하려면 다음의 두 가지가 필요하다.

- **IntelliJ IDEA Community Edition**(https://www.jetbrains.com/idea/download/)
- **OpenJDK 11 버전 이상**(https://openjdk.java.net/install/)

1장의 예제 코드는 다음 **깃허브** 링크(https://github.com/PacktPublishing/Kotlin-Design-Patterns-and-Best-Practices/tree/main/Chapter01)에서 다운로드할 수 있다.

기초 문법과 기능

자바, C#, 스칼라^{Scala} 또는 다른 정적 타입 프로그래밍 언어^{statically typed programming language}를 사용해 본 개발자라면 코틀린 문법을 상당히 익숙하게 느낄 것이다. 이건 우연이 아니다. 다른 언어를 사용해 본 경험이 있는 개발자들이 최대한 부드럽게 새 언어로 넘어올 수 있도록 한 것이다. 하지만 익숙함이 전부는 아니다. 코틀린에는 향상된 타입 안전성을 비롯해 수많은 기능이 도입됐다. 이제부터 살펴보겠지만 코틀린의 기능은 모두 실제 현장의 문제를 해결하기 위해 고안됐다. 이런 실용주의적 관점은 코틀린 전반에서 일관적으로 나타나는 중요한 특징이다. 예를 들어 코틀린의 가장 큰 장점 중 하나는 자바와 상호운용된다는 점이다. 자바로 작성된 클래스와 코틀린으로 작성된 클래스를 동시에 사용할 수 있으며, 자바에서 사용할 수 있는 라이브러리라면 코틀린에서도 자유롭게 사용할 수 있다.

정리하자면 코틀린의 목적은 다음과 같다.

- **실용성**: 자주 하는 일을 쉽게 수행할 수 있도록 한다.
- **가독성**: 간결성과 명확성(무엇을 하는 코드인지 알 수 있도록 하는 것) 사이의 균형을 잡는다.
- **재사용성**: 다양한 상황에 코드를 적용할 수 있도록 돕는다.
- **안전성**: 오류가 발생하는 코드를 작성하기 어렵게 만든다.
- **상호운용성**: 기존의 라이브러리와 프레임워크를 사용할 수 있도록 한다.

1장에서는 코틀린이 이러한 목적을 어떻게 달성하고 있는지 살펴볼 것이다.

다중 패러다임 언어

프로그래밍 언어의 주요 패러다임에는 절차적, 객체지향적, 함수형 언어 패러다임이 있다.

코틀린은 실용성을 강조하기에 모든 패러다임을 사용할 수 있다. 객체지향적 언어의 클래스와 상속도 있고, 함수형 프로그래밍의 고차 함수$^{higher\text{-}order\ function}$도 있다. 하지만 모든 것을 꼭 클래스 안에 작성하지 않아도 된다. 필요하다면 전부 프로시저^{procedure}와 구조체로만 이루어진 코드도 작성할 수 있다. 앞으로 보일 예제에서는 여러 패러다임을 조합해 주어진 문제를 해결해 나간다. 예제 코드를 통해 코틀린에서 다양한 접근 방법을 함께 사용하는 법을 배울 수 있을 것이다.

각 주제마다 모든 내용을 시시콜콜 다루지는 않고, 책 뒷부분에서 관련된 내용이 등장하면 더 자세히 설명할 것이다.

코틀린 코드 구조 이해하기

코틀린 프로그램을 작성하기 시작했다면 첫 번째 할 일은 새 파일을 만드는 것이다. 코틀린의 파일 확장자는 보통 .kt다.

코틀린은 자바와 달리 파일명과 클래스 이름 간에 엄격한 관계가 없다. 하나의 파일 안에 원하는 만큼 많은 공개public 클래스를 작성해도 된다. 단, 한 파일 내의 클래스끼리 관련성을 유지하고, 파일이 너무 길어져서 읽기 힘들어지지 않는 선에서 해야 한다.

명명 관례

파일 하나에 클래스 하나가 들어 있다면 관례적으로 파일명은 클래스명과 동일하게 짓는다.

한 파일에 클래스가 둘 이상 있다면 모든 클래스를 공통적으로 설명할 수 있는 파일 이름을 지어야 한다. 그리고 코틀린 명명 관례(https://kotlinlang.org/docs/coding-conventions.html)에 따르면 파일명에는 카멜 케이스Camel case를 사용한다.

코틀린 프로젝트의 메인 파일명은 일반적으로 Main.kt다.

패키지

패키지package는 비슷한 목적 또는 도메인을 공유하는 파일과 클래스의 묶음이다. 패키지를 사용하면 손쉽게 모든 클래스와 함수를 같은 네임스페이스에 둘 수 있다. 그리고 같은 패키지에 속한 파일은 일반적으로 하나의 폴더에 모아 둔다. 이것이 코틀린이 패키지라는 개념을 사용하는 이유다(다른 언어들과 비슷하게).

파일이 속한 패키지는 다음과 같이 package 키워드를 사용해서 선언한다.

```
package me.soshin
```

클래스가 어떤 파일에 들어 있든 상관없는 것과 마찬가지로, 패키지가 어떤 디렉터리나 파일에 선언돼 있는지는 중요하지 않다. 다만 자바와 코틀린을 섞어서 쓰는 경우에는 자바의 패키지 규칙(https://docs.oracle.com/javase/tutorial/java/package/namingpkgs.html)을 따라야 한다.

순수하게 코틀린만 사용하는 프로젝트에서는 폴더 구조에서 패키지의 공통 부모는 생략할 수 있다. 예를 들어 프로젝트가 모두 me.soshin 패키지 아래에 있고 일부 파일에서 주택담보대출mortgage에 관련된 기능을 수행한다고 하자. 자바에서는 이 파일들을 /me/soshin/mortgages 폴더에 둬야 하지만 코틀린에서는 바로 /mortgages 폴더 아래에 둬도 무방하다.

Main.kt 파일에서는 패키지를 선언하지 않아도 된다.

주석

앞으로 **코틀린 주석**을 사용해 코드에 설명을 덧붙일 것이다. 다른 프로그래밍 언어처럼 코틀린에서도 //를 사용해 한 줄 주석을 작성하고, /* */를 사용해 여러 줄 주석을 작성한다.

주석은 다른 개발자들과 미래의 자신에게 코드의 맥락을 설명하는 좋은 방법이다. 이제 첫 번째 코틀린 프로그램을 작성해 보고 코틀린의 주요 원칙들이 어떻게 적용돼 있는지 살펴보자.

Hello Kotlin

프로그래밍 언어를 기초부터 설명하는 책치고 Hello World 예제를 사용하지 않는 책은 없다. 여기서도 이 위대한 전통을 거스르지 않을 것이다.

코틀린이 어떻게 동작하는지 살펴보기 위해 Main.kt 파일에 다음 코드를 입력하고 실행해 보자.

```kotlin
fun main() {
    println("Hello Kotlin")
}
```

이 예제를 실행하면 다음과 같이 출력된다(IntelliJ IDEA를 사용하고 있다면 **실행**Run 버튼을 누르면 된다).

```
> Hello Kotlin
```

정확히 똑같은 동작을 하는 다음의 자바 코드와 비교해 보면 이 짧은 코드에서 코틀린의 흥미로운 특징을 몇 가지 찾을 수 있다.

```java
class Main {
    public static void main(String[] args) {
        System.out.println("Hello Java");
    }
}
```

이어지는 절에서는 이 특징을 집중적으로 살펴보자.

감싸는 클래스가 없음

자바, C#, 스칼라를 비롯한 많은 언어에서 모든 함수는 클래스 안에 있어야 실행이 가능하다.

그러나 코틀린에는 **패키지 수준 함수**package-level function라는 개념이 있다. 클래스의 속성에 접근할 필요가 없는 함수라면 굳이 클래스로 감싸지 않아도 된다는 것이다. 간단하다.

책의 뒷부분에서 패키지 수준 함수에 대해 더 자세히 살펴볼 것이다.

> **중요**
>
> 앞으로 코드의 중요한 부분에 집중하기 위해 일부를 생략하는 경우 온점 3개를 표시할 것이다. 전체 예제 코드는 1장의 깃허브 링크에서 확인할 수 있다.

명령줄 인수가 없음

명령줄 인수command-line arguments는 명령줄 프로그램에 구성 설정을 전달하기 위해 사용하는 문자열 배열이다. 자바에서 main() 함수는 항상 다음과 같이 명령줄 인수 배열을 받아야 한다.

```
public static void main(String[] args) { ... }
```

하지만 코틀린에서 명령줄 인수는 완전히 선택 사항이다.

static 키워드가 없음

어떤 언어에서는 클래스를 인스턴스화하지 않고도 실행할 수 있는 함수를 나타내기 위해 static 키워드를 사용한다. main() 함수가 그런 함수 중 하나다.

코틀린에는 이런 제한이 없다. 상태를 갖지 않는 함수는 클래스 밖에 두면 된다. 그래서 코틀린에는 static 키워드가 없다.

더 간결한 출력 함수

표준 출력 스트림에 문자열을 출력하기 위해 장황한 System.out.println 메서드를 사용하는 대신 코틀린에서는 println()이라는 별칭alias을 사용할 수 있다.

세미콜론이 없음

자바를 비롯한 많은 언어에서 모든 문statement이나 식expression은 다음 예제와 같이 세미콜론으로 끝나야 한다.

```
System.out.println("세미콜론 =>");
```

코틀린은 실용주의적인 언어다. 그래서 어디에 세미콜론이 들어가야 할지 컴파일러가 자동으로 유추해 준다.

```
println("세미콜론 없음! =>")
```

대개 세미콜론은 필요 없으며 선택 사항이다.

지금까지 코틀린이 얼마나 실용적이고 간결한 언어인지 예제를 통해 살펴봤다. 코틀린은 거추장스러운 것은 걷어내고 중요한 것에 집중할 수 있게 해준다.

> **중요**
>
> 간단한 코드 조각은 파일에 작성하지 않아도 된다. 온라인(https://play.kotlinlang.org/)에서 코틀린 코드를 실행해 볼 수도 있고, 코틀린 설치 후에 kotlinc를 실행해서 REPL과 대화식 셸(shell)을 사용할 수도 있다.

타입 이해하기

코틀린은 타입 안전성을 갖는다고 앞서 이야기했다. 코틀린의 타입 체계를 살펴보고 자바와 비교해 보자.

> **중요**
>
> 자바를 예제로 사용한 것은 자바가 익숙하기 때문이지, 코틀린이 자바보다 어떤 면에서든 더 낫다는 것을 보이려는 것이 아니다.

기본 타입

어떤 언어에서는 원시 타입(primitive type)과 객체(object)를 구분한다. 예를 들어 자바에는 `int` 타입과 `Integer` 타입이 있다. 전자는 메모리 효율이 더 좋고, 후자는 '값 없음'을 지원하며 메서드를 갖고 있어 표현력이 더 좋다.

코틀린에는 이런 구분이 없다. 개발자 입장에서 모든 타입은 동등하다.

그렇다고 코틀린이 자바보다 효율성이 떨어지는 것은 아니다. 코틀린 컴파일러는 타입 최적화를 수행한다. 그러니 너무 걱정하지 않아도 된다.

코틀린에서 대부분의 타입은 자바와 비슷한 이름을 가진다. 예외가 있다면 자바의 Integer는 코틀린에서 Int라고 하며 자바의 void는 코틀린에서 Unit이라고 부른다.

모든 타입을 나열할 수는 없고, 표 1.1에 몇 가지 예시를 들었다.

표 1.1 코틀린의 타입

타입 종류	타입 예시	값 예시
수	Int, Long, Double	42,6_000_000L,3.14
문자열	String	"C-3PO"
부울	Boolean	true,false
문자	Char	'z','\n','\u263A'

타입 추론

Hello Kotlin 예제에서 문자열을 따로 떼어 변수로 선언해 보자.

```
var greeting = "Hello Kotlin"
println(greeting)
```

코드 어디에서도 greeting 변수가 String 타입이라는 것을 밝히지 않았다는 점에 주목하라. 어떤 타입이 사용될지는 컴파일러가 결정한다. 그러나 인터프리터 언어(자바스크립트, 파이썬, 루비 등)와 달리 변수의 타입은 딱 한 번만 정의된다.

코틀린에서 다음 코드는 오류를 발생시킨다.

```
var greeting = "Hello Kotlin"
greeting = 1 // <- greeting 변수는 String 타입이다.
```

변수의 타입을 명시적으로 정의하고 싶다면 다음과 같은 문법을 사용한다.

```
var greeting: String = "Hello Kotlin"
```

값

자바에서는 변수를 final로 선언할 수도 있다. final 변수는 딱 한 번만 할당되고 이 변수에 대한 참조는 사실상 불변immutable이다.

```
final String s = "Hi";
s = "Bye"; // 불가능
```

코틀린은 가능하다면 항상 불변 데이터를 사용할 것을 권장한다. 코틀린에서 불변 변수는 값value이라고 부르며 val 키워드를 사용해서 선언한다.

```
val greeting = "Hi"
greeting = "Bye"// 불가능 ("Val cannot be reassigned" 오류가 발생한다)
```

변수보다 값을 사용하는 것이 더 바람직하다. 불변 데이터가 값을 추적하기 더 용이하기 때문이다. 특히 동시성 코드를 작성할 때 더욱 그렇다. 이 주제는 5장에서 자세히 다룰 것이다.

비교와 동등성

자바에서 객체끼리 비교할 때 == 연산자를 사용하면 원하는 결과를 얻지 못한다는 것을 익히 알고 있을 것이다. == 연산자는 두 객체가 동등한지 비교하는 대신 두 포인터가 같은 객체를 가리키는지(참조 동등성) 비교하기 때문이다.

대신 자바에서는 객체 비교에 equals()를 사용하고, ==는 원시 타입 변수끼리 비교할 때만 사용한다. 다소 헷갈리는 부분이다.

JVM은 정수 캐시$^{\text{integer cache}}$와 문자열 인터닝$^{\text{string interning}}$을 수행해서 기본적인 경우에는 이런 상황을 방지한다. 따라서 다음 예제에서는 캐시가 되지 않는 큰 정수를 사용한다.

```java
Integer a = 1000;
Integer b = 1000;
System.out.println(a == b);       // false
System.out.println(a.equals(b));  // true
```

별로 직관적이지 않다. 반면 코틀린은 == 연산자를 equals()로 해석해 준다.

```kotlin
val a = 1000
val b = 1000
println(a == b)        // true
println(a.equals(b))   // true
```

참조 동등성을 확인하려면 ===을 사용하라. 그러나 다음과 같이 기본 타입 중에는 참조 동등성 비교가 불가능한 타입도 있다.

```kotlin
println(a === b) // 여전히 true
```

클래스를 인스턴스화하는 방법을 배울 때 참조 동등성을 더 자세히 살펴볼 것이다.

함수 선언

자바에서 모든 메서드는 클래스나 인터페이스 안에 있어야 한다. 클래스나 인터페이스의 정보를 전혀 사용하지 않더라도 말이다. 자바에서 정적 메서드만 들어 있는 Util 클래스를 많이 봤을 것이다. 그런 클래스의 목적은 오직 언어의 문법을 만족시키는 것과 여러 메서드를 한 곳에 모아 놓는 것뿐이다.

코틀린에서는 클래스 바깥에도 함수를 선언할 수 있다고 앞서 설명했다. main() 함수가 그런 경우였다. 함수를 선언할 때에는 fun 키워드를 사용한다. 인수 타입은 인수 이름 앞이 아니라 뒤에 온다.

```kotlin
fun greet(greeting: String) {
    println(greeting)
}
```

결과를 반환해야 한다면 반환형은 함수 선언 뒷부분에 기술한다.

```kotlin
fun getGreeting(): String {
    return "Hello, Kotlin!"
}
```

다음 코드를 직접 실행해 보자.

```kotlin
fun main() {
    greet(getGreeting())
}
```

함수가 아무것도 반환하지 않는다면 반환형은 아예 생략할 수 있다. 즉 void 타입(코틀린에서는 Unit 타입)으로 선언할 필요가 없다.

함수가 식 하나로 표현될 만큼 짧다면 (위의 getGreeting() 함수처럼) 반환형과 중괄호를 지우고 다음과 같이 더 짧게 쓸 수 있다.

```kotlin
fun getGreeting() = "Hello, Kotlin!"
```

이때 코틀린 컴파일러는 이 함수가 String 타입을 반환한다는 것을 추론할 것이다.

어떤 스크립트 언어에서는 함수 선언 순서가 중요하지만 코틀린에서는 아니다. 가령 예제 코드의 main 함수는 시야에 있는 모든 함수를 호출할 수 있다. main 함수보다 뒤에 선언됐더라도 호출할 수 있다.

함수 선언에 관해서는 명명된 인수, 매개변수 기본값, 가변 인수 등 다룰 주제가 많다. 이어지는 장들에서 관련된 예제와 함께 소개하겠다.

> **중요**
>
> 책에서 소개하는 많은 예제에서는 코드가 main 함수 안에 있다고 가정한다. 함수 시그니처(signature)가 보이지 않으면 main 함수의 일부라고 생각해도 좋다. 또는 IntelliJ 스크래치 파일(scratch file)에서 예제를 실행할 수도 있다.

null 안전성

자바에서 가장 악명 높은 예외는 아마도 NullPointerException일 것이다. 이 예외가 발생하는 이유는 자바에서는 어떤 객체든 null일 수 있기 때문이다. 이게 왜 문제인지 다음 코드를 통해 살펴보자.

```java
final String s = null;
System.out.println(s.length());
// NullPointerException 발생
```

자바도 손을 놓고 있는 것은 아니다. **자바 8**부터 도입된 Optional을 사용하면 값이 없을 수도 있다는 것을 표현할 수 있다.

```java
var optional = Optional.of("null이 아닌 문자열");
if (optional.isPresent()) {
    System.out.println(optional.get().length());
}
```

그러나 문제가 해결되지는 않는다. Optional을 인수로 받는 함수에도 여전히 null을 전달할 수 있고, 그러면 프로그램에서 런타임 오류가 발생할 것이다.

```java
void printLength(Optional<String> optional) {
    if (optional.isPresent()) { // <- null 검사를 하고 있지 않음
        System.out.println(optional.get().length());
    }
}
printLength (null); // 런타임 오류 발생!
```

코틀린은 컴파일 시에 null 검사를 수행한다.

```
val s: String = null // 컴파일 불가
```

코틀린으로 작성한 printLength() 함수를 보자.

```
fun printLength(s: String) {
    println(s.length)
}
```

이 함수에 null을 전달하면 아예 컴파일이 되지 않는다.

```
printLength(null)
// "Null cannot be a value of a non-null type String" 오류 발생
```

null을 받을 수 있도록 하려면 다음과 같이 물음표를 사용해 null 값을 가질 수 있다는 것을 표시해야 한다.

```
fun printLength(stringOrNull: String?) { ... }
```

코틀린에서는 null을 다루기 위해 스마트 캐스팅smart cast이나 엘비스 연산자Elvis operator 등 다양한 테크닉을 사용한다. 4장에서 null을 다루는 다른 방법을 살펴볼 것이다. 지금은 코틀린 자료 구조data structure로 넘어가자.

코틀린 자료 구조 복습

코틀린에서 익숙해져야 하는 중요한 세 종류의 자료 구조가 있다. 리스트list, 세트set, 맵map이다. 각각을 간단히 다룬 뒤 가변성이나 튜플 등 자료 구조에 관련된 다른 주제를 살펴볼 것이다.

리스트

리스트는 같은 타입을 갖는 원소의 순서 있는 집합[1]을 나타낸다. 코틀린에서는 listOf() 함수를 사용해서 리스트를 선언한다.

```
val hobbits = listOf("프로도", "샘", "피핀", "메리")
```

리스트의 타입을 선언하지 않았다는 점에 주목하라. 코틀린에서는 변수를 초기화할 때와 마찬가지로 집합 자료 구조를 만들 때도 타입 추론이 가능하기 때문이다.

리스트의 타입을 명시하고 싶다면 함수의 인수 정의와 비슷한 방법을 사용할 수 있다.

```
val hobbits: List<String> = listOf("프로도", "샘", "피핀", "메리")
```

특정 인덱스로 리스트 원소에 접근할 때는 대괄호를 사용한다.

```
println(hobbits[1])
```

코드를 실행하면 다음과 같이 출력될 것이다.

```
> 샘
```

세트

세트는 중복 없는 원소의 집합이다. 세트에서 원소를 찾는 것은 리스트에서보다 훨씬 빠르다. 하지만 리스트와 달리 인덱스를 통한 접근은 불가능하다.

1994년까지의 월드컵 우승국을 담고 있는 세트를 만들어 보자.

---

1 여기서 집합은 여러 원소를 모아 놨다는 의미의 collection을 번역한 것으로, 수학적 의미의 집합이나 원소의 유일성이 보장되는 자료 구조인 set를 의미하지 않는다. 자료 구조 set는 '세트'로 번역했다. – 옮긴이

```
val footballChampions = setOf("프랑스", "독일", "스페인", "이탈리아", "브라질",
    "프랑스", "브라질", "독일")
println(footballChampions) // [프랑스, 독일, 스페인, 이탈리아, 브라질]
```

세트에는 각 국가가 하나씩만 존재하는 것을 볼 수 있다. 세트에 어떤 원소가 있는지 검사하기 위해서는 in 함수를 사용한다.

```
println("이스라엘" in footballChampions)
println("이탈리아" in footballChampions)
```

이 코드를 실행하면 다음과 같이 출력된다.

```
> false
> true
```

일반적으로 세트는 원소의 순서를 보장하지 않는다. 그러나 현재 setOf() 함수는 LinkedHashSet을 반환하도록 구현돼 있는데, 이 클래스는 원소가 추가된 순서를 보존한다. 즉 위의 예제에서 프랑스는 맨 먼저 출력되는데, 이는 입력 순서상 가장 앞에 있었던 까닭이다.

맵

맵은 키의 유일성이 보장되는 키-값 쌍의 집합이다. 두 원소의 쌍을 만드는 키워드는 to다. 사실 to는 진짜 키워드는 아니고 특별한 함수다. 5장에서 더 자세히 알아보자.

먼저 〈배트맨Batman〉 영화 시리즈의 제목과 브루스 웨인Bruce Wayne 역을 맡은 배우의 이름으로 맵을 만들어 보자.

```
val movieBatmans = mapOf(
    "배트맨 리턴즈" to "마이클 키튼",
    "배트맨 포에버" to "발 킬머",
    "배트맨과 로빈" to "조지 클루니"
)
println(movieBatmans)
```

이 코드를 실행하면 다음과 같이 출력된다.

```
> {배트맨 리턴즈=마이클 키튼,
> 배트맨 포에버=발 킬머,
> 배트맨과 로빈=조지 클루니}
```

키를 사용해 값을 조회하려면 대괄호 안에 키를 넣으면 된다.

```
println(movieBatmans["배트맨 리턴즈"])
```

다음과 같이 출력될 것이다.

```
> 마이클 키튼
```

지금까지 설명한 자료 구조는 모두 원소의 부재를 검사하는 기능도 제공한다.

```
println("배트맨 비긴즈" !in movieBatmans)
```

다음과 같이 출력된다.

```
> true
```

가변성

지금까지 살펴본 모든 자료 구조는 불변이다. 더 정확히는 읽기 전용이다.

listOf() 함수로 만든 리스트에는 새로운 원소를 추가하는 메서드가 없다. 원소의 값을 바꿀 수도 없다.

```
hobbits[0] = "빌보" // "Unresolved reference" 오류 발생!
```

01 코틀린 시작하기 | 047

불변 자료 구조는 동시성 코드를 작성할 때 매우 도움이 된다. 하지만 수정 가능한 자료 구조가 필요할 때도 있다. 그럴 땐 집합 자료 구조를 만드는 함수의 가변 버전을 사용할 수 있다.

```
val editableHobbits = mutableListOf("프로도", "샘", "피핀", "메리")
editableHobbits.add("빌보")
```

수정 가능한 집합에는 add() 같은 함수가 있어서 변경이 가능하다. 즉 가변적이다.

집합 자료 구조의 다른 구현체

이전에 JVM을 사용해 본 적이 있다면 세트와 맵에 다른 구현체가 있다는 것을 알 것이다. 예를 들어 TreeMap은 키를 정렬된 상태로 저장한다.

코틀린에서 TreeMap은 다음과 같이 만든다.

```
import java.util.*
// 키로 정렬되는 가변 맵
val treeMap = java.util.TreeMap(
    mapOf(
        "첫째 돼지" to "지푸라기 집",
        "둘째 돼지" to "나무 집",
        "셋째 돼지" to "벽돌 집"
    )
)

println(treeMap.keys)
```

다음과 같이 출력될 것이다.

```
> [둘째 돼지, 셋째 돼지, 첫째 돼지]
```

『아기 돼지 삼형제』의 세 형제가 가나다 순서대로 출력된 것을 볼 수 있다.

배열

이 절에서 꼭 짚고 넘어가야 할 자료 구조가 하나 더 있다. 바로 **배열**array이다. 자바에서 배열은 대괄호를 사용하는 특별한 문법을 갖고 있다. 예를 들어 문자열 리스트는 List<String>으로 선언하지만 문자열 배열은 String[]으로 선언한다. 리스트의 원소는 get() 함수를 사용해 접근하지만 자바 배열의 원소에 접근할 때는 대괄호를 사용한다.

자바에서 집합 자료 구조의 크기를 알아내기 위해서는 size() 메서드를 사용하지만, 배열의 원소 개수를 알아낼 때는 length() 함수를 쓴다. 이건 C++과 비슷한 문법을 갖고자 했던 과거의 자바가 남긴 유산이다.

코틀린에서는 배열도 다른 집합 자료 구조와 비슷한 문법을 사용한다. 문자열 배열은 다음과 같이 Array<String>으로 선언한다.

```
val musketeers: Array<String> = arrayOf("아토스", "포르토스", "아라미스")
```

코틀린 코드에 처음으로 꺾쇠괄호가 등장하는 순간이다. 자바나 타입스크립트TypeScript에서처럼 꺾쇠괄호 안에 들어가는 타입을 **타입 인수**type argument라고 부른다. 여기서는 배열에 문자열이 들어 있다는 것을 나타낸다. 이 주제는 4장에서 제네릭generic을 설명할 때 더 자세히 다룰 것이다.

이미 만들어진 집합 자료 구조를 배열로 변환하고자 한다면 toTypedArray 함수를 사용한다.

```
listOf(1, 2, 3, 5).toTypedArray()
```

기능적인 측면에서 코틀린 배열은 리스트와 굉장히 유사하다. 예를 들어 코틀린 배열의 원소 개수를 구하려면 다른 집합 자료 구조와 마찬가지로 size 속성을 사용한다.

그럼 언제 배열을 사용해야 할까? 먼저 main 함수에서 인수를 받을 때다. 앞의 예제에서는 인수 없는 main 함수만 봤지만 명령줄 인수를 전달하는 경우도 있다.

다음 예제는 명령줄로 인수를 받아서 쉼표로 연결한 뒤 출력하는 main 함수를 보여 준다.

```
fun main(args: Array<String>) {
    println(args.joinToString(", "))
}
```

배열을 인수로 받는 자바 함수를 호출하거나 varargs 문법을 사용하는 경우에도 배열이 필요하다. 이런 내용은 3장에서 다룰 것이다.

이제 기본적인 자료 구조에 익숙해졌으니 if와 when 표현식을 사용해서 논리 구조를 만드는 법을 배워 보자.

제어 흐름

프로그램을 작성할 때 **제어 흐름**control flow은 빠질 수 없는 요소다. 먼저 if와 when이라는 2개의 조건식으로 시작해 보자.

if 조건식

자바에서 if는 문statement이다. 문은 아무 값도 반환하지 않는다. 두 값 중 하나를 반환하는 다음 함수를 보자.

```
public String getUnixSocketPolling(boolean isBsd) {
    if (isBsd) {
        return "kqueue";
    }
    else {
        return "epoll";
    }
}
```

이 예제는 너무 간단해서 그럴 일은 없겠지만, 일반적으로 여러 return 문을 사용하면 코드가 이해하기 어려워지기 때문에 좋지 않다.

자바의 var 키워드를 사용하면 다음과 같이 작성할 수도 있다.

```java
public String getUnixSocketPolling(boolean isBsd) {
    var pollingType = "epoll";
    if (isBsd) {
        pollingType = "kqueue";
    }
    return pollingType;
}
```

이제 return 문은 하나만 있다. 하지만 가변 변수가 생겼다. 역시 너무 단순한 예제이기 때문에 그리 큰 문제는 아니다. 하지만 일반적으로 가변적인 공유 상태는 사용을 최소화하는 것이 좋다. 스레드 안전thread-safe하지 않기 때문이다.

그런데 애초에 이런 문제가 왜 생길까?

자바와 달리 코틀린에서 if는 식이다. 즉 값을 반환한다. 위의 함수를 코틀린으로는 다음과 같이 작성할 수 있다.

```kotlin
fun getUnixSocketPolling(isBsd: Boolean): String {
    return if (isBsd) {
        "kqueue"
    } else {
        "epoll"
    }
}
```

더 짧게 작성하면 다음과 같다.

```kotlin
fun getUnixSocketPolling(isBsd: Boolean): String = if (isBsd) "kqueue" else "epoll"
```

if가 식이라는 사실 덕분에 지역 변수를 선언하지 않아도 된다.

여기서도 단일식 함수single-expression function와 타입 추론을 사용하고 있다. if가 String 타입의 값을 반환하고 있다는 것이 중요한 부분이다. 여러 개의 return 문을 사용할 필요도 없고, 가변 변수를 사용할 필요도 없다.

> **중요**
> 코틀린의 단일식 함수는 멋지고 실용적이지만, 다른 사람도 그 함수가 어떤 동작을 하는지 이해할 수 있도록 작성해야 한다. 항상 주의해서 사용하자.

when 조건식

if 문에 더 많은 조건을 넣고 싶다면 어떻게 해야 할까?

자바에서는 switch 문을 사용한다. 코틀린에는 when 조건식이 있다. when 조건식은 코틀린의 다른 기능과 결합해서 사용할 때 훨씬 강력해진다. 슈퍼히어로superhero의 이름을 넣으면 그의 숙적이 누구인지 알려 주는 메서드를 만들어 보자.

```
fun archenemy(heroName: String) = when (heroName) {
    "배트맨" -> "조커"
    "슈퍼맨" -> "렉스 루터"
    "스파이더맨" -> "그린 고블린"
    else -> "죄송합니다, 모르겠네요."
}
```

when 조건식은 매우 강력하다. 2장에서 범위, 열거형, 봉인 클래스와 when 조건식을 함께 사용하는 법을 자세히 설명할 것이다.

일반적으로 셋 이상의 조건이 필요하다면 when을 사용하고 단순한 경우에는 if를 사용한다.

텍스트 다루기

지금까지 텍스트를 다루는 예제를 많이 봤다. 문자열을 사용하지 않고는 (아주 이상하고 불편한 방법을 사용하지 않는 이상) Hello Kotlin도 출력하지 못하거나 적어도 매우 어색하고 불편했을 것이다.

이 절에서는 텍스트를 효율적으로 다루기 위한 기능을 더 심도 있게 살펴볼 것이다.

문자열 보간

위의 예제에서 만든 함수의 결과를 실제로 출력하기 원한다고 하자.

이미 앞의 예제들에서 봤겠지만 코틀린은 자바의 장황한 `System.out.println` 명령을 감싸고 있는 `println()`이라는 멋진 함수를 기본적으로 제공한다.

더 중요한 것은 코틀린이 다른 최신 언어들과 마찬가지로 ${} 문법을 활용한 문자열 보간string interpolation을 지원한다는 점이다. 앞의 예제에서 이어지는 다음 코드를 보자.

```
val hero = "배트맨"
println("$hero, 그의 숙적은 ${archenemy(hero)}")
```

이 코드를 실행하면 다음과 같이 출력될 것이다.

```
> 배트맨, 그의 숙적은 조커
```

함숫값을 넣을 때에는 중괄호로 감싸야 한다는 점에 주의하라. 그냥 변수라면 중괄호는 생략할 수 있다.

여러 줄 문자열

코틀린은 **여러 줄 문자열**multiline string(미처리 문자열raw string이라고도 한다)을 지원한다. 다른 최신 언어에도 존재하는 기능이며 **자바 15**에는 **텍스트 블록**text block이라는 이름으로 도입됐다.

개념은 매우 단순하다. 여러 줄에 걸쳐 있는 텍스트를 출력하고자 한다. 예를 들어 루이스 캐롤Lewis Carroll이 지은 『이상한 나라의 앨리스Alice's Adventures in Wonderland』의 일부분을 출력해 보자. 여러 줄을 하나의 문자열로 만들기 위해 다음과 같이 할 수 있다.[2]

---

2 원문에 대응하는 소설의 번역문을 다음 링크(https://ko.wikisource.org/wiki/번역:이상한_나라의_앨리스/제7장)에서 발췌했다. 단, 맞춤법에 맞춰 수정했다. – 옮긴이

```
println("반짝반짝 작은 박쥐\n" +
    "어디 있는지 모르겠다!\n" +
    "세상 꼭대기로 나네\n" +
    "하늘 속 쟁반 같구나\n" +
    "반짝반짝 작은 박쥐\n" +
    "어디 있는지 모르겠다!")
```

가능한 방법이긴 하지만 여간 성가신 것이 아니다.

대신 삼중 따옴표를 사용해서 똑같은 문자열 리터럴을 정의할 수 있다.

```
println("""반짝반짝 작은 박쥐
        어디 있는지 모르겠다!
        세상 꼭대기로 나네
        하늘 속 쟁반 같구나
        반짝반짝 작은 박쥐
        어디 있는지 모르겠다!""")
```

같은 작업을 훨씬 더 깨끗한 방법으로 해냈다. 하지만 위의 예제를 실행시켜 보면 시의 들여쓰기가 예상과 다르게 출력되는 것을 볼 수 있다. 여러 줄 문자열이 탭과 같은 공백 문자를 보존하기 때문에 생기는 현상이다.

제대로 출력하려면 다음과 같이 `trimIndent()` 함수를 호출해야 한다.

```
println("""
    반짝반짝 작은 박쥐
    어디 있는지 모르겠다!
""".trimIndent())
```

여러 줄 문자열에는 또 다른 쓸모가 있다. 여러 줄 문자열 안에 있는 따옴표는 이스케이프escape하지 않아도 된다는 점이다. 다음 예제를 보자.

```
println("소설 \" 이상한 나라의 앨리스\"에서 발췌")
```

일반 문자열에서는 이처럼 텍스트에 포함된 따옴표를 역슬래시로 이스케이프escape해야 한다.

이제 똑같은 코드를 여러 줄 문자열로 작성해 보자.

```
println("""소설 "이상한 나라의 앨리스"에서 발췌""")
```

이스케이프가 필요 없어진 것을 볼 수 있다.

반복문

이제 또 다른 대표적 제어 구조인 **반복문**loop을 살펴보자. 개발자라면 반복문이 굉장히 익숙할 것이다. 반복문 없이 같은 코드 블록을 여러 번 실행하기란 꽤 어려운 일이다(하지만 이후의 장들에서 반복문을 사용하지 않고도 코드 블록을 반복하는 법을 배울 것이다).

for-in 반복문[3]

코틀린에서 가장 유용한 반복문은 아마도 for-in 반복문일 것이다. 이 반복문을 사용하면 문자열이나 자료 구조 등 반복자를 갖고 있는 모든 것에 대해 반복을 수행할 수 있다. 반복자에 대해서는 4장에서 배울 것이다. 지금은 간단한 문자열에 반복문을 적용하는 것을 살펴보자.

```
for (c in "Word") {
    println(c)
}
```

이 코드를 실행하면 다음과 같이 출력된다.

---

[3] 원문에서는 'for-each' 반복문이라고 돼 있다. 여기서 'for'는 키워드이지만 'each'는 그냥 '각각'을 뜻하는 영어 단어로, 다음 절의 for 반복문과 대조하기 위해 사용한 단어로 보인다. 그러나 다음 절에서 설명하듯 for-each와 그냥 for의 차이가 코틀린에는 없기 때문에, 많은 자료에서도 for-each 문이라고 하기보다는 그냥 for 문이라고 부르는 것으로 보인다. 오히려 for-each라고 하면 함수형 스타일에서 사용하는 forEach 함수를 떠올리게 된다. 따라서 'each'를 '각각'이라는 의미로 읽지 않을 한국 독자들에게는 'for-each 반복문'이라는 번역어를 쓰기보다는 코드에 직접 등장하는 키워드인 'in'을 활용해 'for-in' 반복문이라고 하는 것이 이해하기 쉬울 것이라고 판단했다. 자바스크립트(Javascript)에서는 동일한 문법을 가리키기 위해 'for-in loop'을 공식적인 용어로 사용하고 있기도 하다. - 옮긴이

```
> W
> o
> r
> d
```

for-in 반복문은 지금까지 살펴본 모든 종류의 자료 구조(리스트, 세트, 맵)에도 사용할 수 있다. 예를 들어 리스트에 반복문을 적용하는 코드를 살펴보자.

```
val jokers = listOf("히스 레저", "호아킨 피닉스", "잭 니콜슨")
for (j in jokers) {
    println(j)
}
```

다음과 같이 출력될 것이다.

```
> 히스 레저
> 호아킨 피닉스
> 잭 니콜슨
```

이 반복문은 쓸모가 매우 많기 때문에 책에서 반복적으로 등장할 것이다.

for 반복문

어떤 언어에서는 for-in 반복문과 for 반복문이 완전히 별개의 문법이다. 그러나 코틀린에서 for 반복문은 그저 범위^{range}에 적용한 for-in 반복문일 뿐이다.

이해를 돕기 위해 한 자릿수를 모두 출력하는 for 반복문 예제를 살펴보자.

```
for (i in 0..9) {
    println(i)
}
```

자바의 for 반복문과는 전혀 다르게 생겼다. 오히려 파이썬이 떠오를 것이다. 0과 9 사이의 온점 2개를 **범위 연산자**^{range operator}라고 부른다.

위의 코드를 실행해 보면 범위가 상한을 포함한다는 것을 알 수 있을 것이다. 즉 9를 포함한 모든 수가 출력된다. 다음의 자바 코드와 비슷하다.

```
for (int i = 0; i <= 9; i++)
```

만약 상한이 범위에 포함되지 않기를 원한다면 until 함수를 사용한다.

```
for (i in 0 until 10) {
    println("for until $i") // 위의 코드와 똑같이 출력된다
}
```

숫자를 역순으로 출력하려면 downTo 함수를 사용한다.

```
for (i in 9 downTo 0) {
    println("for downTo $i") // 9, 8, 7...
}
```

계속 until이나 downTo를 '함수'라고 부르는 것이 혼란스러울 수도 있다. 함수보다는 연산자처럼 보이기 때문이다. 이것은 **중위 함수**infix call라고 하는 코틀린의 재미있는 기능으로, 나중에 더 자세히 다룰 것이다.

while 반복문

while 반복문은 다른 언어와 동일하기 때문에 간단히 살펴보고 넘어가자.

```
var x = 0
while (x < 10) {
    x++
    println("while $x")
}
```

이 코드는 1부터 10까지의 수를 출력할 것이다. 여기서 변수 x는 반드시 var를 이용해 선언해야 한다는 점에 주의하라. 자주 사용하지는 않지만 do while 반복문도 존재한다.

```
var x = 5
do {
    println("do while $x")
    x--
} while (x > 0)
```

아마도 코틀린에서 while 반복문을 사용할 일은 없을 것이다. do while 반복문은 더욱 그렇다. 이어지는 장들에서 같은 일을 '코틀린답게' 하는 방법을 살펴볼 것이다.

클래스와 상속

코틀린은 다중 패러다임 언어이긴 하지만 자바의 친척뻘이라는 것은 부인할 수 없다. 그리고 자바는 클래스에 기반을 둔 언어다. 자바 및 JVM과의 상호운용성을 고려한다면 코틀린에 클래스나 상속의 개념이 있는 것이 놀랄 일이 아니다.

이 절에서는 클래스, 인터페이스, 추상 클래스, 데이터 클래스를 선언하는 문법을 다룰 것이다.

클래스

클래스class란 데이터(속성이라고 부른다)와 메서드를 한데 모아 놓은 것이다. 클래스를 선언할 때는 자바와 똑같이 class 키워드를 사용한다.

컴퓨터 게임을 만든다고 상상해 보자. 플레이어를 나타내는 클래스는 다음과 같이 정의할 수 있다.

```
class Player {
}
```

클래스를 인스턴스화하는 방법도 간단하다.

```
val player = Player()
```

코틀린에서는 new 키워드를 사용하지 않는다는 점에 주목하라. 코틀린 컴파일러는 클래스 이름 뒤에 **괄호**round brackets가 있으면 새로운 인스턴스를 생성하는 것으로 인식한다.

위의 예제처럼 클래스 본문이 없는 경우에는 중괄호를 생략할 수 있다.

```
class Player // 유효한 클래스 선언
```

아무런 함수나 속성이 없는 클래스는 특별히 쓸모 있지는 않지만, 4장에서 왜 이런 문법이 존재하며 어떻게 코틀린의 다른 기능과 어우러지는지 살펴볼 것이다.

주 생성자

플레이어를 생성할 때 이름을 지정할 수 있으면 좋을 것이다. 이를 위해 Player 클래스에 **주 생성자**primary constructor를 추가해 보자.

```
class Player(name: String)
```

이제 다음과 같은 선언은 불가능하다.

```
val player = Player()
```

다음과 같이 새로운 플레이어 객체를 만들 때마다 이름을 넣어 줘야 한다.

```
val player = Player("Roland")
```

생성자는 잠시 뒤에 다시 살펴보고, 지금은 속성에 대해 알아보자.

속성

자바를 사용하다 보면 **접근자**getter와 **설정자**setter의 개념에 익숙해진다. 플레이어를 나타내는 클래스를 자바 스타일로 작성한 코틀린 코드는 다음과 같을 것이다.

```
class Player(name: String) {
    private var name: String = name

    fun getName(): String {
        return name
    }

    fun setName(name: String) {
        this.name = name;
    }
}
```

플레이어의 이름을 알아내기 위해서는 getName() 메서드를 호출한다. 플레이어의 이름을 바꾸려면 setName() 메서드를 호출한다. 매우 단순하긴 하지만 너무 많은 코드를 작성해야 한다.

코틀린의 this 키워드가 처음으로 등장했으니 짧게 뜻을 설명하고 넘어가자. 다른 언어처럼 this는 해당 클래스의 현재 객체를 가리키는 참조를 담고 있다. 이 예제에서는 Player 클래스의 인스턴스를 가리킨다.

그냥 클래스를 다음과 같이 작성하면 안 될까?

```
class Player {
    var name: String = ""
}
```

언뜻 괜찮은 방법 같아 보인다. 당연히 코드 양은 훨씬 줄었다. 플레이어의 이름도 player.name으로 간단히 알아낼 수 있다.

플레이어의 이름을 바꾸는 것도 훨씬 직관적이다. player.name = "Alex"와 같이 하면 된다.

하지만 이렇게 하면 객체를 통제할 수 없게 돼 버린다. 가령 Player를 불변으로 만들 수 없다. 모두에게 플레이어의 이름을 읽을 권한을 주면 동시에 이름을 수정할 권한까지 갖게 된다. 나중에 코드를 수정할 계획이라면 이건 정말 심각한 문제다. 이처럼 설정자를 사용할 때는 통제할 수 있던 부분이 공개 필드를 사용할 때는 통제를 벗어난다.

코틀린의 속성은 이 모든 문제를 해결해 준다. 다음의 클래스 정의를 보자.

```
class Player(val name: String)
```

주 생성자 절의 예제와 거의 똑같은 코드이지만 이제 name 앞에 val 제한자^{modifier}가 생겼다.

이렇게 하면 코틀린은 멤버와 동일한 이름의 접근자를 자동으로 만들어 준다. 생성자를 사용해 속성의 값을 설정할 수 있고 이름을 사용해 접근할 수 있다.

```
val player = Player("Alex")
println(player.name)
```

그러나 Player 객체의 이름을 바꾸려고 하면 오류가 발생할 것이다.

```
Player.name = "Alexey" // "Val cannot be reassigned" 오류 발생
```

속성을 값으로 선언했기 때문에 읽기 전용이 된다. 속성을 바꿀 수 있게 하려면 가변 속성으로 선언해야 한다. 생성자에서 인자에 var를 붙이면 자동으로 접근자와 설정자가 만들어진다.

```
class Player(val name: String, var score: Int)
```

객체 생성 시에는 값을 전달할 수 없게 하려면 속성을 클래스 본문 안으로 이동시키면 된다.

```
class Player(val name: String) {
    var score: Int = 0
}
```

score는 null 불가^{non-nullable} 타입이기 때문에 반드시 기본값을 설정해 줘야 한다는 점에 유의하라.

설정자와 접근자 직접 정의하기

이제 플레이어의 점수를 쉽게 변경할 수 있게 됐다. 하지만 점수가 유효하지 않은 값일 수도 있다. 예를 들어 다음의 경우를 보자.

```
player.score = -10
```

이처럼 가변 속성에 유효성 검사가 필요하다면 set 키워드를 사용해서 설정자를 명시적으로 정의해야 한다.

```
class Player(val name: String) {
    var score: Int = 0
        set(value) {
            field = if (value >= 0) {
                value
            } else {
                0
            }
        }
}
```

여기서 value는 속성의 새 값이며 field는 현재 값이다. 위의 코드에서는 새 값이 음수라면 기본값을 사용한다.

자바를 다뤘던 경험이 있다면 설정자 코드를 다음과 같이 작성하고 싶은 마음이 들 수도 있다.

```
set(value) {
    this.score = if (value >= 0) value else 0
}
```

하지만 코틀린에서 이 코드는 무한 재귀 호출을 일으킨다. 코틀린은 가변 속성마다 설정자를 자동으로 생성한다는 것을 반드시 기억해야 한다. 따라서 위의 코드는 대강 다음 코드와 같다.

```
// 이 코드는 의사코드이며 실제 코틀린 코드가 아닙니다!
...
fun setValue(value: Int) {
    setValue(value) // 무한 재귀 호출!
}
...
```

그래서 자동으로 제공되는 `field`라는 이름을 쓰는 것이다.

비슷한 방법으로 접근자도 직접 선언할 수 있다.

```
class Player(name: String) {
    val name = name
        get() = field.toUpperCase()
}
```

먼저 생성자의 인수로 받은 값을 같은 이름의 필드에 저장한다. 그리고 이 속성의 모든 문자를 대문자로 바꿔서 반환하는 접근자를 정의한다.

```
println(player.name)
```

이 코드의 출력은 다음과 같다.

```
> ALEX
```

인터페이스

이미 다른 언어에서 **인터페이스**interface의 개념을 많이 접해 봤을 수도 있지만 빠르게 복습하고 넘어가자.

정적 타입 언어에서 인터페이스는 어떤 클래스가 구현해야 하는 동작이 무엇인지 정의한다. 인터페이스를 정의할 때는 그냥 `interface` 키워드를 사용하면 된다.

주사위를 굴리는 인터페이스를 정의해 보자.

```
interface DiceRoller {
    fun rollDice(): Int
}
```

이 인터페이스를 구현하려면 클래스 이름 뒤에 콜론을 붙이고 인터페이스 이름을 써준다. 코틀린에서는 implements 키워드를 사용하지 않는다.

```
import kotlin.random.*
class Player(...) : DiceRoller
{
    ...
    fun rollDice() = Random.nextInt(0, 6)
}
```

import 키워드도 여기서 처음 등장했다. 이름에서 알 수 있듯이 이 키워드는 코틀린 표준 라이브러리에서 kotlin.random과 같은 패키지를 불러들이는 역할을 한다.

코틀린의 인터페이스는 기본 함수도 지원한다. 만약 함수가 객체의 상태에 의존하지 않는다면 함수의 구현을 인터페이스에 작성하는 것이다. 위의 예제에서 rollDice()는 단순히 0부터 5 사이의 난수를 발생시키는 함수이기 때문에 이에 해당한다.

```
interface DiceRoller {
    fun rollDice() = Random.nextInt(0, 6)
}
```

추상 클래스

역시 많은 사람에게 익숙한 개념인 **추상 클래스**abstract class는 직접 인스턴스화할 수 없다는 점에서 인터페이스와 비슷하다. 반드시 다른 클래스가 먼저 추상 클래스를 상속해야 한다. 인터페이스와의 차이점은 상태를 가진다는 것이다.

게임판 위에서 플레이어를 움직일 수 있도록 하는 추상 클래스를 작성해 보자. 예제를 단순화하기 위해 그냥 새로운 좌표를 저장할 수 있도록 했다.

```
abstract class Moveable() {
    private var x: Int = 0
    private var y: Int = 0
    fun move(x: Int, y: Int) {
        this.x = x
        this.y = y
    }
}
```

Moveable을 구현하는 클래스는 모두 move() 함수도 상속받게 될 것이다.

방금 예제에서 처음 등장한 private 키워드에 대해서 더 자세히 알아보도록 하자.

접근 제한자

1장의 앞부분에서 private 키워드를 언급했지만 자세히 설명할 기회가 없었다. private 속성이나 함수는 선언된 클래스 안에서만 접근할 수 있다. 위의 예제에서는 Moveable 클래스 내부에서만 x와 y에 접근할 수 있다.

클래스와 속성은 기본적으로 public이다. 따라서 public 접근 제한자는 매번 붙이지 않아도 된다.

추상 클래스를 확장할 때는 추상 클래스의 이름을 콜론 뒤에 붙이면 된다. 코틀린에서 extends 키워드는 사용하지 않는다.

```
class ActivePlayer(name: String) : Moveable(), DiceRoller {
    ...
}
```

implements나 extends 키워드가 없다면 어떻게 추상 클래스와 인터페이스를 구분할 수 있을까?

추상 클래스는 이름 뒤에 둥근 괄호를 붙여 생성자가 있음을 표시한다. 이후의 장들에서 이 문법이 어떻게 쓰이는지 살펴볼 것이다.

상속

추상 클래스 말고 일반적인 클래스도 확장할 수 있다.

추상 클래스를 확장했던 것과 똑같은 문법을 사용해서 Player 클래스를 확장해 보자. ConfusedPlayer 클래스를 만들 텐데, 이 클래스는 (x, y) 좌표를 전달하면 (y, x)로 이동한다.

먼저 그냥 Player를 상속받는 클래스를 생성해 보자.

```
class ConfusedPlayer(name: String): ActivePlayer(name)
```

부모 클래스 이름 뒤에 둥근 괄호를 왜 붙이는지 이제 이해할 수 있을 것이다. 이 괄호에 인자를 넣어서 부모 클래스의 생성자를 호출할 수 있다. 자바의 super 키워드와 비슷하다.

하지만 놀랍게도 이 코드는 컴파일되지 않는다. 코틀린에서 모든 클래스는 기본적으로 상속이 불가능한 최종^{final} 클래스이기 때문이다.

다른 클래스가 상속받는 것을 허락하려면 클래스를 open으로 선언해야 한다.

```
open class ActivePlayer (...) : Moveable(), DiceRoller {
    ...
}
```

이제 move 메서드를 덮어써 보자.

```
class ConfusedPlayer(name : String): Player(name) {
    // move()는 반드시 open으로 선언돼 있어야 함
    override fun move(x: Int, y: Int) {
        this.x = y // protected로 선언돼야 함
        this.y = x // protected로 선언돼야 함
    }
}
```

덮어쓰기overriding를 사용하면 특정 함수가 부모 클래스와 다르게 동작하도록 할 수 있다. 자바에서는 @Override 애노테이션annotation이 선택 사항이지만 코틀린에서는 반드시 override 키워드를 붙여야 한다. 상위 타입의 메서드를 그냥 덮어쓰는 것은 허용되지 않기 때문에 명시적으로 override를 사용하지 않으면 컴파일되지 않는다.

이 코드에는 두 가지 문제가 있다. 첫째, open으로 선언되지 않은 메서드는 덮어쓸 수 없다. 둘째, 자식 클래스에서는 플레이어의 좌표를 수정할 수 없다. 좌표 속성은 둘 다 private으로 선언돼 있기 때문이다.

protected 접근 제한자를 사용해 자식 클래스에서도 속성에 접근할 수 있도록 하고, 함수를 open으로 선언해 덮어쓸 수 있도록 해보자.

```
abstract class Moveable() {
    protected var x: Int = 0
    protected var y: Int = 0
    open fun move(x: Int, y: Int) {
        this.x = x
        this.y = y
    }
}
```

이제 문제가 모두 해결됐다. protected 키워드도 여기서 처음 등장했다. 자바와 마찬가지로 이 접근 제한자는 속성이나 메서드가 자기 자신과 하위 클래스에서만 보이도록 한다.

데이터 클래스

코틀린에서는 모든 것이 생산성을 높이는 데에 초점을 맞추고 있다는 것을 기억하라. 자바 개발자가 가장 많이 하는 일 중 하나는 **POJO**Plain Old Java Object를 만드는 것이다. POJO가 생소하다면 접근자와 설정자, 그리고 equals와 hashCode 메서드 구현만 갖고 있는 객체라고 생각하면 된다. POJO를 만들 일이 너무 많다 보니 코틀린은 이를 아예 내장 기능으로 만들었다. 이걸 **데이터 클래스**data class라고 부른다.

다음 예제를 보자.

```
data class User(val username: String, private val password: String)
```

이 코드는 2개의 접근자가 있고 설정자는 없는 (모든 인수가 val로 선언돼 있는 것을 확인하라) 클래스를 생성한다. 뿐만 아니라 equals, hashCode, clone 함수도 올바르게 정의된다.

데이터 클래스는 코틀린에서 반복 코드 작업을 가장 획기적으로 줄여 주는 기능 중 하나다. 일반적인 클래스와 똑같이 데이터 클래스도 자체 함수를 가질 수 있다.

```
data class User(val username: String, private val password: String) {
    fun hidePassword() = "*".repeat(password.length)
}
val user = User("Alexey", "abcd1234")
println(user.hidePassword()) // ********
```

일반적인 클래스와 비교했을 때 데이터 클래스에는 한 가지 중요한 제약이 있다. 바로 데이터 클래스가 항상 최종 클래스라는 점이다. 즉 다른 클래스가 데이터 클래스를 상속받는 것은 불가능하다. 그러나 equals와 hashCode를 자동으로 구현해 주는 것을 생각하면 감수할 만한 부분이다.

코틀린 데이터 클래스와 자바 레코드 비교

코틀린에서 영감을 얻어서 자바 15에는 **레코드**record라는 개념이 추가됐다. 위의 예제를 자바 레코드로 표현하면 다음과 같다.

```
public record User(String username, String password) {}
```

두 문법 모두 매우 간결하다. 그렇다면 어떤 차이가 있을까?

- 코틀린의 데이터 클래스에는 copy() 함수가 있지만 레코드에는 없다. 2장에서 **프로토타입**prototype 디자인 패턴을 다루면서 이 내용을 살펴볼 것이다.

- 레코드에서 모든 속성은 항상 final이다. 코틀린 식으로 표현하면, 레코드는 값만 지원하며 변수는 사용할 수 없다.
- 데이터 클래스는 다른 클래스를 상속받을 수 있지만 레코드는 불가능하다.

간단히 말해 데이터 클래스는 여러 면에서 레코드보다 낫다. 그러나 각각의 언어에서는 정말 좋은 기능임에 틀림없다. 또한 코틀린은 상호운용성을 중시하는 언어이기 때문에 데이터 클래스에 간단한 표시만 해주면 자바에서 레코드로 사용할 수 있다.

```
@JvmRecord
data class User(val username: String, val password: String)
```

확장 함수

1장에서 다룰 마지막 기능은 **확장 함수** extension function다. 간혹 final로 선언된 클래스의 기능을 확장하고 싶을 때가 있다. 예를 들어 앞 절에서 구현한 hidePassword() 함수가 문자열에도 있다면 좋을 것이다.

한 가지 방법은 문자열을 감싸는 클래스를 직접 선언하는 것이다.

```
data class Password(val password: String) {
    fun hidePassword() = "*".repeat(password.length)
}
```

그러나 이 방법은 꽤 낭비적이다. 귀찮은 껍데기가 하나 더해졌다.

코틀린에는 더 좋은 방법이 있다.

클래스를 상속하지 않고 확장하려면 함수 이름 앞에 확장하려는 클래스의 이름을 붙이면 된다.

```
fun String.hidePassword() = "*".repeat(this.length)
```

일반적인 최상위 함수 선언과 거의 똑같아 보인다. 하지만 결정적인 차이가 있다. 함수 이름 앞에 클래스 이름이 붙는다. 이렇게 붙는 클래스 이름을 **메서드 수신자**method receiver 라고 부른다.

함수 본문에서 this는 함수를 호출한 특정 문자열 객체를 가리킬 것이다.

이제 그냥 문자열을 선언하고 이 새로운 함수를 호출해 보자.

```
val password: String = "secretpassword"
println("비밀번호: ${password.hidePassword()}")
```

다음과 같이 출력된다.

> Password: **************

도대체 무슨 흑마술을 부린 것인가? 방금 final 클래스에 함수를 추가했다. 이론적으로는 불가능한 일이다.

이건 코틀린 컴파일러의 여러 기능 중 하나다. 확장 함수를 컴파일하면 대강 다음과 같은 코드가 만들어진다.

```
// 진짜 코틀린 코드 아님
fun hidePassword(this: String) {
    "*".repeat(this.length)
}
```

보다시피 확장 함수는 사실 그냥 보통의 전역 함수다. 다만 첫 번째 인수가 확장되는 클래스의 인스턴스다. **고**Go 언어에서 구조체에 대해 메서드를 실행하는 것과 비슷하다고도 할 수 있다.

따라서 비밀번호를 별표로 출력하는 코드는 다음과 같이 작성할 수도 있다.

```
val password: String = "secretpassword"
println("Password: ${hidePassword(password)}")
```

이런 이유로 확장 함수는 클래스의 멤버 함수를 덮어쓸 수는 없으며, `private`이나 `protected`로 선언된 속성에 접근할 수도 없다.

디자인 패턴 소개

이제 코틀린의 기초 문법에 익숙해졌으니 도대체 디자인 패턴이라는 것이 무엇인지 살펴보자.

디자인 패턴이란?

디자인 패턴에 대한 오해가 몇 가지 있다. 대체로 다음과 같다.

- 디자인 패턴은 그저 언어가 지원하지 않는 기능을 구현하는 것이다.
- 동적 타입 언어에서 디자인 패턴은 필요하지 않다.
- 디자인 패턴은 객체지향 언어에서만 유효하다.
- 디자인 패턴은 엔터프라이즈 소프트웨어에서만 사용된다.

디자인 패턴이란 사실 자주 발생하는 문제에 대한 검증된 해결책일 뿐이다. 개념적으로 볼 때 디자인 패턴은 특정 프로그래밍 언어(자바)나 언어군(예를 들어 C언어와 그 동류)에 제한되지 않는다. 심지어는 프로그래밍에 국한되지도 않는다. 소프트웨어 아키텍처 분야에서도 디자인 패턴을 이야기하는 것을 들을 수 있는데, 서로 다른 여러 시스템이 효율적으로 의사소통을 하는 방법을 다룬다. **서비스 지향 아키텍처 패턴**(SOA, Service-Oriented Architecture)이라는 것이 있고, SOA에서 파생돼 지난 몇 년 간 떠오르고 있는 마이크로서비스 디자인 패턴도 있다. 틀림없이 미래에는 더 많은 종류의 디자인 패턴이 생길 것이다.

소프트웨어 개발을 벗어난 실생활에도 도처에 디자인 패턴이 있다. 즉 어떤 문제에 대한 일반적인 해결책이 있다. 예시를 살펴보자.

실생활의 디자인 패턴

최근에 승강기를 탄 적이 있는가? 승강기 벽면에 거울이 있었는가? 왜 승강기에는 거울이 있을까? 벽면이 거울도 아니고 유리도 아닌 승강기를 탔을 때 어떤 느낌이 들었는가?

일반적으로 승강기에 거울이 설치돼 있는 것은 자주 발생하는 어떤 문제를 해결하기 위함이다. 그 문제란 바로 승강기를 타는 것이 지루하다는 것이다. 그림을 설치할 수도 있다. 하지만 하루에 최소 두 번씩 같은 승강기를 타다 보면 그림도 금세 질릴 것이다. 값싼 해결책이지만 문제 해결에는 크게 도움이 되지 않는다.

텔레비전을 설치하는 방법도 있다. 실제로 어떤 승강기에는 설치돼 있다. 하지만 승강기는 더 비싸진다. 자주 유지 보수를 해야 하고, 똑같은 내용이 반복적으로 재생되지 않게 하려면 새로운 콘텐츠를 계속 공급해 줘야 한다. 결국 주기적으로 콘텐츠를 갈아 주는 업무를 담당하는 사람이 생기거나 다른 업체에 외주를 줘야 한다. 텔레비전의 하드웨어와 소프트웨어에서 발생하는 여러 가지 문제를 처리해야 할 수도 있다. 물론 텔레비전에 블루스크린이 떠 있으면 재밌긴 할 것이다.

어떤 건축가는 아예 승강기를 건물 바깥쪽에 설치하고 승강기 벽 일부를 투명하게 만든다. 그러면 멋진 뷰가 생긴다. 하지만 마찬가지로 유지 보수가 필요하고(창이 더럽다면 뷰도 썩 멋지지 않을 것이다) 건축 설계 시에도 고민할 거리가 많다.

그래서 거울을 설치한다. 혼자 승강기에 타더라도 거울 속에는 매력적인 사람이 서 있을 것이다. 어떤 연구에 따르면 사람은 스스로를 실제보다 더 매력적으로 느낀다고 하니까 말이다. 어쩌면 중요한 회의 전에 옷매무새를 다듬을 마지막 기회가 될 수도 있다. 거울은 더 넓은 공간감을 제공하기 때문에 답답한 느낌을 줄여 주고 출퇴근 시간에 사람들이 빽빽이 탔을 때도 덜 어색하게 해준다.

디자인 과정

지금 한 일이 무엇이었는지 알아보자.

승강기 내부 거울을 방금 발명한 것은 아니다. 거울이 설치된 승강기는 이미 수천 번은 봤을 것이다. 하지만 문제를 명확하게 정의하고(승강기에 타는 것이 지루함) 다른 해결책을 검토했으며(텔레비전과 유리벽) 일반적으로 사용하는 해결책의 장점을 확인했다(문제를 해결해 주고 적용하기 쉬움). 이게 디자인 패턴이다.

디자인 과정^{design process}의 기본 절차는 다음과 같다.

1. 당면한 문제가 무엇인지 정확하게 정의하기
2. 다른 해결책을 생각해 보고 장단점을 검토하기
3. 주어진 제한 사항 내에서 문제를 해결하는 최적의 해결책을 선택하기

코틀린에서 디자인 패턴을 사용하는 이유

코틀린은 오늘날 현업에서 발생하는 문제를 풀기 위해 탄생했다. 이어지는 장들에서 1994년 GoF^{Gang of Four}가 『GoF의 디자인 패턴』(프로텍미디어, 2015)에서 소개한 내용과 함께, 함수형 프로그래밍 패러다임에서 만들어진 디자인 패턴 및 애플리케이션의 동시성 이슈를 다루기 위해 사용하는 디자인 패턴을 설명할 것이다.

어떤 디자인 패턴은 굉장히 자주 사용되거나 매우 유용해서 코틀린 자체에 키워드나 표준 함수 형태로 내장돼 있다. 어떤 디자인 패턴을 구현하려면 코틀린의 여러 기능을 조합해서 사용해야 한다. 한편 어떤 디자인 패턴은 이제 별로 쓸모가 없다. 세상이 발전해서 새로운 디자인 패턴이 그 자리를 차지했기 때문이다.

그러나 어떤 경우든지 디자인 패턴과 모범 사례^{best practice}에 익숙해지면 개발자로서 써먹을 수 있는 도구가 늘어나는 것이며 동료들과 대화할 때 사용하는 공통의 언어를 만드는 일이다.

⁞▶ 요약

1장에서는 코틀린 프로그래밍 언어의 주요 목표를 설명했다. 변수를 선언하는 방법, 기본 타입, null 안전성, 타입 추론을 배웠다. if나 when, for, while 등으로 프로그램의 흐

름을 제어하는 방법을 살펴봤다. 클래스와 인터페이스를 정의하는 여러 키워드(클래스, 인터페이스, 데이터 클래스, 추상 클래스)도 봤다. 새로운 클래스를 만드는 방법, 인터페이스를 구현하는 방법, 다른 클래스를 상속받는 방법도 배웠다. 마지막으로 디자인 패턴의 쓸모가 무엇이며 코틀린에서 왜 디자인 패턴이 필요한지도 살펴봤다.

이제 코틀린을 사용해서 실용적이고 타입 안전성이 보장된 프로그램을 작성할 수 있을 것이다. 아직 다루지 못한 코틀린의 면면이 많다. 이어지는 장들에서 필요할 때마다 하나씩 다루도록 하겠다.

2장에서는 디자인 패턴의 세 종류 중 첫 번째인 생성 패턴을 알아볼 것이다.

질문

1. 코틀린에서 var과 val의 차이는 무엇인가?
2. 코틀린에서 클래스는 어떻게 확장하는가?
3. final 클래스에 기능을 추가하려면 어떻게 하는가?

02
생성 패턴 사용하기

2장에서는 **코틀린**을 이용해서 고전 패턴의 한 종류인 **생성 패턴**creational pattern을 구현하는 방법을 살펴볼 것이다. 생성 패턴은 '언제' 그리고 '어떻게' 객체를 '생성'할지에 관한 디자인 패턴이다. 2장에서는 생성 패턴에 속하는 각 디자인 패턴이 해결하고자 하는 문제가 무엇이며 코틀린에서 어떻게 그 목표를 달성하는지 배울 것이다.

2장에서 다루는 내용은 다음과 같다.

- 싱글톤 패턴
- 팩토리 메서드 패턴
- 추상 팩토리 패턴
- 빌더 패턴
- 프로토타입 패턴

이 디자인 패턴들을 마스터하면 객체를 더 잘 관리할 수 있을 뿐만 아니라 변경에 쉽게 대응하며 유지 보수하기 쉬운 코드를 작성할 수 있다.

기술적 요구 사항

2장에서는 다음을 설치해야 한다.

- IntelliJ IDEA Community Edition(https://www.jetbrains.com/idea/download/)
- OpenJDK 11 이상(https://openjdk.java.net/install/)

2장의 예제 코드는 다음 깃허브 링크(https://github.com/PacktPublishing/Kotlin-Design-Patterns-and-Best-Practices/tree/main/Chapter02)에서 다운로드할 수 있다.

싱글톤 패턴

싱글톤Singleton은 마을에서 가장 유명한 청년이다. 누구나 그를 알고 그에 대해 이야기하며 어디에 가면 만날 수 있는지도 안다.

디자인 패턴을 별로 좋아하지 않는 사람조차도 싱글톤이라는 이름 정도는 안다. 한때는 안티 패턴anti-pattern으로 몰리기도 했지만 그마저도 다 높은 인기 때문이다.

그래도 싱글톤을 처음 보는 사람들을 위해 싱글톤이 무엇인지 간단히 알아보자.

일반적으로 어떤 클래스가 있으면 원하는 만큼 인스턴스를 만들어 낼 수 있다. 예를 들어 나와 당신이 좋아하는 영화의 목록을 리스트로 만들어 보자.

```
val myFavoriteMovies = listOf("블랙 호크 다운", "블레이드 러너")
val yourFavoriteMovies = listOf(...)
```

별 문제없이 List 인스턴스를 원하는 만큼 만들 수 있다. 대부분의 클래스는 이렇게 여러 인스턴스를 가질 수 있다.

다음에는 〈분노의 질주Quick and Angry〉 영화 시리즈 중 최고를 뽑아 보자.

```
val myFavoriteQuickAndAngryMovies = listOf()
val yourFavoriteQuickAndAngryMovies = listOf()
```

둘 다 빈 리스트이며, 따라서 완전히 동일하다. 그리고 불변 리스트이기 때문에 항상 빈 상태를 유지할 것이다. 〈분노의 질주〉 같은 시리즈에서 최고의 영화를 뽑을 수 있을 리 만무하다(동의해 주길 바란다).

equals 메서드를 사용하면 두 인스턴스가 완전히 같다는 것을 확인할 수 있다. 그렇다면 메모리에 인스턴스를 여럿 둘 필요가 전혀 없다. 빈 리스트를 가리키는 모든 참조가 하나의 인스턴스를 가리키면 좋을 것이다. 생각해 보면 null도 그렇다. 모든 null은 동일하다.

이게 싱글톤 패턴의 주요 개념이다.

싱글톤 디자인 패턴의 요구 사항 두 가지는 다음과 같다.

- 시스템에 인스턴스가 딱 하나만 존재해야 한다.
- 시스템의 모든 부분에서 인스턴스에 접근할 수 있어야 한다.

자바를 비롯한 여러 언어에서 이 요구 사항을 만족시키는 것은 꽤나 복잡하다. 먼저 클래스의 생성자를 private으로 만들어서 새로운 인스턴스가 생성되지 않도록 해야 한다. 그리고 인스턴스 생성이 게으르고lazy 스레드 안전하며 성능을 저해하지 않도록 해야 한다. 각 요구 사항을 자세히 설명하면 다음과 같다.

- **게으른 인스턴스 생성**: 프로그램이 시작되자마자 싱글톤 인스턴스가 만들어지면 안 된다. 인스턴스 생성에 많은 비용이 들 수 있기 때문이다. 인스턴스 생성은 필요한 첫 순간에 이뤄져야 한다.
- **스레드 안전한 인스턴스 생성**: 두 스레드가 동시에 싱글톤 객체를 생성하려고 할 때 두 스레드가 같은 인스턴스를 획득해야 한다. 이 개념이 익숙하지 않은 독자를 위해 5장에서 자세히 설명하겠다.
- **고성능의 인스턴스 생성**: 많은 스레드가 동시에 싱글톤 객체를 생성하려고 할 때 스레드를 너무 오래 기다리게 하면 안 된다. 잘못하면 실행이 중단될 수 있다.

자바나 C++에서 이를 모두 만족하는 것은 만만찮은 일이며 상당히 많은 코드가 필요하다.

코틀린에는 싱글톤 객체 생성을 쉽게 할 수 있도록 object라는 키워드가 도입됐다. 스칼라에도 같은 키워드가 존재한다. object 키워드를 사용하면 위의 모든 요구 사항을 만족하는 싱글톤 객체를 구현할 수 있다.

> **중요**
>
> object 키워드에는 싱글톤 객체 생성 말고도 다른 쓰임새가 있다. 2장 뒷부분에서 더 자세히 설명할 것이다.

싱글톤 객체는 일반적인 클래스와 동일한 방법으로 선언하되 생성자는 정의하지 않는다. 싱글톤 객체는 직접 인스턴스화할 수 없기 때문이다.

```
object NoMoviesList
```

이제 NoMoviesList는 코드 어디서든 접근할 수 있으며 딱 1개의 객체만 존재할 것이다.

```
val myFavoriteQuickAndAngryMovies = NoMoviesList
val yourFavoriteQuickAndAngryMovies = NoMoviesList
println(myFavoriteQuickAndAngryMovies === yourFavoriteQuickAndAngryMovies)
// true
```

두 변수가 메모리상의 같은 객체를 가리키는지 확인하기 위해서 참조 동등성 비교 연산자를 사용했다. 그런데 NoMoviesList가 리스트이긴 한가?

영화 리스트를 출력하는 함수를 작성해 보자.

```
fun printMovies(movies: List<String>) {
    for (m in movies) {
        println(m)
    }
}
```

처음에 만든 영화 리스트를 전달하면 잘 컴파일된다.

```
// 한 줄에 하나씩 영화 제목을 출력
printMovies(myFavoriteMovies)
```

그러나 싱글톤으로 만든 빈 영화 리스트를 전달하면 다음과 같이 컴파일이 실패한다.

```
printMovies(myFavoriteQuickAndAngryMovies)
// Type mismatch: inferred type is NoMoviesList but
// List<String> was expected
```

영화 리스트 출력 함수는 인수로 문자열 리스트만 받을 수 있는데 NoMoviesList가 문자열 리스트라는 정보는 아무 데도 없기 때문에 (이름에서 유추할 수는 있지만) 오류가 발생한다.

다행히 코틀린에서는 싱글톤 객체도 인터페이스를 구현할 수 있다. 그리고 제네릭 리스트를 나타내는 인터페이스가 존재한다.

```
object NoMoviesList : List<String>
```

이제 필수 함수를 구현하라는 메시지가 뜰 것이다. 싱글톤 객체에 본문을 추가해서 필수 함수를 구현해 보자.

```
object NoMoviesList : List<String> {
    override val size = 0
    override fun contains(element: String) = false
    ... // 다른 함수 구현
}
```

다른 함수 구현은 독자에게 맡기겠다. 지금까지 배운 것을 연습해 볼 좋은 기회다. 하지만 꼭 구현하지 않아도 된다. 빈 리스트를 만들 때는 타입에 관계없이 코틀린의 emptyList() 함수를 사용하면 되기 때문이다.

```
printMovies(emptyList())
```

더 자세히 설명하자면 이 함수는 List를 구현하는 싱글톤 객체를 반환한다. 코틀린으로 이 함수를 구현한 전체 소스 코드는 IntelliJ IDEA나 깃허브(https://github.com/JetBrains/kotlin/blob/master/libraries/stdlib/src/kotlin/collections/Collections.kt)에서 볼 수 있다. 현대 소프트웨어에도 여전히 디자인 패턴이 많이 적용되고 있다는 것을 확인할 수 있는 멋진 예제다.

싱글톤 객체는 클래스와 결정적으로 다른 부분이 하나 있다. 생성자를 가질 수 없다는 점이다. 싱글톤 객체 초기화가 필요하다면(예를 들어 처음에 설정 파일에서 데이터를 읽어 와야 한다면) 다음과 같이 init 블록을 사용할 수 있다.

```kotlin
object Logger {
    init {
        println("싱글톤 객체에 처음 접근했습니다.")
        // 여기에 초기화 로직을 작성
    }
    // 다른 코드는 여기에 작성
}
```

만약 싱글톤 객체에 한 번도 접근하지 않는다면 초기화 로직은 실행되지 않고, 따라서 자원이 절약된다. 이를 **게으른 초기화**lazy initialization라고 부른다.

객체의 생성을 제한하는 방법을 배웠으니 다음으로는 생성자를 직접 사용하지 않고 객체를 생성하는 방법을 살펴보자.

팩토리 메서드 패턴

팩토리 메서드factory method는 객체를 생성하는 메서드에 관한 디자인 패턴이다.

그런데 객체를 생성하는 메서드가 왜 필요한가? 객체를 생성하기 위해 생성자가 있는 것 아닌가?

생성자만으로는 한계가 있기 때문이다.

예를 들어 체스 게임을 만든다고 하자. 게임의 상태를 텍스트 파일로 저장하고 다시 읽어서 상태를 복원하는 기능을 구현하기 원한다.

체스판의 크기는 정해져 있다. 따라서 각 기물의 위치와 종류만 저장하면 된다. 여기서는 대수기보법algebraic notation을 사용할 것이다. C3에 있는 퀸을 qc3라고 저장하고, A8에 있는 폰을 pa8이라고 저장하는 식이다.

파일을 읽어서 문자열 배열을 만드는 기능은 이미 구현했다고 치자(한편 이 기능에는 앞서 살펴본 싱글톤 패턴이 적합하다).

기보가 리스트로 주어질 때 체스판을 만들어 내는 코드는 다음과 같다.

```
// 모든 기물의 목록
val notations = listOf("pa8", "qc3", ...)
val pieces = mutableListOf<ChessPiece>()
for (n in notations) {
    pieces.add(createPiece(n))
}
println(pieces)
```

createPiece 함수를 구현하기 전에 먼저 기물의 공통적인 속성이 무엇인지 결정해야 한다. 기물을 나타내는 인터페이스를 다음과 같이 만들 것이다.

```
interface ChessPiece {
    val file: Char
    val rank: Char
}
```

코틀린에서 인터페이스는 속성을 가질 수 있다는 사실에 주목하라. 굉장히 강력한 기능이다.

각 기물은 이 인터페이스를 구현하는 데이터 클래스가 될 것이다.

```
data class Pawn(
    override val file: Char,
    override val rank: Char
) : ChessPiece
```

```
data class Queen(
    override val file: Char,
    override val rank: Char
) : ChessPiece
```

연습 삼아 다른 기물도 마저 구현해 보라.

이제 createPiece 함수를 작성하는 일만 남았다.

```
fun createPiece(notation: String): ChessPiece {
    val (type, file, rank) = notation.toCharArray()

    return when (type) {
        'q' -> Queen(file, rank)
        'p' -> Pawn(file, rank)
        // ...
        else -> throw RuntimeException("알 수 없는 기물 종류: $type")
    }
}
```

이 함수의 역할이 무엇인지 살펴보기 전에 먼저 처음 등장한 문법 요소 4개를 소개하겠다.

먼저 toCharArray는 문자열을 문자 배열로 쪼개는 함수다. 대수기보법에서 각 기물은 3개의 문자로 표현된다고 가정하므로 0번 위치의 문자는 기물의 종류를, 1번 위치의 문자는 기물이 위치한 행 번호(file(파일)이라고 부른다)를, 마지막 문자는 기물이 위치한 열 번호(rank(랭크)라고 부른다)를 나타낸다.

다음으로 3개의 값(type, file, rank)이 괄호 안에 있는 것을 볼 수 있다. 이것을 **분해 선언** destructuring declaration이라고 한다. 자바스크립트JavaScript와 같은 언어에도 이 문법이 있다. 모든 데이터 클래스는 이처럼 분해할 수 있다.

이 코드는 다음의 긴 코드와 비슷한 기능을 한다.

```
val type = notation.toCharArray()[0]
val file = notation.toCharArray()[1]
val rank = notation.toCharArray()[2]
```

이제 when 표현식으로 시선을 돌려보자. 위의 코드에서 when 표현식은 기물 종류를 나타내는 문자에 따라 ChessPiece 인터페이스를 구현하는 여러 구현체 중 하나를 인스턴스화한다. 바로 이게 팩토리 메서드 디자인 패턴의 역할이라는 것을 기억하라.

이해도를 높이기 위해 나머지 기물을 생성하는 로직도 자유롭게 작성해 보라.

마지막으로 함수의 제일 아랫부분을 보자. throw 표현식이 처음 등장했다.

이 표현식은 이름에서 알 수 있듯 예외를 '던져서' 프로그램의 정상 동작을 중단시킨다. 5장에서 예외를 다루는 법을 살펴볼 것이다.

현업에서 팩토리 메서드 패턴은 라이브러리 코드가 XML이나 JSON, YAML 같은 설정 파일을 파싱parsing해서 런타임 객체를 생성할 때 자주 사용된다.

정적 팩토리 메서드

팩토리 메서드 패턴과 이름이 비슷해서 자주 헷갈리는 디자인 패턴이 있다(구현은 조금 다르다). GoF의 책에도 등장하는 **정적 팩토리 메서드**static factory method 디자인 패턴이다.

정적 팩토리 메서드 디자인 패턴은 조슈아 블로쉬Joshua Bloch의 책 『이펙티브 자바 Effective Java 3/E』(인사이트, 2018) 덕분에 유명해졌다. 이 패턴을 이해하기 위해 자바의 표준 라이브러리에 있는 valueOf() 메서드를 보자. 자바에는 문자열로부터 Long 객체 (64비트 정수)를 만드는 방법이 두 가지 있다.

```
Long l1 = new Long("1"); // 생성자
Long l2 = Long.valueOf("1"); // 정적 팩토리 메서드
```

생성자나 valueOf() 메서드 모두 문자열을 입력으로 받아 Long을 출력으로 만들어 낸다.

그러면 간단한 생성자 대신 정적 팩토리 메서드 디자인 패턴을 사용하는 이유는 무엇인가?

다음은 생성자와 비교했을 때 정적 팩토리 메서드가 갖는 장점이다.

- 다양한 생성자에 명시적인 이름을 붙일 수 있다. 클래스에 생성자가 많은 경우에 특히 유용하다.
- 일반적으로 생성자에서는 예외가 발생하지 않으리라는 기대가 있다. 그러나 클래스 인스턴스 생성이 절대 실패하지 않는 것은 아니다. 예외가 불가피하다면 생성자보다는 일반적인 메서드에서 발생하는 편이 훨씬 낫다.
- 생성자에 기대하는 것이 한 가지 더 있다면 빠르다는 것이다. 그러나 생성하는 데에 시간이 오래 걸릴 수밖에 없는 객체도 있다. 그런 경우 생성자 대신 정적 팩토리 메서드를 고려하라.

이 세 가지는 대체로 스타일 측면의 장점이다. 하지만 정적 팩토리 메서드에는 기술적인 장점도 있다.

캐시

정적 팩토리 메서드를 사용하면 **캐시**cache를 적용할 수 있다. 실제로 Long도 캐시를 한다. valueOf() 함수는 모든 값에 대해서 항상 새 객체를 반환하는 대신 이미 파싱한 적이 있는 값인지 확인한다. 만약 파싱한 적이 있다면 캐시된 객체를 반환한다. 같은 값으로 정적 팩토리 메서드를 반복 호출하면 생성자를 사용하는 것에 비해 가비지 컬렉션garbage collection을 해야 하는 객체가 덜 생긴다.

하위 클래스 생성

생성자를 호출하면 항상 그 클래스의 인스턴스를 얻는다. 그러나 정적 팩토리 메서드에는 그런 제한이 없다. 해당 클래스의 인스턴스를 생성할 수도 있지만, 그 하위 클래스subclass의 인스턴스를 만들어 낼 수도 있다. 코틀린으로 정적 팩토리 메서드를 구현하는 법을 먼저 살펴보고 나서 이 부분을 더 구체적으로 설명하겠다.

코틀린에서 정적 팩토리 메서드 구현하기

2장 앞부분에서 싱글톤을 다루면서 object 키워드를 소개했다. 이번에는 object 키워드를 이용해서 **동반 객체**companion object를 만드는 방법을 살펴보자.

자바에서 정잭 팩토리 메서드는 static으로 선언한다. 그러나 코틀린에는 그런 키워드가 없다. 대신 인스턴스에 속하지 않는 메서드는 동반 객체 내부에 선언할 수 있다.

```
class Server(port: Long) {
    init {
        println("$port 포트에서 서버가 시작됐습니다.")
    }

    companion object {
        fun withPort(port: Long) = Server(port)
    }
}
```

> **중요**
>
> 동반 객체는 이름을 가질 수 있다. 예를 들어 companion object parser로 선언할 수 있다. 그러나 이 이름은 동반 객체의 목적이 무엇인지 조금 더 명확하게 알려 주는 것 이상의 역할은 하지 않는다.

객체 선언 앞에 붙은 companion 키워드에 주목하라. 또한 싱글톤 패턴과는 달리 객체를 패키지 수준에 선언하지 않고 클래스 내부에 선언했다.

이 객체는 자체 메서드를 갖는다. 그래서 뭐가 좋은 것인지 궁금할 수도 있다. 자바의 정적 메서드와 마찬가지로 동반 객체는 해당 클래스에 처음 접근할 때 게으르게 생성된다.

```
Server.withPort(8080) // 8080 포트에서 서버가 시작됐습니다.
```

> **중요**
>
> 하나의 클래스에는 1개의 동반 객체만 존재할 수 있다.

인스턴스가 정적 팩토리 메서드를 통해서만 생성되기를 원할 때도 있다. 그럴 땐 객체의 기본 생성자를 private으로 선언하면 된다.

```
class Server private constructor(port: Long) {
    ...
}
```

이제 이 클래스는 정적 팩토리 메서드를 통해서만 인스턴스화가 가능하다.

```
val server = Server(8080)    // 컴파일 실패
val server = Server.withPort(8080) // 성공!
```

이제 팩토리 메서드 패턴과 자주 헷갈리는 또 하나의 디자인 패턴을 살펴보자. 바로 추상 팩토리 패턴이다.

추상 팩토리 패턴

추상 팩토리abstract factory는 많은 오해를 사는 디자인 패턴이다. 매우 복잡하고 이상한 패턴이라는 것이다. 그러나 사실은 굉장히 간단하다. 팩토리 메서드 패턴을 이해한다면 추상 팩토리도 금세 이해할 수 있을 것이다. 추상 팩토리란 팩토리를 만들어 내는 팩토리이기 때문이다. 이것이 전부다. 팩토리는 다른 클래스를 만들어 낼 수 있는 함수나 클래스다. 즉 추상 팩토리란 여러 팩토리 메서드를 감싸는 클래스다.

추상 팩토리가 무엇인지 이해했다고 하더라도 이것을 어디에 써야 하는지 궁금할 것이다. 현업에서 추상 팩토리 디자인 패턴은 프레임워크나 라이브러리가 파일에서 구성 설정을 읽어 들일 때 자주 사용한다. **스프링 프레임워크**spring framework가 좋은 예다.

추상 팩토리 디자인 패턴이 어떻게 동작하는지 이해하기 위해 이전 절의 서버 예제를 계속 사용할 것이다. 이번에는 서버 클래스에서 사용하는 설정 파일이 다음과 같이 YAML로 작성돼 있다고 하자.

```
server:
    port: 8080
environment: production
```

지금부터 할 일은 이 설정 파일을 읽어서 객체를 생성하는 것이다.

이전 절에서는 팩토리 메서드를 통해 같은 종류의 객체를 생성하는 방법을 살펴봤다.

그러나 여기서는 두 종류의 객체를 생성할 것이다. 두 객체는 서로 관련돼 있으나 형제 관계까지는 아니다.

두 객체를 위한 인터페이스를 먼저 정의하자.

```kotlin
interface Property {
    val name: String
    val value: Any
}
```

이제 데이터 클래스 대신 인터페이스를 반환할 것이다. 왜 이렇게 해야 하는지는 나중에 알게 될 것이다.

```kotlin
interface ServerConfiguration {
    val properties: List<Property>
}
```

이제 나중에 사용할 기본 코드를 구현할 수 있다.

```kotlin
data class PropertyImpl(
    override val name: String,
    override val value: Any
) : Property

data class ServerConfigurationImpl(
    override val properties: List<Property>
) : ServerConfiguration
```

서버 설정에는 속성property의 리스트만 있고, 각 속성은 이름 객체name와 값 객체value로 이뤄진다.

Any 타입이 처음 등장했다. 코틀린의 Any는 자바의 object에 해당한다. 그러나 중요한 차이가 있다. null 값을 가질 수 없다는 점이다.

이제 첫 번째 팩토리 메서드를 작성해 보자. 이 메서드는 문자열로 된 Property 객체를 생성한다.

```
fun property(prop: String): Property {
    val (name, value) = prop.split(":")
    return when (name) {
        "port" -> PropertyImpl(name, value.trim().toInt())
        "environment" -> PropertyImpl(name, value.trim())
        else -> throw RuntimeException("알 수 없는 속성: $name")
    }
}
```

다른 언어들과 마찬가지로 trim() 함수는 문자열에서 공백을 제거하는 함수다. 이제 이 서비스의 포트port와 환경environment을 나타내는 두 속성을 만들어 보자.

```
val portProperty = property("port: 8080")
val environment = property("environment: production")
```

이 코드에는 작은 문제가 있다. 어떤 문제인지 이해하기 위해 port 속성의 값을 다른 변수에 저장해 보자.

```
val port: Int = portProperty.value
// Type mismatch: inferred type is Any but Int was expected
```

이미 팩토리 메서드에서 port가 Int 타입으로 파싱된 것을 확인했다. 그러나 이 정보는 사라져 버렸다. value가 Any 타입으로 선언돼 있기 때문이다. 그래서 value는 String일 수도 Int일 수도 있고, 다른 어떤 타입이든 될 수 있다. 이 문제를 해결하려면 다른 도구가 필요하다. 잠시 샛길로 빠져서 코틀린의 캐스팅에 대해 알아보자.

캐스팅

타입 언어에서 **캐스팅**casting은 컴파일러가 추론한 타입 대신 프로그래머가 지정한 타입을 사용하도록 강제하는 것이다. 값의 타입이 무엇인지 확실히 알고 있다면 다음과 같이 '안전하지 않은' 캐스팅을 할 수 있다.

```
val port: Int = portProperty.value as Int
```

만약 값이 기대한 타입과 다른 경우 컴파일러 경고 메시지도 없이 프로그램이 비정상 종료된다. 그래서 '안전하지 않은'이라는 수식어가 붙는다.

한편 '안전한' 캐스팅도 사용할 수 있다.

```
val port: Int? = portProperty.value as? Int
```

'안전한' 캐스팅은 프로그램을 종료시키지 않는다. 그러나 객체가 기대한 타입과 다른 경우 null을 반환한다. 이번에는 port 변수가 null 값을 가질 수 있는 Int? 타입으로 선언된 것에 주목하라. 따라서 컴파일 타임에 기대했던 것과 다른 타입을 갖는 경우까지도 명시적으로 고려해서 코드를 작성해야 한다.

하위 클래스 생성

이번에는 캐스팅 말고 다른 접근을 시도해 보자. Any 타입의 값을 갖는 단일 구현체를 사용하는 대신 2개의 구분된 구현체를 사용할 것이다.

```
data class IntProperty(
    override val name: String,
    override val value: Int
) : Property

data class StringProperty(
    override val name: String,
    override val value: String
) : Property
```

두 클래스 중 하나를 리턴하려면 앞서 구현한 팩토리 메서드를 약간 수정해야 한다.

```
fun property(prop: String): Property {
    val (name, value) = prop.split(":")

    return when (name) {
        "port" -> IntProperty(name, value.trim().toInt())
        "environment" -> StringProperty(name, value.trim())
```

```
        else -> throw RuntimeException("알 수 없는 속성: $name")
    }
}
```

이제 문제가 없을 것 같지만 컴파일을 시도하면 여전히 오류가 발생한다.

```
val portProperty = Parser.property("port: 8080")
val port: Int = portProperty.value
```

이제 구체 클래스는 2개가 생겼다. 그렇지만 컴파일러는 아직까지 파싱된 속성이 IntProperty인지 StringProperty인지 구분하지 못하며 그저 Property 인터페이스를 구현하고 있다는 것만 안다. 그리고 그 값은 여전히 Any 타입이다.

> Type mismatch: inferred type is Any but Int was expected

다른 기법이 필요하다. 바로 **스마트 캐스팅**smart casting이라고 부르는 기법이다.

스마트 캐스팅

is 키워드를 사용하면 객체의 타입을 검사할 수 있다.

```
println(portProperty is IntProperty) // true
```

그러나 코틀린 컴파일러는 굉장히 똑똑하다. if 표현식으로 타입을 검사한 뒤에는 portProperty가 확실히 IntProperty라는 것을 알 수 있다. 그래서 안전하게 캐스팅할 수 있다.

코틀린 컴파일러는 이 캐스팅을 알아서 해준다.

```
if (portProperty is IntProperty) {
    val port: Int = portProperty.value // 문제없다!
}
```

더 이상 컴파일 오류가 발생하지 않는다. 캐스팅 결과가 null인 경우를 처리할 필요도 없다.

스마트 캐스팅은 null에 대해서도 동작한다. 코틀린의 타입 계층에서 null 불가non-nullable 타입인 Int는 null 가능nullable인 Int?의 하위 타입이다. Int뿐 아니라 모든 타입이 마찬가지다. 앞서 '안전한' 캐스팅이 실패하면 null을 반환한다고 했다.

```
val port: Int? = portProperty.value as? Int
```

만약 port가 null인지 검사해서 null이 아니라는 것을 확인했다면 port는 자동으로 null 불가 타입으로 캐스팅된다.

```
if (port != null) {
    val port: Int = port
}
```

멋지다! 그런데 잠깐, 이 코드에서 무슨 일이 일어나고 있는 것인가?

1장에서 분명히 값은 재할당될 수 없다고 했다. 그러나 여기서는 port 값을 두 번 정의하고 있다. 이게 어떻게 가능한가? 이건 버그가 아니라 코틀린의 **변수 가리기**variable shadowing라는 기능이다.

변수 가리기

먼저 변수 가리기가 없었다면 어떤 코드가 됐을지 생각해 보자. 이름이 서로 다른 변수 2개를 선언해야 했을 것이다.

```
val portOrNull: Int? = portProperty.value as? Int
if (portOrNull != null) {
    val port: Int = portOrNull // OK
}
```

하지만 이 코드는 낭비적인데, 두 가지 이유 때문이다. 첫째, 변수 이름이 상당히 길어진다. 둘째, 이 코드 이후에 portOrNull 변수가 쓰일 일이 없다는 것이다. null 값은 그다지 쓸모 있는 값이 아니기 때문이다. 변수 가리기를 활용하면 같은 이름의 값을 다른 시야^{scope}(중괄호로 감싼 블록)에 정의할 수 있다.

변수 가리기를 사용하면 자칫 혼란스럽고 오류가 있는 코드를 작성하기 쉽기 때문에 주의가 필요하다. 그러나 이런 기능의 존재를 알고 있는 것은 중요하다. 그럼에도 변수 이름은 최대한 명시적으로 지을 것을 권고한다.

팩토리 메서드의 모음

잠깐 샛길로 빠져 캐스팅과 변수 가리기를 살펴봤으니 다시 이전 코드 예제로 돌아가 두 번째 팩토리 메서드를 구현해 보자. 이 메서드는 server 설정 객체를 생성할 것이다.

```
fun server(propertyStrings: List<String>): ServerConfiguration {
    val parsedProperties = mutableListOf<Property>()
    for (p in propertyStrings) {
        parsedProperties += property(p)
    }
    return ServerConfigurationImpl(parsedProperties)
}
```

이 메서드는 앞서 구현한 property() 팩토리 메서드를 활용해 입력으로 받은 설정 파일의 각 줄을 Property 객체로 변환한다.

두 번째 팩토리 메서드도 잘 동작하는 것을 다음과 같이 테스트할 수 있다.

```
println(server(listOf("port: 8080", "environment: production")))
> ServerConfigurationImpl(properties=[IntProperty(name=port, value=8080),
StringProperty(name=environment, value=production)])
```

이 두 메서드는 서로 연관돼 있기 때문에 같은 클래스에 두는 것이 좋다. 이 클래스를 Parser라고 부르자. 여기서는 파일을 실제로 파싱하지는 않고 이미 내용이 줄 단위로 주어진다고 가정한다. 그러나 파일의 내용을 실제로 읽는 작업도 그리 어렵지는 않다(책의 뒷부분을 읽다 보면 알 수 있을 것이다).

이전 절에서 배운 정적 팩토리 메서드와 동반 객체 문법도 사용할 수 있다.

새로운 구현 코드는 다음과 같을 것이다.

```
class Parser {
    companion object {
        fun property(prop: String): Property {
            ...
        }
        fun server(propertyStrings: List<String>): ...{
            ...
        }
    }
}
```

이 패턴을 사용하면 연관된 객체를 가족처럼 하나로 묶을 수 있다. 여기서는 `ServerConfig`이 여러 속성의 부모 역할을 한다.

위의 코드는 추상 팩토리를 구현하는 한 가지 방법에 지나지 않는다. 대신 인터페이스를 구현하는 방법도 있다.

```
interface Parser {
    fun property(prop: String): Property
    fun server(propertyStrings: List<String>): ServerConfiguration
}
class YamlParser : Parser {
    // YAML 파일을 읽는 구현체
}
class JsonParser : Parser {
    // JSON 파일을 읽는 구현체
}
```

팩토리 메서드가 커져서 코드 양이 많아지는 경우 이 방법이 더 나을 것이다.

마지막으로, 실제 코드에서는 추상 팩토리가 어디에서 쓰이는지 궁금할 수도 있다. 한 가지 예는 `java.util.Collections` 클래스다. 이 클래스에는 `emptyMap`, `emptyList`, emptySet과 같은 메서드가 있는데 모두 다른 클래스를 생성한다. 그러나 동시에 모두 집합 자료 구조라는 공통점을 갖고 있다.

빌더 패턴

매우 단순한 객체는 생성자 하나로 충분할 때가 있다. 그러나 객체 생성이 굉장히 복잡하고 많은 매개변수를 사용할 때도 있다. 이전 절에서 더 나은 생성자를 사용할 수 있도록 하는 패턴을 이미 살펴봤다. 바로 정적 팩토리 메서드 패턴이다. 이번 절에서는 **빌더**builder 디자인 패턴을 살펴볼 것이다. 이 패턴을 사용하면 복잡한 객체를 보다 쉽게 만들 수 있다.

복잡한 객체의 예를 들기 위해 이메일 발송 시스템을 상상하자. 실제 발송 기능은 구현하지 않고 이메일을 나타내는 클래스만 설계할 것이다.

이메일에는 다음과 같은 속성이 있을 수 있다.

- 수신자 주소(최소 1개)
- 참조(선택 사항)
- 제목(선택 사항)
- 본문(선택 사항)
- 중요 표시(선택 사항)

이 시스템의 이메일을 다음과 같은 데이터 클래스로 표현할 수 있다.

```
data class Mail_V1(
    val to: List<String>,
    val cc: List<String>?,
    val title: String?,
    val message: String?,
    val important: Boolean,
)
```

> **중요**
>
> 위 코드의 마지막 매개변수 정의를 보라. 쉼표는 오타가 아니다. 이를 **줄 끝 쉼표**(trailing comma)라고 부르며 **코틀린 1.4**부터 도입된 문법이다. 덕분에 매개변수의 순서를 쉽게 바꿀 수 있다.

이제 관리자에게 보내는 이메일을 하나 작성해 보자.

```
val mail = Mail_V1(
    listOf("manager@company.com"),   // To
    null,                             // CC
    "Ping ",                          // Title
    null,                             // Message,
    true))                            // Important
```

참조(cc)를 null 가능 타입으로 정의해서 이메일 리스트를 받거나 null을 받을 수 있도록 했다. 아니면 List<String> 타입으로 정의해 항상 listOf()로 인수를 전달하도록 하는 방법도 있다.

생성자에 전달할 인수가 굉장히 많기 때문에 혼동을 방지하기 위해 주석을 달아 놨다.

하지만 클래스를 수정해야 한다면 어떻게 될까?

먼저 컴파일이 되지 않을 것이다. 또한 주석도 함께 수정해야 한다. 즉 생성자에 인수가 너무 많으면 코드가 금세 지저분해진다.

빌더 디자인 패턴은 이런 문제를 해결하기 위해 탄생했다. 빌더 패턴을 사용하면 객체 생성과 인수 할당을 분리함으로써 복잡한 객체를 차근차근 만들 수 있다. 이 절에서는 이 문제를 해결하는 여러 방법을 살펴볼 것이다.

먼저 Mail 클래스를 감싸고 있는 MailBuilder 클래스를 만들어 보자.

```
class MailBuilder {
    private var to: List<String> = listOf()
    private var cc: List<String> = listOf()
    private var title: String = ""
    private var message: String = ""
    private var important: Boolean = false
```

```
class Mail internal constructor(
    val to: List<String>,
    val cc: List<String>?,
    val title: String?,
    val message: String?,
    val important: Boolean
)
    ... // 추가 구현 예정
}
```

빌더는 생성하고자 하는 클래스와 정확히 동일한 속성을 갖는다. 하지만 모두 가변 속성이라는 점이 다르다.

생성자에 internal 접근 제한자가 붙어 있는 것에 주목하라. 이는 모듈 내의 모든 코드에서 Mail 클래스에 접근할 수 있다는 뜻이다.

클래스 생성을 완료하기 위해 build() 함수를 구현해 보자.

```
fun build(): Mail {
    if (to.isEmpty()) {
        throw RuntimeException("To 속성이 비어 있습니다.")
    }
    return Mail(to, cc, title, message, important)
}
```

각 속성을 설정할 수 있는 함수도 구현할 것이다.

```
fun message(message: String): MailBuilder {
    this.message = message
    return this
}
// 각 속성에 대해서 모두 구현해야 함
```

이제 다음과 같이 빌더를 사용해서 이메일을 생성할 수 있다.[1]

---

[1] MailBuilder의 생성자를 구현한 적이 없는데 예제 코드에서는 생성자를 사용하고 있다. 따로 생성자를 구현하지 않는 이상 오류가 발생하는 코드이고, 깃허브의 코드에서도 생성자를 사용하지 않고 있기 때문에 임의로 생성자 대신 to()를 사용하는 함수로 변경했다. – 옮긴이

```
val email = MailBuilder().to(listof("hello@hello.com")).title("안녕?").build()
```

새로운 값을 설정한 후 현재 MailBuilder 객체를 가리키는 참조를 반환함으로써 연속해서 다른 속성을 설정하는 함수를 호출하는 메서드 사슬을 만들 수 있다(이어지는 '유창한 설정자' 절에서 이 내용을 설명한다).

이 빌더 패턴은 잘 동작하지만 두 가지 문제가 있다.

- 만들고자 하는 클래스의 속성을 빌더에도 똑같이 나열해야 한다.
- 속성마다 값을 설정하기 위한 함수를 선언해야 한다.

코틀린에는 더 실용적인 방법이 두 가지 더 있다.

유창한 설정자

유창한 설정자fluent setter를 사용하면 코드가 조금 더 간결해진다. 여기선 추가적인 클래스를 만들지 않고 데이터 클래스의 생성자에서 필수적인 필드만 입력으로 받을 것이다. 필수적이지 않은 나머지 필드는 비공개로 선언하고 각각에 대해 설정자를 구현할 것이다.

```
data class Mail_V2(
    val to: List<String>,
    private var _message: String? = null,
    private var _cc: List<String>? = null,
    private var _title: String? = null,
    private var _important: Boolean? = null
) {
    fun message(message: String) = apply {
        _message = message
    }
    // 다른 모든 필드에 대해서 같은 방법으로 구현
    //...
}
```

> **중요**
>
> 비공개 변수의 이름에 밑줄 문자를 사용하는 것은 코틀린에서 일반적인 관례다. 이렇게 하면 this. message = message와 같이 작성할 필요도 없고, message = message라고 작성하는 실수도 막을 수 있다.

이 예제 코드에서는 `apply` 함수를 사용했다. 이 함수는 모든 코틀린 객체를 대상으로 호출할 수 있는 시야 지정 함수^{scoping function} 중 하나다. 시야 지정 함수에 대한 자세한 내용은 9장에서 다룰 것이다. `apply` 함수는 주어진 블록을 실행한 뒤 객체의 참조를 반환한다. 즉 이전 예제에서 다음과 같이 구현했던 설정자 코드의 짧은 버전이다.

```
fun message(message: String): MailBuilder {
    this.message = message
    return this
}
```

apply 함수를 사용해도 API는 동일하므로 다음과 같이 사용할 수 있다.

```
val mailV2 = Mail_V2(listOf("manager@company.com")).message("안녕")
```

그러나 아예 설정자를 구현하지 않는 방법도 있다. 위에서 언급한 `apply()` 함수를 객체 자체에 사용하는 것이다. `apply()` 함수는 코틀린의 모든 객체에 존재하는 확장 함수다. 다만 이 방법은 선택적 필드가 값이 아닌 변수로 선언돼 있을 때만 가능하다.

이 방법을 사용하면 이메일 객체를 다음과 같이 생성할 수 있다.

```
val mail = Mail_V2("hello@mail.com").apply {
    message = "어떤 메시지"
    title = "Apply"
}
```

괜찮은 방법이다. 작성해야 하는 코드도 많이 줄었다. 하지만 이 방법에도 몇 가지 단점이 있다.

- 선택적 인수를 모두 가변 필드로 선언해야 한다. 그러나 가능하다면 가변 필드보다는 스레드 안전하며 값을 추적하기 용이한 불변 필드를 사용하는 것이 낫다.
- 모든 선택적 인수가 null 값을 가질 수 있다. 코틀린의 null 안전성 탓에 변수에 접근할 때마다 값이 null인지를 확인해야 한다.
- 문법이 너무 장황하다. 각 필드에 대해 똑같은 패턴을 계속 반복해야 한다.

이제 이 문제를 해결하는 마지막 방법을 살펴보자.

기본 인수

코틀린에서는 생성자와 함수의 매개변수에 기본값을 설정할 수 있다.

```
data class Mail_V3(
    val to: List<String>,
    val cc: List<String> = listOf(),
    val title: String = "",
    val message: String = "",
    val important: Boolean = false
)
```

타입 뒤에 = 연산자를 사용해 기본 인수를 설정한다. 이렇게 하면 생성자가 모든 인수를 받을 수는 있지만 모든 인수를 항상 필수적으로 전달할 필요는 없게 된다.

따라서 본문이 없는 이메일을 생성하고 싶다면 다음과 같이 할 수 있다.

```
val mail = Mail_V3(listOf("manager@company.com"), listOf(), "안녕")
```

하지만 참조 목록에 아무도 없다는 것을 나타내기 위해 빈 리스트를 전달해야 하는 것에 주목하라. 다소 불편한 부분이다.

만약 중요 플래그만 설정해서 이메일을 보내고 싶다면 어떻게 될까?

유창한 설정자를 사용하면 순서를 따질 필요가 없어서 매우 편리했다. 비슷한 목적으로 코틀린은 명명 인수^{named argument}라는 기능을 제공한다.

```
val mail = Mail_V3(title = "안녕", message = "잘 지내니?", to =
listOf("my@dear.cat"))
```

기본 매개변수와 명명 인수를 함께 사용하면 코틀린에서 복잡한 객체를 사용하는 것이 한결 쉬워진다. 따라서 코틀린에서 빌더 디자인 패턴을 사용할 일은 거의 없다.

프로토타입 패턴

프로토타입^{prototype} 디자인 패턴은 유사하면서도 조금 다른 객체를 그때그때 목적에 맞게 생성하기 위해 사용한다. 이게 무슨 뜻인지 다음 예제를 통해 알아보자.

사용자와 권한을 관리하는 시스템을 만든다고 상상해 보자. 사용자를 나타내는 데이터 클래스는 다음과 같이 구현할 수 있다.

```kotlin
data class User(
    val name: String,
    val role: Role,
    val permissions: Set<String>,
) {
    fun hasPermission(permission: String) = permission in permissions
}
```

각 사용자는 하나의 역할을 가져야 하며 각 역할은 여러 권한을 갖는다.

역할은 다음과 같이 enum 클래스로 정의할 수 있다.

```kotlin
enum class Role {
    ADMIN,
    SUPER_ADMIN,
    REGULAR_USER
}
```

enum 클래스는 상수의 모음을 표현하기 위해 사용한다. 역할은 문자열 등 다른 타입으로도 표현할 수도 있지만 enum 클래스를 사용하는 쪽이 편하다. 해당 객체가 존재하는지 컴파일 타임에 검사해 주기 때문이다.

새로운 사용자를 만들 땐 동일한 역할을 갖는 다른 사용자와 비슷한 권한을 부여한다.

```
// 실제 애플리케이션에서는 사용자 데이터베이스에 해당
val allUsers = mutableListOf<User>()

fun createUser(name: String, role: Role) {
    for (u in allUsers) {
        if (u.role == role) {
            allUsers += User(name, role, u.permissions)
            return
        }
    }
    // 같은 권한을 갖는 다른 사용자가 존재하지 않는 경우 처리
}
```

User 클래스에 tasks라는 새로운 필드를 추가해야 한다고 하자.

```
data class User(
    val name: String,
    val role: Role,
    val permissions: Set<String>,
    val tasks: List<String>,
){
    ...
}
```

이제 createUser 함수는 더 이상 컴파일되지 않는다. 신규 필드의 값을 새 인스턴스에 복사하도록 코드를 수정해야 한다.

```
allUsers += User(name, role, u.permissions, u.tasks)
```

User 클래스가 바뀔 때마다 이런 식으로 코드를 수정해 줘야 할 것이다.

더 큰 문제가 있다. 가령 요구 사항이 추가돼서 permissions 속성을 비공개로 바꿔야 한다면 어떻게 될까?

```kotlin
data class User(
    val name: String,
    val role: Role,
    private val permissions: Set<String>,
    val tasks: List<String>,
){
    ...
}
```

컴파일 오류가 발생할 것이고, 또다시 코드를 수정해야 한다. 이렇게 거듭 코드를 변경해야 한다는 것은 다른 접근 방법이 필요하다는 뚜렷한 신호다.

프로토타입에서 시작하기

프로토타입의 핵심 아이디어는 객체를 쉽게 복사할 수 있도록 하는 것이다. 적어도 다음의 두 가지 경우에 프로토타입 패턴이 필요하다.

- 객체 생성에 많은 비용이 드는 경우(예를 들어 객체 생성 시 데이터베이스에서 자료를 조회해야 하는 경우)
- 비슷하지만 조금씩 다른 객체를 생성하느라 비슷한 코드를 매번 반복하고 싶지 않은 경우

> **중요**
>
> 더 깊이 들어가면 프로토타입 패턴이 필요한 다른 이유도 있다. 가령 자바스크립트에서는 클래스 없이 객체와 비슷한 동작을 구현하기 위해 프로토타입을 사용한다.

자바의 엉터리 같은 clone() 메서드가 다행히도 코틀린에서는 고쳐졌다. 코틀린에서 모든 데이터 클래스는 copy() 메서드를 가진다. 이 메서드는 다른 데이터 클래스의 인스턴스를 받아 복제본을 생성하며, 원한다면 그 과정에서 속성을 변경할 수도 있다.

```
// 인수 이름이 밑줄 문자(_)로 시작하는 것은 User 객체에서
// 같은 이름을 갖는 속성과 혼동하지 않게 하려는 것이다.
fun createUser(_name: String, role: Role) {
    for (u in allUsers) {
        if (u.role == role) {
            allUsers += u.copy(name = _name)
            return
        }
    }
    // 같은 권한을 갖는 다른 사용자가 존재하지 않는 경우 처리
}
```

빌더 패턴에서 봤던 것과 비슷하게 명명 인수를 사용해서 순서에 관계없이 속성을 설정할 수 있다. 또한 변경하고 싶은 속성만 지정해 주면 된다. 다른 데이터는(비공개 속성까지도) 모두 그대로 복사된다.

데이터 클래스는 디자인 패턴이 너무 흔하게 사용되는 나머지 아예 언어 문법의 일부가 돼 버린 예다. 데이터 클래스는 굉장히 유용한 기능이기 때문에 책 전반에서 반복적으로 사용될 것이다.

요약

2장에서는 생성 디자인 패턴을 언제 그리고 어떻게 사용하는지 배웠다. 먼저 싱글톤 클래스를 만들기 위해 `object` 키워드를 사용하는 법과 정적 팩토리 메서드를 만드는 데에 필요한 `companion object`를 살펴봤다. 또한 여러 변수를 한 번에 할당하는 분해 선언도 다뤘다.

다음으로는 스마트 캐스팅을 배우며 추상 팩토리 디자인 패턴에서 연관된 객체를 한 가족으로 묶을 때 스마트 캐스팅을 사용하는 법을 살펴봤다. 뒤이어 빌더 디자인 패턴을 봤고, 매개변수가 기본값을 갖는 함수를 배웠다. 또한 위치가 아닌 이름을 통해 인수를 전달하는 방법도 배웠다.

마지막으로 데이터 클래스의 copy() 함수를 다루며, 비슷하지만 조금씩 다른 객체를 생성하는 프로토타입 디자인 패턴에서 이를 어떻게 활용할 수 있을지 살펴봤다. 이제 객

체를 더욱 잘 다루기 위해 생성 디자인 패턴을 사용하는 법을 이해했을 것이다.

3장에서는 디자인 패턴의 두 번째 종류인 **구조 패턴**structural pattern을 다룰 것이다. 이 패턴은 보다 확장성 있고 유지 보수가 용이한 객체 간 계층 구조를 만들 때 도움이 될 것이다.

질문

1. 2장에서 배운 object 키워드의 쓰임새 두 가지를 말해 보라.
2. apply() 함수는 언제 사용하는가?
3. 정적 팩토리 메서드의 예를 하나 들어 보라.

03

구조 패턴 이해하기

3장에서는 코틀린에서 **구조 패턴**structural pattern을 활용하는 방법을 설명한다. 구조 패턴이란 쉽게 말해 **객체**object 간 관계를 다루는 디자인 패턴이다.

먼저 클래스 사이의 복잡한 계층 관계를 만들지 않고도 객체의 기능을 확장하는 법을 알아볼 것이다. 그리고 미래의 변경 사항을 반영하며 과거의 설계를 수정하는 방법을 살펴보고, 마지막으로는 메모리 사용량을 줄이는 방법도 다룰 것이다.

3장에서 다루는 디자인 패턴은 다음과 같다.

- 데코레이터 패턴
- 어댑터 패턴
- 브리지 패턴
- 합성 패턴
- 퍼사드 패턴

- 경량 패턴
- 프록시 패턴

3장을 다 읽고 나면 어떻게 객체를 조합할 수 있는지, 또한 이를 통해 어떻게 기능을 손쉽게 확장하고 다양한 변경에 대처할 수 있는지 이해하게 될 것이다.

기술적 요구 사항

3장의 요구 사항은 2장과 같다. **IntelliJ IDEA**와 **JDK**가 필요하다.

3장의 예제 코드는 다음 깃허브 링크(https://github.com/PacktPublishing/Kotlin-Design-Patterns-and-Best-Practices/tree/main/Chapter03)에서 다운로드할 수 있다.

데코레이터 패턴

2장에서는 **프로토타입** 패턴을 살펴봤다. 프로토타입 패턴을 사용하면 같은 클래스의 인스턴스이면서 속성이 조금 다른 (때로는 많이 다른) 객체를 쉽게 생성할 수 있다. 그렇다면 이런 질문도 해볼 수 있다.

속성이 아닌 동작이 조금씩 다른 클래스를 여럿 만들어야 한다면 어떻게 할까?

코틀린에서는 함수가 일급 객체(이게 무슨 뜻인지는 4장에서 설명할 것이다)이기 때문에 프로토타입 디자인 패턴을 사용해서도 이 목적을 달성할 수 있다. 자바스크립트도 이런 방법으로 동작이 조금씩 다른 여러 클래스를 만들어 낸다. 하지만 3장에서는 조금 다른 접근법을 설명하려고 한다. 어쨌든 디자인 패턴은 여러 '접근법'을 배우는 것이기 때문이다.

데코레이터 디자인 패턴을 구현하면 코드 사용자가 어떤 기능을 추가할지 자유롭게 선택할 수 있다.

클래스에 기능 추가하기

〈스타트렉Star Trek〉 시리즈의 모든 선장과 함선을 등록하는 간단한 클래스가 다음과 같이 구현돼 있다고 하자.

```
open class StarTrekRepository {
    private val starshipCaptains = mutableMapOf("USS 엔터프라이즈" to "장뤽 피카드")

    open fun getCaptain(starshipName: String): String {
        return starshipCaptains[starshipName] ?: "알 수 없음"
    }

    open fun addCaptain(starshipName: String, captainName: String) {
        starshipCaptains[starshipName] = captainName
    }
}
```

어느 날 관리자가 긴급 요구 사항을 갖고 왔다. 이제부터 선장을 검색하면 반드시 콘솔console에 로그log를 남겨야 한다는 것이다. 간단해 보이는 작업이지만 한 가지 제약 사항이 있다. StarTrekRepository 클래스를 직접 수정하면 안 된다는 것이다. 다른 사람들도 이 클래스를 사용하는데 그들은 로그 기록을 원치 않기 때문이다.

이 문제를 파고들기 전에 먼저 이 클래스 코드에서 눈에 띄는 부분, 즉 getCaptain 함수에 있는 이상한 연산자를 짚고 넘어가자.

엘비스 연산자

1장에서 코틀린은 강한 타입 언어strongly-typed language일 뿐만 아니라 null 안전성도 보장한다는 것을 배웠다.

만약 위의 예제에서 특정한 키에 대응하는 값이 맵에 저장돼 있지 않다면 어떻게 될까?

맵을 사용한다면 코틀린 맵에 내장된 getOrDefault 메서드를 사용하는 것도 한 가지 방법이다. 이 코드에서도 맵을 사용하기 때문에 이 방법을 쓸 수 있지만 null 값을 다룰 때 일반적으로 사용할 수 있는 방법은 아니다.

다른 방법은 **엘비스 연산자**^{Elvis operator}(?:)를 이용하는 것이다. 왜 이런 이름이 붙었는지 궁금하다면 엘비스 프레슬리의 머리 스타일을 떠올려 보라.

그림 3.1 엘비스 연산자를 시계 방향으로 90도 돌리면 엘비스 프레슬리의 리젠트(Regent) 헤어스타일과 살짝 비슷하다.

엘비스 연산자의 목적은 null 값을 받았을 때 사용할 기본값을 지정하는 것이다. getCaptain 함수를 다시 보면 무슨 뜻인지 이해할 수 있을 것이다. 엘비스 연산자를 사용하지 않고 같은 기능을 구현하면 다음과 같은 코드가 된다.

```
return if (starshipCaptains[starshipName] == null)
    "알 수 없음" else starshipCaptains[starshipName]
```

엘비스 연산자 덕분에 코드 길이가 많이 줄어든 것을 알 수 있다.

상속의 문제점

다시 관리자의 긴급 요구 사항으로 돌아가 보자. StarTrekRepository 클래스와 이에 속한 메서드가 모두 open으로 선언돼 있기 때문에 클래스를 상속받고 필요한 함수를 다음과 같이 덮어쓸 수 있다.

```
class LoggingGetCaptainStarTrekRepository : StarTrekRepository() {
    override fun getCaptain(starshipName: String): String {
        println("$starshipName 함선의 선장을 조회 중입니다.")
        return super.getCaptain(starshipName)
    }
}
```

그리 어렵지 않다. 단, 클래스 이름이 좀 길어지는 것이 흠이다.

super 클래스를 사용해서 구현의 일부를 부모 클래스에 위임했다. 그런데 다음날 관리자가 또 찾아왔다. 이번에는 선장을 추가할 때 이름이 일곱 글자를 넘지 않는지 검사하는 기능을 추가해 달라고 한다. 그러면 클링온Klingon족[1] 선장 중에는 추가할 수 없는 경우도 생기겠지만 어쨌든 기능은 구현하기로 한다. 한편 이 기능은 이전에 구현한 로그 기능과는 독립적이어야 한다. 로그 기록만 하고 싶을 때도 있고 문자열 길이 검사만 하고 싶을 때도 있기 때문이다. 이런 요구 사항을 만족시키는 새 클래스는 다음과 같이 구현할 수 있다.

```
class ValidatingAddCaptainStarTrekRepository : StarTrekRepository() {
    override fun addCaptain(starshipName: String, captainName: String) {
        if (captainName.length > 7) {
            throw RuntimeException("${captainName}의 이름이 7자를 넘습니다!")
        }
        super.addCaptain(starshipName, captainName)
    }
}
```

또 하나의 요구 사항 변경을 잘 넘겼다.

하지만 다음날 또 다른 요구 사항이 접수된다. 어떤 경우에는 로그 기록과 문자열 길이 검사를 동시에 수행할 수 있도록 해야 한다는 것이다. 이제 클래스 이름을 LoggingGetCaptainValidatingAddAcaptainStarTrekRepository로 지어야 할 것 같다.

이런 종류의 문제는 의외로 매우 흔하게 볼 수 있는데, 곧 디자인 패턴이 필요하다는 뚜렷한 징후다.

데코레이터 패턴의 목적은 객체에 새로운 동작을 동적으로 추가하는 것이다. 위의 예제에서는 '로그 기록'과 '문자열 길이 검사'가 선택적으로 적용돼야 할 객체의 동작에 해당한다.

먼저 StarTrekRepository를 인터페이스로 변경해 보자.

```
interface StarTrekRepository {
    fun getCaptain(starshipName: String): String
```

---

[1] 〈스타트렉〉 시리즈에 등장하는 종족 중 하나로, 긴 이름을 가진 캐릭터가 많다. - 옮긴이

```kotlin
    fun addCaptain(starshipName: String, captainName: String)
}
```

이제 기존과 동일한 로직을 사용해서 인터페이스를 구현한다.

```kotlin
class DefaultStarTrekRepository : StarTrekRepository {
    private val starshipCaptains = mutableMapOf("USS 엔터프라이즈" to "장뤽 피카드")
    override fun getCaptain(starshipName: String): String {
        return starshipCaptains[starshipName] ?: "알 수 없음"
    }
    override fun addCaptain(starshipName: String, captainName: String) {
        starshipCaptains[starshipName] = captainName
    }
}
```

다음으로는 이 구체 클래스를 상속받는 대신 인터페이스를 구현하고 by라는 새로운 키워드를 사용할 것이다.

```kotlin
class LoggingGetCaptain(private val repository: StarTrekRepository):
StarTrekRepository by repository {
    override fun getCaptain(starshipName: String): String {
        println("$starshipName 함선의 선장을 조회 중입니다.")
        return repository.getCaptain(starshipName)
    }
}
```

by 키워드는 인터페이스 구현을 다른 객체에 위임한다. 그래서 인터페이스에 선언된 함수를 하나도 구현할 필요가 없었던 것이다. 이 인스턴스가 감싸고 있는 다른 객체가 기본적으로 모든 구현을 대신한다.

여기서는 클래스의 시그니처signature가 어떤 의미인지 주의 깊게 살펴봐야 한다. 데코레이터 패턴을 구현할 때 필요한 요소는 다음과 같다.

- 데코레이션(새로운 동작)을 추가할 대상 객체를 입력으로 받는다.
- 대상 객체에 대한 참조를 계속 유지한다.

- 데코레이터 클래스의 메서드가 호출되면 들고 있는 대상 객체의 동작을 변경할지 또는 처리를 위임할지 결정한다.
- 대상 객체에서 인터페이스를 추출하거나 또는 해당 클래스가 이미 구현하고 있는 인터페이스를 사용한다.

데코레이터의 메서드에서는 더 이상 super 키워드를 사용하지 않는다는 점에 유의하라. super를 사용하려고 하면 오류가 발생할 것이다. 클래스를 상속받은 게 아니기 때문이다. 대신 들고 있는 대상 객체의 인터페이스 참조를 사용한다.

확실한 이해를 위해 두 번째 데코레이터를 작성해 보자.

```kotlin
class ValidatingAdd(private val repository: StarTrekRepository):
StarTrekRepository by repository {
    private val maxNameLength = 7
    override fun addCaptain(starshipName: String, captainName: String) {
        require (captainName.length < maxNameLength) {
            "${captainName}의 이름이 7자를 넘습니다!"
        }
        repository.addCaptain(starshipName, captainName)
    }
}
```

이 예제 코드가 ValidatingAddCaptainStarTrekRepository와 다른 점은 if 표현식 대신 require 함수를 사용했다는 것뿐이다. 이렇게 하면 식이 false일 때 IllegalArgumentException을 던지는 것은 똑같지만 가독성이 향상된다.

구현한 클래스를 사용하는 법을 살펴보자.

```kotlin
val starTrekRepository = DefaultStarTrekRepository()
val withValidating = ValidatingAdd(starTrekRepository)
val withLoggingAndValidating = LoggingGetCaptain(withValidating)
withLoggingAndValidating.getCaptain("USS 엔터프라이즈")
withLoggingAndValidating.addCaptain("USS 보이저", "캐서린 제인웨이")
```

마지막 줄은 다음과 같이 예외를 던질 것이다.

> 캐서린 제인웨이의 이름이 7자를 넘습니다!

예제에서 볼 수 있듯 데코레이터 패턴을 사용하면 원하는 대로 동작을 조합할 수 있다. 잠시 주제를 벗어나 코틀린의 연산자 오버로딩을 살펴보자. 다음 디자인 패턴을 이해하는 데에 도움이 될 것이다.

연산자 오버로딩

위의 예제에서 추출한 인터페이스를 다시 살펴보자. 여기선 배열이나 맵에 접근하고 값을 할당할 때 주로 사용하는 기본 연산자를 설명할 것이다. 코틀린에는 **연산자 오버로딩** operator overloading이라는 편의 문법이 있다. 코틀린에서 맵을 사용하는 것이 얼마나 직관적인지는 DefaultStarTrekRepository 코드를 보면 알 수 있다.

```
starshipCaptains[starshipName]
starshipCaptains[starshipName] = captainName
```

그렇다면 직접 구현한 객체도 다음과 같이 맵map처럼 사용할 수 있다면 편리할 것이다.

```
withLoggingAndValidating["USS 엔터프라이즈"]
withLoggingAndValidating["USS 보이저"] = "캐서린 제인웨이"
```

코틀린에선 이는 그리 어려운 일이 아니다. 먼저 인터페이스를 다음과 같이 변경한다.

```
interface StarTrekRepository {
    operator fun get(starshipName: String): String
    operator fun set(starshipName: String, captainName: String)
}
```

함수 선언부 앞에 operator 키워드를 추가했다. 이 키워드의 역할을 알아보자.

대부분의 프로그래밍 언어는 어떤 식으로든 연산자 오버로딩을 지원한다. 예를 들어 **자바**에서는 다음과 같은 코드를 작성할 수 있다.

```
System.out.println(1 + 1); // 2가 출력된다.
System.out.println("1" + "1") // 11이 출력된다.
```

인수가 문자열인지 정수인지에 따라 더하기 연산자(+)가 다르게 동작하는 것을 확인할 수 있다. 즉 정수의 덧셈과 문자열 연결에 똑같은 연산자를 쓸 수 있다는 뜻이다. 다른 타입에 대해 더하기 연산자를 정의하는 것도 상상해 봄직하다. 예를 들어 이 연산자로 리스트 2개를 연결할 수도 있을 것이다.

```
List.of("a") + List.of("b")
```

안타깝게도 자바에서 이 코드는 컴파일되지 않는다. 개발자가 딱히 할 수 있는 것은 없다. 연산자 오버로딩은 자바 언어 자체의 기능이라 사용자가 확장할 수 없기 때문이다.

반대쪽 극단에는 스칼라가 있다. **스칼라**에서는 아무 문자열이나 연산자가 될 수 있다. 그래서 다음과 같은 코드를 마주칠 수도 있다.

```
Seq("a") ==== Seq("b") // 코드의 의미를 추측해야 한다.
```

코틀린은 자바와 스칼라의 중간 정도에 있다. 코틀린에서는 '잘 알려진' 연산 몇 가지는 오버로딩할 수 있다. 그러나 제한적으로만 가능하다. 비록 제한적이라고 하더라도 오버로딩이 가능한 연산자의 목록은 상당히 길기 때문에 책에 모두 옮기지는 않을 것이다. 다음의 코틀린 공식 문서(https://kotlinlang.org/docs/operator-overloading.html)에서 전체 목록을 확인할 수 있다.

지원되지 않는 함수에 operator 키워드를 사용하거나 잘못된 인수를 사용하면 컴파일 오류가 발생한다. 위의 코드 예제에서 사용한 대괄호 연산자는 첨자 접근 연산자[indexed access operator]라고 하며, 코드에서 볼 수 있듯이 get(x)와 set(x, y) 메서드에 대응한다.

데코레이터 패턴 사용 시 주의할 점

데코레이터 디자인 패턴은 강력하다. 즉석에서 객체를 만들어 낼 수 있기 때문이다. 코틀린의 by 키워드를 사용하면 구현하기도 어렵지 않다. 그러나 반드시 유념해야 할 데코레이터 패턴의 한계가 있다.

첫째, 데코레이터의 객체의 속을 볼 수 없다는 점이다. 즉 속에 들어 있는 객체가 무엇인지 알 길이 없다.

```
println(withLoggingAndValidating is LoggingGetCaptain)
// 최상위 수준의 데코레이터. 여기는 문제없음.
println(withLoggingAndValidating is StarTrekRepository)
// 구현한 인터페이스. 여기도 문제없음.
println(withLoggingAndValidating is ValidatingAdd)
// 속에 들어 있는 클래스. 하지만 컴파일러는 알 수 없음.
println(withLoggingAndValidating is DefaultStarTrekRepository)
// 속에 들어 있는 클래스. 하지만 컴파일러는 알 수 없음.
```

withLoggingAndValidating는 ValidatingAdd 객체를 감싸고 있고 동작도 ValidatingAdd와 같이 하지만 그 자체로 ValidatingAdd 객체는 아니다! 그렇기 때문에 캐스팅이나 타입 검사를 할 때 주의해야 한다.

어떤 상황에서 이 패턴을 유용하게 사용할 수 있을지 궁금할 것이다. java.io.* 패키지에서 Reader와 Writer 인터페이스를 구현하는 클래스들을 예로 들 수 있다.

가령 파일을 효율적으로 읽기 위해서 BufferedReader를 사용할 수 있는데, 이 클래스는 생성자에서 또 다른 Reader 객체를 인수로 받는다.

```
val reader = BufferedReader(FileReader("/some/file"))
```

FileReader는 Reader 인터페이스를 구현하므로 이렇게 사용할 수 있다. BufferedReader도 Reader의 구현체이기 때문에 FileReader 대신 BufferedReader의 객체를 넘기는 것도 가능하다.

이제 다음 디자인 패턴으로 넘어가자.

어댑터 패턴

어댑터^{adapter} 디자인 패턴은 어떤 인터페이스를 다른 인터페이스로 변환하고자 할 때 사용한다. 이른바 돼지코라고 하는 전원 플러그 어댑터나 USB 어댑터를 생각하면 이해하기 쉽다.

늦은 밤 휴대전화 배터리가 7%밖에 남지 않은 상태로 호텔 방에 혼자 있다고 상상해 보자. 휴대전화 충전기는 멀리 떨어진 사무실에 두고 왔다. 가진 것이라곤 11자 플러그 충전기와 미니 USB 케이블뿐이다. 그러나 휴대전화는 최신 모델이라 USB-C를 사용한다. 호텔 벽에 있는 콘센트에는 USB-A밖에 꽂을 수 없다. 어떻게 할까? 간단하다! 한밤중이지만 어떻게든 미니 USB에서 USB-C로 변환하는 어댑터를 구해 보고, 11자 플러그(A타입)에서 한국식 플러그(F타입)로 변환하는 어댑터[2]가 가방에 들어 있기를 바라면 된다. 이제 배터리가 5%밖에 남지 않았다. 서두르자!

물리 장치에서 어댑터의 역할을 이해했을 것이다. 이제 똑같은 원리가 코드에 어떻게 적용되는지 살펴볼 것이다.

먼저 인터페이스를 하나 정의하자.

PlugTypeF는 전원을 Int로 간주한다. 값이 1이면 전원이 공급되는 것이며 다른 값이면 끊어진 것이다.

```
interface PlugTypeF {
    val hasPower: Int
}
```

PlugTypeA는 전원을 String으로 다룬다. 값이 TRUE면 전원이 공급되는 상태를, FALSE면 공급되지 않는 상태를 의미한다.

---

[2] A타입 플러그는 과거 110볼트 전원에서 일반적으로 사용했던 11자 플러그이며 F타입 플러그는 현재 한국에서 일반적으로 사용하는 220볼트 전원 플러그다. A타입에서 F타입으로 변환하는 어댑터는 흔히 돼지코라고 부르는 변환 부속이다. – 옮긴이

```
interface PlugTypeA {
    val hasPower: String // "TRUE" 또는 "FALSE"
}
```

UsbMini 클래스는 전원을 enum으로 관리한다.

```
interface UsbMini {
    val hasPower: Power
}

enum class Power {
    TRUE, FALSE
}
```

마지막으로 UsbTypeC에서는 전원이 Boolean 값이다.

```
interface UsbTypeC {
    val hasPower: Boolean
}
```

최종적인 목표는 전원 값이 F 타입 플러그에서 휴대전화까지 흐르게 하는 것이다. 이 시나리오는 다음의 함수로 표현된다.

```
fun cellPhone(chargeCable: UsbTypeC) {
    if (chargeCable.hasPower) {
        println("충전 중입니다!")
    } else {
        println("전원이 연결되지 않았습니다.")
    }
}
```

먼저 F 타입 전원 콘센트를 나타내는 코드를 구현해 보자. PlugTypeF 객체를 반환하는 함수가 될 것이다.

```
// 전원 콘센트는 PlugTypeF 인터페이스를 노출
fun krPowerOutlet(): PlugTypeF {
    return object : PlugTypeF {
        override val hasPower = 1
    }
}
```

2장에서 object 키워드를 사용하는 두 가지 경우를 봤다. 전역 시야에서는 object 키워드로 싱글톤 객체를 만든다. 클래스 내부에서 companion 키워드와 함께 사용하면 static 함수를 정의할 공간을 만들어 준다. 이번에는 익명 클래스를 만드는 데에 object 키워드를 사용했다. 익명 클래스란 즉석에서 만든 클래스로, 보통 인터페이스를 즉석에서 구현할 때 활용한다.

휴대전화 충전기는 PlugTypeA를 입력으로 받아 UsbMini를 반환한다.

```
// 충전기는 PlugTypeA 인터페이스를 입력받고 UsbMini 인터페이스를 노출
fun charger(plug: PlugTypeA): UsbMini {
    return object : UsbMini {
        override val hasPower = Power.valueOf(plug.hasPower)
    }
}
```

다음으로 cellPhone, charger, krPowerOutlet 함수를 모두 연결해 보자.

```
cellPhone(
    // Type mismatch: inferred type is UsbMini but UsbTypeC was expected
    charger(
        // Type mismatch: inferred type is PlugTypeF but PlugTypeA was expected
        krPowerOutlet()
    )
)
```

타입 오류가 2개 발생하는 것을 볼 수 있다. 어댑터 디자인을 사용하면 이런 문제를 해결할 수 있다.

기존 코드에 어댑터 패턴 적용

필요한 어댑터는 두 가지다. 하나는 전원 플러그 어댑터이고 다른 하나는 USB 포트 어댑터다.

자바에서는 보통 이런 상황에서 클래스를 2개 만들 것이다. 하지만 코틀린에서는 클래스를 만들지 않고 **확장 함수**를 사용한다. 확장 함수가 무엇인지는 1장에서 간략하게 설명했다. 이제 조금 더 자세히 알아볼 시간이다.

F 타입 콘센트에 A 타입 플러그를 사용할 수 있도록 해주는 어댑터를 다음과 같이 확장 함수로 구현할 수 있다.

```
fun PlugTypeF.toPlugTypeA(): PlugTypeA {
    val hasPower = if (this.hasPower == 1) "TRUE" else "FALSE"
    return object : PlugTypeA {
        // 전원 연결
        override val hasPower = hasPower
    }
}
```

확장 함수 내부의 this 키워드는 확장 대상 객체를 가리킨다. 클래스 정의 내부에서 메서드를 구현할 때와 마찬가지다. 여기서도 필요한 인터페이스를 즉석으로 구현하기 위해 익명 클래스를 사용했다.

미니 USB와 USB-C 사이의 어댑터도 비슷한 방법으로 구현할 수 있다.

```
fun UsbMini.toUsbTypeC(): UsbTypeC {
    val hasPower = this.hasPower == Power.TRUE
    return object : UsbTypeC {
        override val hasPower = hasPower
    }
}
```

마지막으로 어댑터를 사용해서 다음과 같이 모든 함수를 하나로 연결할 수 있다.

```
cellPhone(
    charger(
        krPowerOutlet().toPlugTypeA()
    ).toUsbTypeC()
)
```

예제에서 볼 수 있듯이 인터페이스를 구현하는 클래스를 새로 구현하지 않아도 된다. 코틀린의 확장 함수를 사용하면 코드를 짧고 간결하게 유지할 수 있다.

어댑터 디자인 패턴은 다른 디자인 패턴에 비해 직관적으로 이해하기 쉬우며 여러 곳에서 사용되는 것을 발견할 수 있을 것이다. 이제 실제 코드에서 어댑터 패턴이 어떻게 사용되는지 자세히 알아보자.

실제 코드에서 사용되는 어댑터 패턴

이미 어댑터 디자인 패턴을 본 적이 많이 있을 것이다. 일반적으로는 개념과 구현 사이의 변환을 수행하기 위해 어댑터 패턴을 사용한다. JVM의 집합 자료 구조 개념과 스트림stream 개념을 예로 들어 보자.

집합 자료 구조는 1장에서 이미 설명했다. **리스트**는 listOf() 함수로 생성할 수 있는 원소 집합이다.

```
val list = listOf("a", "b", "c")
```

스트림이란 게으른 원소 집합이다. 그런데 스트림을 입력으로 받는 함수에 리스트를 전달할 수 없다. 의미상으로는 아무 문제가 없음에도 그렇다.

```
fun printStream(stream: Stream<String>) {
    stream.forEach(e -> println(e))
}
printStream(list) // 컴파일 오류
```

다행히 집합 자료 구조에는 .stream()이라는 어댑터 메서드가 존재한다.

```
printStream(list.stream()) // 성공적으로 변환된다.
```

다른 많은 코틀린 객체도 어댑터 메서드를 갖고 있다. 어댑터 메서드의 이름은 일반적으로 to로 시작한다. 가령 toTypedArray() 함수는 리스트를 배열로 변환한다.

어댑터 패턴 사용 시 주의할 점

110볼트 전자 제품에 어댑터를 연결해 220볼트 콘센트에 꽂았다가 제품을 고장 낸 경험이 있는가?

주의를 기울이지 않으면 코드에서도 똑같은 일이 발생한다. 다음 예제는 어댑터를 사용한다. 컴파일도 문제없이 된다.

```
val stream = Stream.generate { 42 }
stream.toList()
```

그러나 프로그램은 무한 루프에 빠진다. Stream.generate() 함수가 무한히 긴 정수 리스트를 만들어 내기 때문이다. 따라서 어댑터 디자인 패턴을 사용해도 괜찮을지 주의 깊게 살펴야 한다.

브리지 패턴

어댑터 디자인 패턴을 사용하면 레거시 코드를 쉽게 사용할 수 있다. 반면 **브리지**bridge 디자인 패턴은 상속을 남용하는 것을 막아 준다. 브리지 패턴의 동작 원리는 굉장히 간단하다.

은하제국Galactic Empire 지상군 소속의 각종 트루퍼trooper(보병)를 관리하는 시스템을 만든다고 하자.

먼저 트루퍼를 나타내는 인터페이스를 하나 정의할 것이다.

```kotlin
interface Trooper {
    fun move(x: Long, y: Long)
    fun attackRebel(x: Long, y: Long)
}
```

그리고 트루퍼의 각 종류에 해당하는 클래스를 다음과 같이 구현할 것이다.

```kotlin
class StormTrooper : Trooper {
    override fun move(x: Long, y: Long) {
        // 보통 속도로 이동
    }

    override fun attackRebel(x: Long, y: Long) {
        // 대부분 빗나감
    }
}

class ShockTrooper : Trooper {
    override fun move(x: Long, y: Long) {
        // 일반적인 StromTrooper보다는 느리게 이동
    }

    override fun attackRebel(x: Long, y: Long) {
        // 명중할 때도 있음
    }
}
```

더 강한 버전도 있다.

```kotlin
class RiotControlTrooper : StormTrooper() {
    override fun attackRebel(x: Long, y: Long) {
        // 전기 충격 곤봉을 가졌다. 물러서!
    }
}

class FlameTrooper : ShockTrooper() {
    override fun attackRebel(x: Long, y: Long) {
        // 화염방사기를 사용한다. 위험!
    }
}
```

다른 트루퍼보다 빠르게 이동할 수 있는 스카우트 트루퍼scout trooper도 있다.

```
class ScoutTrooper : ShockTrooper() {
    override fun move(x: Long, y: Long) {
        // 빠른 속도로 이동
    }
}
```

정의할 클래스가 정말 많다.

어느 날 친애하는 디자이너가 다가와서 새로운 요청 사항을 전달한다. 모든 스톰트루퍼stormtrooper가 소리를 지를 수 있어야 하며 내용은 각각 달라야 한다는 것이다. 별 생각 없이 인터페이스에 새 함수를 추가한다.

```
interface Infantry {
    fun move(x: Long, y: Long)
    fun attackRebel(x: Long, y: Long)
    fun shout(): String
}
```

shout() 함수를 추가하는 순간 이 인터페이스를 구현하던 모든 클래스가 컴파일되지 않는다. 심지어 개수도 적지 않다. 수정해야 하는 코드가 매우 많다는 뜻이다. 어쩔 수 없다. 야근하는 수밖에.

진짜 그럴까?

클래스 5개의 구현을 변경한 뒤에 50개가 아니라서 다행이라고 안도하는 수밖에 없을까?

변경 사항에 다리 놓기

브리지 디자인 패턴의 핵심 아이디어는 클래스 계층 구조를 얇게 만듦으로써 시스템에서 구체 클래스의 수를 줄이는 것이다. 뿐만 아니라 부모 클래스를 수정했을 때 자식 클래스에서 발견하기 어려운 버그가 발생하는 현상을 뜻하는 '깨지기 쉬운 기반 클래스 문제fragile base class problem'를 예방하는 데에도 도움이 된다.

먼저 왜 이렇게 복잡한 클래스 계층이 생겼는지 알아보자. 그 이유는 서로 무관한 두 가지의 독립적인 속성이 있기 때문이다. 바로 무기 종류와 이동 속도다.

상속을 사용하지 않고 이 속성들을 생성자로 전달하기를 원한다고 하자. 이 클래스는 지금까지 사용한 인터페이스를 똑같이 구현한다.

```kotlin
data class StormTrooper(
    private val weapon: Weapon,
    private val legs: Legs
) : Trooper {
    override fun move(x: Long, y: Long) {
        legs.move(x, y)
    }

    override fun attackRebel(x: Long, y: Long) {
        weapon.attack(x, y)
    }
}
```

StormTrooper가 받는 속성도 인터페이스여야 한다. 그래야 나중에 어떤 속성을 사용할지 결정할 수 있기 때문이다.

```kotlin
typealias PointsOfDamage = Long
typealias Meters = Int
interface Weapon {
    fun attack(): PointsOfDamage
}
interface Legs {
    fun move(): Meters
}
```

메서드에서 Long이나 Int를 반환하지 않고 Meter와 PointsOfDamage를 반환하고 있는 것에 주목하라. 이 기능을 **타입 별칭**type alias이라고 한다. 잠시 샛길로 새서 타입 별칭이 어떻게 동작하는지 살펴보자.

타입 별칭

코틀린에서는 존재하는 타입에 별명을 붙일 수 있다. 이를 **타입 별칭**이라고 한다.

별칭을 선언할 때는 `typealias` 키워드를 사용한다. 지금부터 `move()` 메서드의 반환 타입으로 그냥 `Int` 대신 `Meters`를 사용할 수 있다. 새로운 타입을 만든 것이 아니다. 코틀린 컴파일러는 컴파일 과정에서 항상 `PointsOfDamage`를 `Long`으로 해석할 것이다. 타입 별칭을 사용하면 다음과 같은 이점이 있다.

- 코드에 의미가 더 잘 드러난다(예제 코드가 이 경우다). 반환값의 '의미'가 무엇인지 정확하게 표현할 수 있다.
- 코드가 더 간결해진다. 타입 별칭을 사용하면 복잡한 제네릭 표현식을 숨길 수 있다. 이어지는 절에서 더 자세히 설명할 것이다.

상수

`StormTrooper` 클래스로 다시 돌아가 보자. 이제 `Weapon`과 `Legs` 인터페이스를 실제로 구현할 차례다.

먼저 `StormTrooper`의 보통 데미지와 보통 속도를 미터법 단위를 사용해서 정의하자.

```
const val RIFLE_DAMAGE = 3L
const val REGULAR_SPEED: Meters = 1
```

상수^{constant}는 컴파일 시에 결정되는 값이기 때문에 매우 효율적이다.

자바의 `static final` 변수와는 달리 코틀린의 상수는 클래스 내에 선언할 수 없다. 패키지 최상위에 선언하거나 객체 안에 두거나 둘 중 하나다.

> **중요**
>
> 코틀린은 타입 추론이 가능하긴 하지만, 상수 선언 시 타입을 명시적으로 지정할 수도 있고 타입 별칭을 사용할 수도 있다. DEFAULT_TIMEOUT_SECONDS = 60 대신 DEFAULT_TIMEOUT: Seconds = 60이라고 쓰는 것이 낫지 않을까?

이제 인터페이스를 구현해 보자.

```
class Rifle : Weapon {
    override fun attack(x: Long, y: Long) = RIFLE_DAMAGE
}
class Flamethrower : Weapon {
    override fun attack(x: Long, y: Long)= RIFLE_DAMAGE * 2
}
class Batton : Weapon {
    override fun attack(x: Long, y: Long)= RIFLE_DAMAGE * 3
}
```

그다음에는 이동에 관한 인터페이스를 구현하자.

```
class RegularLegs : Legs {
    override fun move() = REGULAR_SPEED
}
class AthleticLegs : Legs {
    override fun move() = REGULAR_SPEED * 2
}
```

드디어 복잡한 클래스 계층 구조 없이도 동일한 기능을 구현할 수 있게 됐다. 정말 그런지 확인해 보자.

```
val stormTrooper = StormTrooper(Rifle(), RegularLegs())
val flameTrooper = StormTrooper(Flamethrower(), RegularLegs())
val scoutTrooper = StormTrooper(Rifle(), AthleticLegs())
```

이제 클래스 계층이 납작해진 덕분에 확장도 용이하며 코드를 이해하기도 더 쉽다. 다른 기능이 더 필요하다면 (앞서 언급한 소리치기같이) 새로운 인터페이스를 정의하고 StormTrooper 생성자에 인수를 추가하면 된다.

현업에서 브리지 패턴은 의존성 주입과 함께 사용될 때가 많다. 예를 들어 브리지 패턴을 사용하면 실제 데이터베이스를 사용하는 구현체를 손쉽게 목[mock] 객체로 대체할 수 있다. 이렇게 하면 코드를 작성하기도 쉬워지고 테스트 속도도 향상된다.

합성 패턴

3장은 장 전체가 객체 합성에 관한 내용이다. 그러니 '**합성**composite **패턴**'이라는 절이 따로 있는 것이 이상할 것이다. 자연스럽게 다음과 같은 질문이 생긴다.

합성 패턴이 다른 모든 패턴을 포괄하는 것이 아닐까?

브리지 패턴도 그랬지만 이름이 꼭 쓰임새와 유용성을 잘 설명해 주는 것은 아니다.

이전 절에서 사용했던 트루퍼 예제를 이어가 보자. 은하제국의 장교들은 아무리 좋은 장비를 갖추더라도 제대로 된 지휘 체계가 없기 때문에 반란군에 맞서 싸우기 어렵다는 사실을 발견한다.

지휘 체계를 개선하기 위해 제국은 분대squad라는 개념을 도입한다. 분대는 종류에 관계없이 1명 이상의 트루퍼로 구성되며, 명령이 주어지면 마치 한몸처럼 똑같이 움직여야 한다.

분대를 나타내는 Squad 클래스는 당연히 Trooper 객체의 집합으로 이뤄진다.

```
class Squad(val units: List<Trooper>)
```

먼저 분대를 2개만 만들어 보자.

```
val bobaFett = StormTrooper(Rifle(), RegularLegs())
val squad = Squad(listOf(bobaFett.copy(), bobaFett.copy(), bobaFett.copy()))
```

분대가 한몸처럼 움직이도록 하기 위해 move와 attack이라는 메서드를 추가할 것이다.

```
class Squad(private val units: List<Trooper>) {
    fun move(x: Long, y: Long) {
        for (u in units) {
            u.move(x, y)
        }
    }

    fun attack(x: Long, y: Long) {
```

```
        for (u in units) {
            u.attackRebel(x, y)
        }
    }
}
```

두 함수는 받은 명령을 소속 분대원 모두가 수행하도록 한다. 일견 괜찮은 방법 같다. 하지만 Trooper 인터페이스에 새로운 함수를 추가하면 어떻게 될까? 다음 코드를 살펴보자.

```
interface Trooper {
    fun move(x: Long, y: Long)
    fun attackRebel(x: Long, y: Long)
    fun retreat()
}
```

컴파일이 깨지지는 않는 것 같다. 그러나 Squad 클래스는 더 이상 한몸처럼 움직일 수 없다. 개별 트루퍼에게는 있는 메서드가 분대에는 존재하지 않기 때문이다.

이런 문제를 방지하기 위해 Squad 클래스가 소속 분대원과 마찬가지로 Trooper 인터페이스를 구현하도록 하면 어떻게 되는지 살펴보자.

```
class Squad(private val units: List<StormTrooper>): Trooper { ... }
```

Trooper 인터페이스를 구현하도록 변경함에 따라 이제 retreat 함수도 구현해야 하며, 나머지 2개 함수에는 override 키워드를 추가해야 한다.

```
class Squad(private val units: List<StormTrooper>): Trooper {
    override fun move(x: Long, y: Long) {
        ...
    }

    override fun attackRebel(x: Long, y: Long) {
        ...
    }

    override fun retreat() {
        ...
```

```
        }
    }
```

이제 잠시 본래의 흐름을 벗어나서, 이 예제의 문제를 해결하는 더 편리한 방법을 살펴보자. 이 방법을 사용하면 동일한 객체를 생성할 수 있지만 결과적으로 더 사용하기 편리한 합성 객체가 만들어진다.

부 생성자

앞 절의 예제 코드는 목표를 달성했다. 그러나 (지금 코드와 같이) 트루퍼 리스트를 생성자에 전달하는 대신 리스트로 감싸지 않고 트루퍼 객체들을 직접 전달하고 싶을 수도 있다.

```
val squad = Squad(bobaFett.copy(), bobaFett.copy(), bobaFett.copy())
```

한 가지 방법은 Squad 클래스에 **부 생성자**secondary constructor를 추가하는 것이다.

지금까지는 항상 클래스의 **주 생성자**primary constructor만 사용했다. 주 생성자는 클래스 이름 뒤에 선언하는 생성자다. 하지만 더 많은 생성자를 정의하는 것도 가능하다. 부 생성자는 클래스 본문 안에 constructor 키워드를 사용해서 정의한다.

```
class Squad(private val units: List<Trooper>): Trooper {
    constructor(): this(listOf())
    constructor(t1: Trooper): this(listOf(t1))
    constructor(t1: Trooper, t2: Trooper): this(listOf(t1, t2))
}
```

자바처럼 생성자마다 클래스 이름을 적지 않아도 된다. 클래스 이름을 바꿀 때 수정해야 할 부분이 적다는 뜻이다.

부 생성자는 반드시 주 생성자를 호출해야 한다는 점에 유의하라. 자바에서 super 키워드를 사용하는 것과 비슷하다.

varargs 키워드

앞의 코드처럼 인수 개수마다 생성자를 만드는 것은 확실히 좋은 방법이 아니다. 누가 몇 개의 인수를 전달할지 미리 알 길이 없기 때문이다. 자바 개발 경험이 있다면 **가변 인수**variable arguments(같은 타입의 인수를 임의의 개수만큼 받는 기능)를 떠올렸을 것이다. 자바에서는 줄임표(온점 3개)를 사용해 가변 인수를 선언한다. 예를 들면 Trooper... units와 같다.

코틀린에서는 같은 목적으로 varargs 키워드를 사용한다. 부 생성자와 varargs 키워드를 함께 사용하면 다음과 같은 깔끔한 코드를 작성할 수 있다.

```
class Squad(private val units: List<Trooper>): Trooper {
    constructor(vararg units: Trooper):
        this(units.toList())
    ...
}
```

이제 굳이 리스트로 감싸지 않고도 여러 트루퍼 객체를 사용해서 분대를 만들 수 있다.

```
val squad = Squad(bobaFett.copy(), bobaFett.copy(), bobaFett.copy())
```

막후에서 어떤 일이 일어나는지 알아보자. 코틀린 컴파일러는 varargs 인수를 다음과 같이 해당 타입의 Array 객체로 변환해 준다.

```
constructor(units: Array<Trooper>) : this(units.toList())
```

코틀린의 Array에는 동일한 타입의 리스트로 변환하는 어댑터 메서드가 있다. 합성 디자인 패턴을 구현할 때 어댑터 패턴이 도움이 된다는 것도 흥미로운 점이다.

합성 객체로 이뤄진 합성 객체 중첩하기

합성 디자인 패턴에는 재미있는 부분이 또 있다. 앞서 여러 트루퍼 객체를 담고 있는 분대를 만들 수 있다는 것을 확인했다. 그런데 여러 분대로 이뤄진 분대도 만들 수 있다.

```
val platoon = Squad(Squad(), Squad())
```

이제 소대platoon에 명령을 내리면 분대에 명령을 내릴 때와 같은 방식으로 동작할 것이다. 사실 이 패턴을 사용하면 아무리 복잡한 트리tree 구조라도 만들어 낼 수 있으며 모든 노드에 어떤 동작을 지시할 수 있다.

합성 디자인 패턴은 4장에서 다룰 **반복자**iterator 디자인 패턴과 짝을 이룬다. 따라서 반복자 디자인 패턴을 배우기 전까지는 다소 불완전해 보일 수 있다. 두 디자인 패턴은 함께 사용될 때 비로소 빛을 발한다. 이 절을 읽고 합성 디자인 패턴의 쓸모에 의문이 생긴다면 반복자 디자인 패턴을 배운 뒤에 돌아와서 다시 한번 읽어 보기 바란다.

현업에서 합성 디자인 패턴은 **사용자 인터페이스**UI, User Interface 프레임워크에서 널리 사용된다. 예를 들어 **안드로이드**Android의 Group 위젯은 합성 디자인 패턴을 구현하고 있다. Group 위젯은 다른 여러 요소를 하나로 묶어 주며 View 인터페이스를 구현함으로써 포함하고 있는 요소들을 대표해 동작한다.

계층 구조에 속한 모든 객체가 같은 인터페이스를 구현하는 한, 계층 구조가 아무리 깊더라도 최상위 객체에만 접근할 수 있다면 모든 하위 객체도 제어할 수 있다.

퍼사드 패턴

퍼사드facade 디자인 패턴에서 퍼사드는 건축 용어를 차용한 것이다. 퍼사드란 건축물의 정면을 뜻하는 말로, 일반적으로 건축물을 더 돋보이게 하는 얼굴과 같은 존재다. 프로그래밍에서도 퍼사드는 지저분한 구현 세부 사항을 감추는 데에 사용한다.

퍼사드 디자인 패턴 자체의 목적은 서로 관련된 여러 클래스나 인터페이스를 더 깔끔하고 간단하게 다룰 수 있도록 하는 것이다. 앞서 **추상 팩토리** 디자인 패턴을 설명하면서 여러 클래스가 어떻게 서로 연관되는지 살펴봤다. 추상 팩토리 디자인 패턴은 연관된 클래스를 생성하는 데 초점을 맞춘다. 반면 퍼사드 디자인 패턴은 일단 생성된 객체들을 잘 사용하는 데 초점을 둔다.

이것이 무슨 말인지 이해하기 위해 추상 팩토리를 설명하면서 사용했던 예제를 다시 가져오자. 추상 팩토리를 통해 어떤 설정으로 서버를 시작하려면 이 서버 라이브러리의 사용자에게 다음과 같은 사용설명서를 제공할 수 있을 것이다.

- 주어진 파일을 JSON 파서^{parser}로 파싱을 시도함으로써 .json 파일인지 .yaml 파일인지 확인한다.
- 오류가 발생하는 경우 YAML 파서로 파싱을 시도한다.
- 오류가 없다면 파싱 결과를 추상 팩토리에 전달해 필요한 객체를 생성한다.

도움이 되긴 하겠지만 이 사용설명서를 따라 라이브러리를 사용하기 위해선 어느 정도의 기술과 지식이 필요할 것이다. 가령 제대로 된 파서를 찾느라 고생할 수도 있고, JSON 파서를 사용해서 .yaml 파일을 파싱하려고 하다가 발생하는 예외를 무시해 버릴 수도 있다.

이 라이브러리의 사용자가 직면한 문제는 어떤 것인가?

설정을 읽어 들이기 위해 라이브러리 사용자는 최소한 3개의 인터페이스를 사용해야 한다.

- JSON 파서(2장의 '추상 팩토리 패턴' 절에서 다룸)
- YAML 파서(2장의 '추상 팩토리 패턴' 절에서 다룸)
- 서버 팩토리(2장의 '팩토리 메서드 패턴' 절에서 다룸)

대신 하나의 함수(startFromConfiguration())가 존재해서 설정 파일의 경로를 입력으로 받고, 파일을 파싱하고, 파싱 과정에 오류가 없을 경우 서버를 시작하는 일을 한 번에 수행할 수 있다면 훨씬 좋을 것이다.

그래서 라이브러리 사용자에게 퍼사드를 제공해서 여러 클래스를 보다 쉽게 사용할 수 있도록 할 것이다. 이를 위한 한 가지 방법은 이 모든 로직을 캡슐화하는 새 클래스를 만드는 것이다. 대부분의 언어에서는 이런 전략을 사용한다.

그러나 코틀린에는 더 좋은 방법이 있다. 3장의 어댑터 패턴을 설명할 때도 활용했던 확장 함수를 이용하면 된다. Server 클래스에 startFromConfiguration()라는 확장 함수를 다음과 같이 구현할 수 있다.

```
@ExperimentalPathApi
fun Server.startFromConfiguration(fileLocation: String) {
    val path = Path(fileLocation)
    val lines = path.toFile().readLines()
    val configuration = try {
        JsonParser().server(lines)
    }
    catch (e: RuntimeException) {
        YamlParser().server(lines)
    }

    Server.withPort(configuration.port)
}
```

보다시피 어댑터 디자인 패턴에서 봤던 것과 정확히 같은 코드다. 그러나 목적은 다르다. 어댑터 디자인 패턴은 사용할 수 없는 클래스를 사용할 수 있도록 만드는 것이 목적이었다. 코틀린의 주요 목표 중 하나가 코드 재사용성을 최대화하는 데에 있다는 것을 기억하라. 반면 퍼사드 디자인 패턴의 목적은 복잡한 클래스들을 사용하기 쉽게 만드는 것이다.

> **중요**
>
> 이 책을 읽는 시점에 따라 ExperimentalPathApi 애노테이션이 더 이상 필요하지 않을 수도 있다. 이 기능은 코틀린 1.4에 처음 도입됐는데 기능이 안정되면 언어의 일부로 편입될 예정이다.

코틀린에서 try는 식이기 때문에 값을 반환한다는 사실은 이미 설명했다. 앞의 예제 코드에는 catch 블록도 값을 반환할 수 있다는 것을 보여 준다. 덕분에 가변 변수를 선언하지 않아도 된다.

이제 함수의 첫 두 줄에서 무슨 일이 일어나는지 이해해 보자. Path는 **코틀린 1.4**에서 도입된 제법 최신의 API로, 파일을 더욱 쉽게 다룰 수 있게 해준다. 여기서 쓰인 toFile 함수도 파일 경로를 실제 파일로 변환해 주는 어댑터 디자인 패턴이라는 점에 주목하라.

마지막으로, readLines() 함수는 파일을 통째로 메모리로 읽어 들인 뒤 파일 내용을 줄 단위로 쪼갠다. 코드가 좀 더 단순해지면 좋겠다는 생각이 들면 퍼사드 디자인 패턴 도입을 고려하라.

경량 패턴

경량 객체flyweight object란 매우 가벼운 객체라는 뜻으로 상태를 갖지 않는 객체를 말한다. 1장이나 2장을 읽었다면 매우 가벼운 객체의 종류가 하나 떠오를지도 모른다. 바로 데이터 클래스다. 하지만 데이터 클래스는 반대로 상태만 갖는 객체를 말한다.

그렇다면 경량 패턴은 데이터 클래스와 어떤 식으로든 관련이 있을까?

경량 패턴을 좀 더 이해하려면 20년 전으로 거슬러 올라가야 한다. 1994년 『GoF의 디자인 패턴』이 처음 출판됐을 때 일반적인 PC에는 4MB짜리 램RAM이 달려 있었다. 당시 모든 프로세스의 주요 목표 중 하나는 귀중한 램 자원을 아껴 쓰는 것이었다. 그렇지 않으면 프로그램 자체를 실행하기 어려웠기 때문이다.

오늘날은 휴대전화에 8GB 램이 장착되기도 한다. 이 절에서 경량 패턴에 관한 설명을 읽을 땐 이런 배경을 염두에 두기 바란다.

어쨌든 자원을 효율적으로 사용하는 것은 예나 지금이나 중요한 일이니 어떻게 경량 패턴으로 자원을 아낄 수 있을지 알아보자.

보수적으로 접근하기

2D 횡스크롤 아케이드 플랫폼 게임을 개발한다고 상상해 보자. 방향키나 게임패드를 이용해 캐릭터를 제어할 수 있고 캐릭터는 왼쪽이나 오른쪽으로 움직이며 점프할 수도 있다.

이 게임을 개발하고 있는 작은 인디 게임 개발 팀에는 개발자인 나와 고양이 두 마리, 마이클이라는 이름의 카나리아 한 마리밖에 없다(내가 그래픽 디자인과 제품 기획, 판매 총괄까지 하고 있다). 그래서 이 게임에는 16가지 색깔만 사용하려고 한다. 또한 게임 캐릭터의 크기는 가로와 세로가 각각 64픽셀이다.

이 캐릭터는 여러 종류의 몬스터와 싸우는데, 대부분 육식성의 탄자니아 달팽이^{Tanzanian snail}다.

```
class TanzanianSnail
```

2D 게임이기 때문에 달팽이도 모두 왼쪽이나 오른쪽으로만 움직일 수 있다. 다음과 같은 enum 클래스를 사용하면 방향을 나타낼 수 있다.

```
enum class Direction {
    LEFT,
    RIGHT
}
```

화면에 달팽이 몬스터를 그리기 위해 각 객체는 이미지와 방향을 들고 있을 것이다.

```
class TansanianSnail {
    val directionFacing = Direction.LEFT
    val sprites = listOf(File("snail-left.jpg"),
                         File("snail-right.jpg"))
    // 달팽이의 상태를 나타내는 다른 속성(체력 등)을
    // 여기에 구현
}
```

> **중요**
>
> File 클래스는 java.io.File에 정의돼 있다. 예제 코드에서 어떤 패키지를 import해야 하는지 궁금하다면 깃허브 저장소를 확인하라.

달팽이의 현재 방향에 대응하는 아이콘 이미지(sprite)를 가져온다. 이 이미지를 화면에 그리면 플레이어는 달팽이가 어느 쪽을 향하고 있는지 알 수 있다.

```
fun getCurrentSprite(): File {
    return when (directionFacing) {
```

```
        Direction.LEFT -> sprites[0]
        Direction.RIGHT -> sprites[1]
    }
}
```

몬스터가 움직일 땐 그냥 위치를 왼쪽이나 오른쪽으로 한 칸씩 이동해 주면 된다.

이번에는 달팽이의 이동을 애니메이션으로 나타내기 위해 여러 아이콘 이미지를 사용하고 싶다. 다음과 같이 List 생성 함수를 이용해서 아이콘 이미지 리스트를 생성할 수 있다.

```
class TansanianSnail {
    val directionFacing = Direction.LEFT
    val sprites = List(8) { i ->
        File(when(i) {
            0 -> "snail-left.jpg"
            1 -> "snail-right.jpg"
            in 2..4 -> "snail-move-left-${i-1}.jpg"
            else -> "snail-move-right$(4-i)}.jpg"
        })
    }
}
```

이 코드에서는 블록 함수를 List 함수에 전달해서 8개의 원소를 갖는 리스트를 생성한다. 이 방법은 복잡한 로직을 사용해서 자료 구조를 초기화할 수 있으면서도 실질적으로 불변인 객체를 만들 수 있다는 장점이 있다.

각 원소마다 어떤 이미지를 가져올지는 다음과 같이 결정된다.

- 0번과 1번 원소는 각각 왼쪽과 오른쪽을 향하고 있는 정지 상태의 이미지다.
- 2번부터 4번까지의 원소는 왼쪽으로 움직이는 이미지다.
- 5번부터 7번까지의 원소는 오른쪽으로 움직이는 이미지다.

잠깐 계산기를 두드려 보자. 달팽이 이미지 한 장은 64 × 64 픽셀이다. 1픽셀이 딱 1바이트라고 가정하면 이미지 한 장은 메모리상에서 4KB를 차지할 것이다. 달팽이 객체 하나당 여덟 장의 이미지를 들고 있기 때문에 총 32KB를 차지하게 되고, 1MB 용량의 메모리에는 달팽이를 32마리밖에 올릴 수 없다.

개발 팀은 이 무시무시하고 날쌘 몬스터가 1,000마리 정도는 출몰하기를 원한다. 또한 이 게임은 10년 된 휴대전화에서도 구동 가능해야 한다. 확실히 개선이 필요하다.

메모리 절약하기

달팽이 클래스가 갖고 있는 문제는 무엇일까?

달팽이가 너무 뚱뚱하고 무겁다는 것이다. 다이어트를 시켜야 한다. 모든 달팽이 객체는 그 작은 몸집에 8개나 되는 이미지를 담고 있다. 그러나 사실 모든 객체가 들고 있는 이미지는 동일하다. 따라서 이렇게 생각해 볼 수 있다.

달팽이 아이콘 이미지를 싱글톤 객체나 팩토리 메서드로 추출하고 각 달팽이 객체는 이를 참조하도록 하면 어떨까?

예를 들어 다음과 같이 구현할 수 있다.

```
object SnailSprites {
    val sprites = List(8) { i ->
        java.io.File(when (i) {
            0 -> "snail-left.jpg"
            1 -> "snail-right.jpg"
            in 2..4 -> "snail-move-left-${i-1}.jpg"
            else -> "snail-move-right$${(4-i)}.jpg"
        })
    }
}

class TansanianSnail() {
    val directionFacing = Direction.LEFT
    val sprites = SnailSprites.sprites
}
```

이렇게 하면 getCurrentSprite 함수는 고칠 필요가 없다. 또한 달팽이 객체를 얼마나 많이 생성하든 총 메모리 사용량은 256KB에 불과하다. 이제 메모리 걱정 없이 수백만

마리의 달팽이를 만들 수 있다.

이것이 바로 경량 패턴의 핵심이다. 즉 무거운 객체(예제에서는 이미지 파일)를 제한적으로만 생성하고 경량 객체(예제에서는 달팽이 객체)들이 무거운 객체를 공유하도록 하는 것이다.

경량 패턴 사용 시 주의 사항

전달하는 데이터의 불변성을 특별히 신경 써야 한다. 가령 SnailSprites 객체에서 val 대신 var를 사용했다면 재앙이 벌어질 수도 있다. 가변 리스트도 사용하면 안 된다. 누군가 이미지를 지우거나 다른 이미지로 교체하면 큰일이기 때문이다.

다행히 코틀린에서는 이런 상황을 쉽게 방지할 수 있다. 항상 외부 상태는 변수 대신 값으로 선언하고, 일단 만들어지면 변경이 불가능한 불변 자료 구조를 사용하면 된다.

메모리가 넘쳐나는 시대에 경량 패턴이 왜 필요하냐고 물을 수도 있다. 하지만 앞서 말했듯이 도구 상자에 다룰 수 있는 도구를 하나 더 쟁여 둔다고 해서 나쁠 건 없다. 언젠가 쓸모가 생길지도 모른다.

프록시 패턴

프록시proxy 패턴은 데코레이터 패턴과 마찬가지로 객체의 기능을 확장한다. 데코레이터는 추가적인 동작을 할지언정 요청한 동작은 항상 그대로 수행한다. 하지만 프록시는 어떤 동작을 요청했을 때 완전히 다른 식으로 동작할 수 있다.

값비싼 객체가 무엇인지는 2장에서 **생성 패턴**을 배울 때 이미 설명했다. 예를 들어 네트워크 자원에 접근하거나 생성 시간이 오래 걸리는 객체는 값비싼 객체다.

'웃긴 고양이'라는 앱을 만든다고 하자. 이 앱에는 매일 웃긴 고양이 사진이 한 장 올라온다. 홈페이지와 모바일 앱에서 사용자는 수천 장의 웃긴 고양이 사진을 볼 수 있다. 그중 하나를 클릭하거나 터치하면 사진이 전체 화면으로 표시된다.

네트워크를 통해 고양이 사진을 받아오는 것은 매우 값비싼 동작이며 메모리도 많이 필요하다. 특히 저녁 식사 후 디저트에 코를 박고 있는 고양이 사진이면 더욱 오래 걸릴 것이다. 그래서 사진을 요청했을 때 원본 이미지를 딱 한 번만 받아 오기를 원한다. 가족이나 친구들에게 보여 주기 위해 여러 번 사진을 요청하는 경우에도 똑같은 사진을 여러 번 받아오지 않고 한 번만 받도록 하는 것이다.

사진을 한 번 받는 것을 피할 수는 없다. 하지만 두 번째 사진을 요청했을 땐 다시 네트워크를 통해 사진 파일을 가져오는 대신 메모리에 캐시돼 있는 사진을 전달할 것이다. 이게 **프록시** 패턴의 핵심이다. 기대하는 동작(네트워크를 통해 매번 사진 파일을 받아오는 것)을 그대로 하는 대신 조금 꾀를 부려서 이미 준비된 사진을 전달하는 것이다.

마치 김밥천국에 가서 돈가스를 시켰는데 2분도 안 돼 음식이 나온 것과 같다. 하지만 음식은 차갑게 식어 있다. 조금 전에 누군가가 돈가스를 시켰다가 샐러드가 마음에 들지 않는다며 그냥 갔기 때문이다. 실제로 겪은 일이다.

이런 기능을 작성하려면 매우 복잡한 로직이 필요해 보인다. 그러나 데코레이터 패턴을 배웠다면 코틀린의 마법을 기대해 볼 법도 하다. 어떤 목적을 달성하기 위해 작성해야 하는 반복적인 코드를 코틀린은 크게 줄여 주기 때문이다.

```kotlin
data class CatImage(val thumbnailUrl: String, val url: String) {
    val image: ByteArray by lazy {
        // 이미지를 바이트 배열로 읽는다.
        URL(url).readBytes()
    }
}
```

앞서 다른 맥락에서 by 키워드가 사용되는 것을 본 적이 있다. 인터페이스의 구현을 다른 클래스에 위임하는 경우였다(3장의 '데코레이터 패턴' 절을 참고하라).

이번에 사용된 by 키워드는 필드 초기화가 나중에 일어나도록 위임하는 역할을 한다. 여기서 쓰인 lazy라는 함수는 코틀린 표준 라이브러리에 있는 **위임 함수**delegator function 중 하나다. image 속성을 처음 호출하면 코드 블록이 실행되고 그 결과가 image 속성에 저장된다. 이후의 호출은 그냥 속성에 저장된 값을 반환한다.

간혹 프록시 디자인 패턴을 3개의 하위 패턴으로 분류하기도 한다.

- **가상 프록시**: 게으른 방식으로 결과를 캐시한다.
- **원격 프록시**: 원격지의 자원에 접근한다.
- **보호 프록시 또는 접근 제어 프록시**: 인가되지 않은 접근을 거부한다.

앞의 예제 코드는 가상 프록시 또는 가상 프록시와 원격 프록시의 조합이라고 볼 수 있다.

lazy 위임 함수

두 스레드가 동시에 image 속성을 초기화하려고 하면 어떻게 되는지 궁금할 수도 있다. 기본적으로 lazy() 함수는 호출을 동기화synchronize한다. 즉 두 스레드 중 한 스레드만 코드 블록을 실행할 수 있고, 나머지 스레드는 실행이 완료될 때까지 기다려야 한다.

만약에 lazy 블록을 동시에 실행해도 괜찮다면(예를 들어 그다지 값비싼 동작이 아니라면) lazy(LazyThreadSafetyMode.PUBLICATION)을 사용할 수 있다.

성능이 최우선 고려 사항이며 두 스레드가 같은 블록을 절대로 동시에 실행하지 않는다는 것을 보장할 수 있다면 LazyThreadSafetyMode.NONE을 사용할 수도 있다. 이 경우에 lazy 블록은 스레드 안전하지 않다.

프록시 패턴과 위임을 적절히 사용하면 많은 복잡한 문제를 해결할 수 있다. 책 뒷부분에서 이를 살펴볼 것이다.

요약

3장에서는 구조 패턴을 사용해 더욱 유연하고 변화에 잘 대응하는 코드(심지어 때로는 런타임에 변화가 가능한 코드)를 작성하는 법을 배웠다. 데코레이터 디자인 패턴을 활용해서 기존 클래스에 기능을 추가하는 법을 다뤘고, 연산자 오버로딩을 사용해서 더 직관적인 문법으로 자주 사용하는 연산을 수행하는 법을 살펴봤다.

그리고 확장 메서드를 이용해서 어떤 인터페이스를 다른 인터페이스로 변환하는 법을 배웠고, 일회성으로 인터페이스를 구현하기 위해 익명 객체를 생성하는 법도 배웠다. 다음으로는 브리지 디자인 패턴을 사용해서 클래스 계층 구조를 단순화하는 방법을 살펴봤다. 그리고 typealias를 이용해서 타입에 별칭을 붙이는 법과 const로 효율적인 상수를 정의하는 법도 다뤘다.

그다음에는 합성 디자인 패턴을 살펴보며 어떻게 객체의 묶음을 하나의 객체처럼 다룰 수 있는지 배웠다. 또한 부 생성자와 varargs 키워드를 이용한 가변 인수도 배웠다. 퍼사드 디자인 패턴을 활용해서 복잡한 시스템이 간단한 인터페이스만 노출하도록 하는 법을 살펴봤고, 경량 디자인 패턴을 통해 메모리 사용량을 줄이는 법도 알아봤다.

마지막으로 코틀린에서 다른 클래스에 동작을 위임하려면 어떻게 해야 하는지 살펴봤다. 같은 인터페이스를 구현하고 by 키워드를 사용할 수도 있고, 프록시 패턴에서 by 키워드와 함께 lazy와 같은 위임 함수를 사용할 수도 있다. 이런 디자인 패턴을 사용하면 확장성과 유지 보수성이 더욱 우수한 시스템을 구축할 수 있을 것이다.

4장에서는 고전 디자인 패턴의 세 번째 종류인 동작 패턴을 알아볼 것이다.

질문

1. 데코레이터 디자인 패턴과 프록시 디자인 패턴의 구현상 차이점은 무엇인가?
2. 경량 디자인 패턴의 주요 목적은 무엇인가?
3. 퍼사드 디자인 패턴과 어댑터 디자인 패턴의 차이는 무엇인가?

04
동작 패턴과 친해지기

4장에서는 코틀린을 이용해 **동작 패턴**behavioral pattern을 구현하는 방법을 살펴볼 것이다. 동작 패턴은 객체 간의 상호작용에 관한 디자인 패턴이다.

객체가 상황에 따라 다르게 동작하도록 하는 방법, 여러 객체가 서로를 알지 못해도 통신할 수 있도록 하는 방법, 복잡한 구조에 대해 반복을 수행하는 방법을 배울 것이다. 일부 패턴을 쉽게 이해하기 위해 코틀린에서의 함수형 프로그래밍도 맛볼 것이다.

4장에서 다루는 내용은 다음과 같다.

- 전략 패턴
- 반복자 패턴
- 상태 패턴
- 명령 패턴
- 책임 사슬 패턴

- 해석기 패턴
- 중개인 패턴
- 기억 패턴
- 방문자 패턴
- 템플릿 메서드 패턴
- 관찰자 패턴

4장을 읽은 뒤에는 결합도가 낮고 유연한 코드를 짤 수 있게 될 것이다.

기술적 요구 사항

3장까지의 기술적 요구 사항에 더해서 필요한 의존성을 설치하기 위해 **그래들**^{Gradle}이 활성화된 코틀린 프로젝트가 필요하다.

4장의 예제 코드는 다음 깃허브 링크(https://github.com/PacktPublishing/Kotlin-Design-Patterns-and-Best-Practices/tree/main/Chapter04)에서 다운로드할 수 있다.

전략 패턴

전략^{strategy} 디자인 패턴의 목표는 객체의 동작을 런타임에 변경하는 것이다.

3장에서 경량 디자인 패턴을 설명할 때 사용했던 횡스크롤 게임을 다시 떠올려 보자.

이 작은 개발 팀에서 게임 기획을 담당하는 마이클에게 멋진 생각이 떠올랐다. 주인공 캐릭터가 사나운 육식 달팽이를 물리칠 수 있도록 무기를 주면 어떨까?

모든 무기는 캐릭터가 바라보는 방향으로 탄환을 발사한다(달팽이한테 너무 가까이 다가가면 위험하기 때문이다).

```
enum class Direction {
    LEFT, RIGHT
}
```

모든 탄환은 좌표쌍과 방향을 가진다(이 게임은 2D 게임이라는 것을 기억하라).

```
data class Projectile(private var x: Int,
                      private var y: Int,
                      private var direction: Direction)
```

탄환이 한 종류뿐이었다면 2장에서 배운 정적 팩토리 메서드 패턴을 사용해서 다음과 같이 간단하게 구현할 수 있었을 것이다.

```
class OurHero {
    private var direction = Direction.LEFT
    private var x: Int = 42
    private var y: Int = 173

    fun shoot(): Projectile {
        return Projectile(x, y, direction)
    }
}
```

그러나 마이클은 최소한 세 종류의 탄환을 구현하기 원한다.

- **콩알총**peashooter: 직선으로 날아가는 콩알탄을 발사한다. 캐릭터가 기본적으로 장착하고 있는 무기다.

- **석류탄**pomegranate: 마치 수류탄처럼 적에게 맞으면 폭발한다.

- **바나나**banana: 화면 끝에 닿으면 부메랑처럼 되돌아온다.

마이클, 너무한 거 아니야? 그냥 다 똑같이 작동하는 일반 총으로 하면 안 돼?

과일 무기 구현하기

먼저 이 문제를 자바 스타일로 해결하는 법을 살펴보자.

자바에서는 변경되는 부분을 추상화하는 인터페이스를 만든다. 과일 무기 예제에서는 변경되는 부분이 무기이기 때문에 다음과 같이 Weapon 인터페이스를 선언한다.

```
interface Weapon {
    fun shoot(x: Int,
              y: Int,
              direction: Direction): Projectile
}
```

그리고 모든 무기는 이 인터페이스를 구현해야 한다. 먼저는 무기를 화면에 그리거나 애니메이션을 구현해야 하는 것은 아니기 때문에 그런 동작은 코드에 포함하지 않았다.

```
// 직선으로 날아가는 콩알총
class Peashooter : Weapon {
    override fun shoot(
        x: Int,
        y: Int,
        direction: Direction
    ) = Projectile(x, y, direction)
}

// 화면 끝에 닿으면 되돌아오는 바나나
class Banana : Weapon {
    override fun shoot(
        x: Int,
        y: Int,
        direction: Direction
    ) = Projectile(x, y, direction)
}

// 비슷한 방법으로 다른 구현체도 추가할 수 있다.
```

이 게임의 모든 무기는 동일한 인터페이스를 구현한다. 즉 항상 shoot 메서드를 덮어 쓴다^{override}.

주인공 캐릭터는 무기 객체에 대한 참조를 들고 있을 것이다. 처음에는 콩알총을 들고 있다.

```
private var currentWeapon: Weapon = Peashooter()
```

실제 발사 동작은 들고 있는 무기 객체에 위임한다.

```
fun shoot(): Projectile = currentWeapon.shoot(x, y, direction)
```

이제 다른 무기를 장착하는 기능만 구현하면 된다.

```
fun equip(weapon: Weapon) {
    currentWeapon = weapon
}
```

이것이 **전략** 패턴의 전부다. 전략 패턴을 사용하면 알고리듬(예제에서는 무기)을 교체할 수 있다.

일급 객체로서의 함수

코틀린에서는 클래스를 이렇게 많이 작성하지 않고 더 효율적으로 같은 기능을 구현할 수 있다. 코틀린의 함수가 **일급 객체**first-class citizen라는 사실 덕분이다. 그런데 일급 객체라니 대체 무슨 뜻일까?

그건 다른 일반적인 값처럼 변수에 함수를 대입할 수 있다는 것이다. 예를 들어 기본적인 타입의 값은 다음과 같이 변수에 할당할 수 있다.

```
val x = 7
```

마찬가지로 객체도 변수에 할당할 수 있다(이미 수도 없이 많이 해봤겠지만).

```
var myPet = Canary("마이클")
```

그렇다면 변수에 함수를 할당하지 못할 이유가 무엇인가?

코틀린에서는 다음과 같이 손쉽게 변수에 함수를 저장할 수 있다.

```kotlin
val square = fun(x: Int): Long {
    return (x * x).toLong()
}
```

이를 통해 얼마나 설계를 단순화시킬 수 있는지 살펴보자.

먼저 모든 무기를 정의할 네임스페이스를 만들 것이다. 이를 위해서는 object 키워드를 사용하면 된다. 꼭 네임스페이스를 만들어야 하는 것은 아니지만 좀 더 안전한 방법이다. 그러면 각 무기를 클래스 대신 하나의 함수로 정의할 수 있다.

```kotlin
object Weapons {
    // 직선으로 날아가는 콩알총
    fun peashooter(x: Int, y: Int, direction: Direction):
        Projectile {
        return Projectile(x, y, direction)
    }

    // 화면 끝에 닿으면 되돌아오는 바나나
    fun banana(x: Int, y: Int, direction: Direction):
        Projectile {
        return Projectile(x, y, direction)
    }

    // 비슷한 방법으로 다른 구현체도 추가할 수 있다.
}
```

보다시피 인터페이스를 구현하는 대신 같은 매개변수와 반환형을 갖는 함수를 여러 개 구현했다.

가장 흥미로운 부분은 주인공 객체다. OurHero 클래스는 이제 2개의 값을 갖는데 둘 다 함수다.

```
class OurHero {
    var currentWeapon = Weapons::peashooter

    val shoot = fun() {
        currentWeapon(x, y, direction)
    }
}
```

교체되는 부분은 currentWeapon이며 이제 shoot은 currentWeapon을 호출하는 익명 함수가 됐다.

이런 구현이 잘 동작하는지 확인하기 위해 기본 무기를 한 번 발사하고 다른 무기로 교체해서 다시 발사하는 코드를 작성해 보자.

```
val hero = OurHero()
hero.shoot()
hero.currentWeapon = Weapons::banana
hero.shoot()
```

기능은 똑같지만 작성해야 하는 클래스의 수가 크게 줄었다는 점에 주목하라. 교체해야 하는 알고리듬이 상태에 의존하지 않는다면 간단한 함수를 사용할 수 있다. 그렇지 않다면 인터페이스를 하나 정의하고 각 전략 패턴이 인터페이스를 구현하도록 해야 한다.

메서드 참조 연산자(::)가 처음 등장했다. 이 연산자를 사용하면 메서드를 호출하는 대신 마치 변수처럼 참조할 수 있다.

전략 패턴은 런타임에 애플리케이션의 동작을 변경하고 싶을 때 매우 유용하게 사용할 수 있다. 예를 들어 초과 예약(좌석 수보다 더 많은 승객이 예약하는 것)을 허용하는 비행 예약 시스템을 만든다고 하자. 비행 하루 전까지는 초과 예약을 허용했다가 그 이후로는 초과 예약을 받지 않도록 하고 싶다. 이럴 때는 비행 하루 전에 전략을 교체하면 된다. 그러면 복잡한 검사 코드를 작성할 필요가 없다.

이제 복잡한 자료 구조를 다룰 때 도움이 되는 패턴을 알아보자.

반복자 패턴

3장에서 **합성** 패턴을 배우면서 합성 패턴이 그 자체로는 다소 불완전하다는 사실을 언급했다. 이제 나머지 반쪽을 찾을 시간이다. 닮은 점이라고는 하나도 없어 보이는 아놀드 슈워제네거$^{Arnold\ Schwarzenegger}$와 대니 드비토$^{Danny\ DeVito}$가 서로의 부족한 부분을 채워 주듯 말이다.[1]

3장의 예제 코드가 기억나는가? 분대^{Squad} 클래스를 만들었는데 그 안에는 트루퍼 또는 다른 분대가 속할 수 있었다. 그런 분대 객체를 하나 만들어 보자.

```
val platoon = Squad(
    Trooper(),
    Squad(
        Trooper(),
    ),
    Trooper(),
    Squad(
        Trooper(),
        Trooper(),
    ),
    Trooper()
)
```

이 소대^{platoon}에는 총 6명의 트루퍼가 소속돼 있다.

1장에서 배웠던 for-in문을 사용해서 소대에 소속된 모든 트루퍼를 출력할 수 있다면 좋을 것이다.

먼저 다음과 같이 코드를 작성하고 어떤 일이 일어나는지 보자.

```
for (trooper in platoon) {
    println(trooper)
}
```

---

1 아놀드 슈워제네거와 대니 드비토는 영화 〈트윈스(Twins)〉에서 쌍둥이 형제를 연기했다. - 옮긴이

코드는 컴파일되지 않지만 코틀린 컴파일러에서 다음과 같은 유용한 힌트를 얻을 수 있다.

> For loop range must have an iterator method

For-in 구문에 사용하는 범위는 반복자 메서드[iterator method]를 가져야 한다고 친절히 안내하고 있다. 이를 따라 메서드를 구현하기 전에 지금 마주하고 있는 문제가 무엇인지를 간단히 살펴보자.

합성 패턴으로 만든 소대 객체의 구조는 평면적이지 않다. 즉 소대에 포함된 객체가 또 다른 객체를 담고 있을 수 있다(Squad 객체에는 Trooper 객체나 다른 Squad 객체가 들어 있을 수 있다). 하지만 이런 경우에도 복잡성을 추상화시키고 소대를 그냥 트루퍼 객체의 리스트처럼 사용하고 싶을 수 있다. 이게 반복자[iterator] 패턴이 하는 일이다. 즉 복잡한 자료 구조를 단순한 리스트 형태로 평면화시키는 것이다. 어떤 순서로 자료 구조를 순회하며 어떤 원소를 건너뛸지는 반복자가 결정한다.

For-in 반복문에서 Squad 객체를 사용하려면 iterator()라는 특수 함수를 구현해야 한다. 이 함수는 특수 함수이기 때문에 operator 키워드를 사용해야 한다.

```
operator fun iterator() = ...
```

이 함수는 Iterator<T> 인터페이스를 구현하는 익명 객체를 반환한다.

```
operator fun iterator() = object: Iterator<Trooper> {
    override fun hasNext(): Boolean {
        // 반복할 원소가 남아 있는가?
    }

    override fun next(): Trooper {
        // 다음 트루퍼 객체를 반환한다.
    }
}
```

코틀린에서 제네릭을 사용하는 것을 또 볼 수 있다. Iterator<Trooper> 타입은 이를 구현하는 객체의 next() 함수가 항상 Trooper 타입의 객체를 반환한다는 것을 의미한다.

반복문에서 모든 원소를 순회하기 위해서는 2개의 메서드를 구현해야 한다. 하나는 다음 원소를 가져오는 메서드이고, 다른 하나는 반복문을 언제까지 실행할지 알려 주는 메서드다. 다음의 세 단계를 통해 메서드를 구현해 보자.

1. 먼저 반복자의 상태가 필요하다. 이 상태에는 마지막에 반환한 원소를 저장한다.

    ```
    operator fun iterator() = object: Iterator<Trooper> {
        private var i = 0
        // 다른 코드를 여기에 작성
    }
    ```

2. 다음으로는 언제 반복문을 멈춰야 할지 알려 줘야 한다. 간단한 경우에는 내부 자료구조의 크기와 동일하다.

    ```
    override fun hasNext(): Boolean {
        return i < units.size
    }
    ```

    하지만 경계에 있는 몇몇 경우까지 고려하면 조금 더 복잡해진다. 완전한 구현은 책의 깃허브 저장소를 참조하라.

3. 마지막으로 어떤 원소를 반환할지 알아야 한다. 간단한 경우에는 그냥 현재 원소를 반환하고 다음 원소로 이동하면 된다.

    ```
    override fun next() = units[i++]
    ```

    Squad와 같은 경우에는 더 복잡하다. Squad 객체가 또 다른 Squad 객체를 가질 수 있기 때문이다. 여기서도 전체 구현은 깃허브 저장소에서 확인하라.

때로는 함수의 인수로 반복자를 받는 것도 가능하다.

```
fun <T> printAnything(iter: Iterator<T>) {
    while (iter.hasNext()) {
        println(iter.next())
    }
}
```

이 함수는 반복자를 제공하는 모든 자료 구조에 대해 반복을 수행할 수 있다. 이 함수는 또한 코틀린에서 제네릭 함수를 사용하는 예를 보여 준다. 함수 이름 앞에 <T>가 붙는다는 것을 확인하라.

새로운 자료 구조를 발명할 일이 없는 보통의 개발자가 반복자를 구현할 일은 별로 없을 것이다. 하지만 반복문을 사용할 때 어떤 일이 벌어지는지는 알고 있어야 한다.

다음 절에서는 유한 상태 기계를 효율적으로 설계하는 방법을 알아보자.

상태 패턴

상태state 디자인 패턴은 4장 처음에 다뤘던 전략 패턴의 일종이라고 생각할 수 있다. 다만 전략 패턴에서는 외부의 클라이언트가 전략을 교체하는 반면, 상태 패턴에서의 상태는 오로지 입력에 의해 내부적으로 변경된다.

클라이언트가 전략 패턴을 사용하면서 나눈 대화를 살펴보자.

- **클라이언트**: 여기 새로운 할 일이 있어. 이제부터는 이 일을 해줘.
- **전략**: 네, 알겠습니다.
- **클라이언트**: 늘 군말 없이 따라 줘서 마음에 들어.

하지만 다음의 대화는 좀 다르다.

- **클라이언트**: 새로운 입력을 가져왔어.
- **상태**: 글쎄요. 동작을 바꿀 수도 있습니다. 아닐 수도 있고요.

사용자는 심지어 어떤 입력이 거부될 수 있다는 것까지도 염두에 둬야 한다.

- **클라이언트**: 이 입력을 잘 처리해 봐.
- **상태**: 무슨 말인지 모르겠네요! 저 바쁜 거 안 보이세요? 전략 패턴에게나 시키세요!

대체 클라이언트가 이런 상태 패턴을 사용해야 할 이유는 무엇일까? 그것은 상태 패턴을 사용하면 모든 것을 통제 아래에 둘 수 있기 때문이다.

상태 패턴의 50가지 그림자

2차원 게임 예시로 돌아가자. 육식성 달팽이는 이제 너무 많이 당한 듯하다. 계속 콩과 바나나를 쏴 대자 새로운 던전dungeon이 펼쳐졌다. 여기서는 달팽이가 움직인다!

객체(이 경우에는 게임의 몬스터)가 동작을 바꿔야 할 때 상태 패턴이 어떤 도움이 되는지 알아보자. 기본적으로 달팽이는 가만히 서 있으면서 달팽이 에너지를 모은다. 그러다가 주인공이 가까이 오면 주인공에게 공격적으로 달려든다.

주인공이 달팽이에게 데미지damage를 입히면 달팽이는 뒤로 물러나서 상처를 핥는다. 그리고 다시 공격하기를 어느 한쪽이 죽을 때까지 반복한다.

먼저 달팽이의 생애 동안 일어나는 일을 다음과 같이 선언한다.

```
interface WhatCanHappen {
    fun seeHero()
    fun getHit(pointsOfDamage: Int)
    fun calmAgain()
}
```

달팽이 객체는 이 인터페이스를 구현함으로써 자신에게 발생하는 이벤트를 인식하고 이에 반응한다.

```
class Snail : WhatCanHappen {
    private var healthPoints = 10
```

```
    override fun seeHero() {
    }

    override fun getHit(pointsOfDamage: Int) {
    }

    override fun calmAgain() {
    }
}
```

이제 달팽이의 상태를 나타내는 Mood 클래스를 선언해 보자. 이 클래스는 sealed 키워드를 붙여서 봉인 클래스^{sealed class}로 만들 것이다.

```
sealed class Mood {
    // 여기에 다양한 추상 메서드를 선언한다(draw() 등).
}
```

봉인 클래스는 추상 클래스이면서 인스턴스화가 불가능하다. 왜 이런 클래스를 사용하는지는 곧 알게 될 것이다. 먼저 여러 상태를 선언해 보자.

```
object Still : Mood()
object Aggressive : Mood()
object Retreating : Mood()
object Dead : Mood()
```

각각 달팽이의 상태(또는 기분)를 나타낸다.

상태 패턴에서 Snail 클래스는 맥락^{context}의 역할을 한다. 즉 Snail 클래스가 현재 상태를 저장한다는 뜻이다. 따라서 Snail 클래스에 다음과 같이 상태를 저장하기 위한 멤버를 선언한다.

```
class Snail : WhatCanHappen {
    private var mood: Mood = Still
    // 이전 코드와 동일
}
```

이제 달팽이가 주인공 캐릭터를 봤을 때 어떤 행동을 하는지 정의하자.

```
override fun seeHero() {
    mood = when(mood) {
        is Still -> Aggressive
    }
}
```

이 코드는 컴파일되지 않는다. Mood가 봉인 클래스로 선언됐기 때문이다. 코틀린은 마치 enum의 원소가 몇 개인지 알고 있는 것처럼 봉인 클래스를 상속하는 클래스가 몇 개인지 알고 있다. 따라서 when에는 반드시 모든 경우가 나열돼야 한다.

> **중요**
>
> IDE로 IntelliJ를 사용한다면 Add remaining branches라는 메시지가 자동으로 뜨며 모든 경우의 수를 추가하도록 유도할 것이다.

나머지 경우에 대해서는 else를 사용해서 상태 변화가 없음을 나타낼 수 있다.

```
override fun seeHero() {
    mood = when(mood) {
        is Still -> Aggressive
        else -> mood
    }
}
```

달팽이가 데미지를 입었을 때는 죽었는지 검사할 필요가 있다. 이때도 when을 사용하되 인자를 전달하지 않는다.

```
override fun getHit(pointsOfDamage: Int) {
    healthPoints -= pointsOfDamage

    mood = when {
        (healthPoints <= 0) -> Dead
        mood is Aggressive -> Retreating
        else -> mood
    }
}
```

여기서 사용한 is 키워드는 자바의 instanceof와 같은 역할을 하지만 훨씬 더 간결하다.

큰 규모의 상태 패턴

앞서 설명한 방법으로 필요한 로직은 거의 다 구현할 수 있다. 그러나 필요한 로직의 규모가 커지면 다른 접근 방법을 사용하는 경우도 있다.

그런 경우에는 Snail 객체가 더 간결해진다.

```
class Snail {
    internal var mood: Mood = Still(this)

    private var healthPoints = 10
    // 이것이 전부다!
}
```

mood를 internal로 선언했다는 점에 주목하라. 이렇게 하면 같은 패키지에 있는 다른 클래스가 이 변수를 변경할 수 있다. 이번에는 Snail 클래스를 대신해서 Mood 클래스가 WhatCanHappen을 구현할 것이다.

```
sealed class Mood : WhatCanHappen
```

이제 상태 전환 로직은 상태 객체 안에 있다.

```
class Still(private val snail: Snail) : Mood() {
    override fun seeHero() {
        snail.mood = Aggressive
    }

    override fun getHit(pointsOfDamage: Int) {
        // 이전과 동일한 로직
    }

    override fun calmAgain() {
        // Still 상태로 되돌아감
    }
}
```

이제 상태 객체가 생성자에서 맥락 객체(Snail)를 받는다는 점에 주목하라.

상대적으로 작성해야 하는 코드의 양이 적다면 첫 번째 방법을 사용하라. 상태 변화가 많다면 두 번째 방법을 사용하라. 실제 코드에서 상태 패턴이 널리 사용되는 한 가지 예는 코틀린의 **코루틴**coroutine이다. 코루틴에 관해서는 5장에서 자세히 다룰 것이다.

이제 동작을 캡슐화하는 다른 패턴을 살펴보자.

명령 패턴

명령command 디자인 패턴을 사용하면 객체 내부에 동작을 캡슐화해서 넣어 둔 뒤 나중에 실행되도록 할 수 있다. 동작 실행을 지연시키면 한꺼번에 많은 동작을 실행할 수도 있고, 심지어 동작의 실행 타이밍을 세밀하게 조절할 수도 있다.

3장의 트루퍼 관리 시스템 예시로 돌아가 보자. 앞의 예제에서 attack과 move 함수를 다음과 같이 구현했다고 하자.

```kotlin
class Stormtrooper(...) {
    fun attack(x: Long, y: Long) {
        println("($x, $y) 공격 중")
        // 여기에 실제 코드 구현
    }

    fun move(x: Long, y: Long) {
        println("($x, $y)로 이동 중")
        // 여기에 실제 코드 구현
    }
}
```

실제 구현을 위해서는 3장에서 배운 **브리지** 패턴을 사용할 수도 있다.

이제 트루퍼가 한 번에 기억할 수 있는 명령이 하나밖에 되지 않는다는 문제를 해결해야 한다. 간단히 말해 다음과 같다. 예를 들어 어떤 트루퍼가 화면의 좌상단을 나타내는 (0, 0)에 있다고 하자. 만약 (20, 0)으로 이동하라는 move(20, 0) 명령과 (20, 20)으로 이동하라는 move(20, 20) 명령을 연달아 내리면 이 객체는 (0, 0)에서 (20, 20)으로 직선으로 이동할 것이다. 결국 반란군을 만나 전멸할지도 모른다.

```
[스톰트루퍼](0, 0) -> 기대하는 이동 방향 -> (20, 0)

      [반란군] [반란군]                    ⇓
   [반란군] [반란군] [반란군]               ⇓
      [반란군] [반란군]
          (5, 20)                      (20, 20)
```

책을 처음부터 계속 읽었거나 최소한 4장을 처음부터 읽고 있다면 어떻게 해야 할지 아이디어가 떠오를 것이다. 코틀린에는 함수가 일급 객체라는 사실을 이미 설명했기 때문이다.

간단히 스케치를 해보자. 명령을 하나밖에 기억하지 못하는 것이 문제라면 이를 해결하기 위해서는 무언가의 리스트를 들고 있어야 한다는 것을 알 수 있다. 아직 어떤 타입의 객체가 돼야 할지는 모른다. 먼저는 Any 타입을 사용하자.

```kotlin
class Trooper {
    private val orders = mutableListOf<Any>()

    fun addOrder(order: Any) {
        this.orders.add(order)
    }
    // 여기에 추가 구현
}
```

다음으로 리스트에 대해 반복을 수행하며 명령을 실행하기 원한다.

```kotlin
class Trooper {
    ...
    // 외부 코드에서 가끔씩 실행하는 함수
    fun executeOrders() {
        while (orders.isNotEmpty()) {
            val order = orders.removeFirst()
            order.execute() // 현재는 컴파일 오류 발생
        }
    }
}
```

```
        }
        ...
    }
```

코틀린에는 집합 자료 구조가 비어 있지 않은지 검사하는 isNotEmpty() 함수가 있어서 !orders.isEmpty() 대신 사용할 수 있다. 또한 집합 자료 구조를 마치 큐^{queue}처럼 사용할 수 있도록 하는 removeFirst() 함수도 있다.

명령 디자인 패턴이 낯설더라도 이 코드가 동작하도록 하려면 execute()라는 함수 하나를 갖는 인터페이스를 구현하면 된다는 것 정도는 짐작할 수 있을 것이다.

```
interface Command {
    fun execute()
}
```

그러면 멤버 변수는 Command 객체의 리스트가 된다.

```
private val commands = mutableListOf<Command>()
```

어떤 종류의 명령이든(이동이든 공격이든 관계없이) 이 인터페이스를 필요에 맞게 구현한다. 이것이 일반적으로 자바에서 명령 패턴을 구현하는 방식이다. 혹시 더 좋은 방법은 없을까?

Command 인터페이스를 다시 들여다보자. execute() 메서드는 인수도 반환값도 없고, 어떤 동작을 할 뿐이다. 다음과 같이 코드를 작성하는 것과 동일하다.

```
fun command(): Unit {
    // 어떤 동작을 하는 코드
}
```

이전에 봤던 코드와 동일하다. 다음과 같이 더욱 간결하게 작성할 수 있다.

```
() -> Unit
```

이제 Command라고 하는 인터페이스 대신 typealias를 사용한 별칭을 만들 것이다.

```
typealias Command = ()-> Unit
```

이제 Command 인터페이스는 필요 없어졌으므로 지워도 된다.

이번엔 다음 코드가 컴파일되지 않는다.

```
command.execute() // Unresolved reference: execute
```

execute()는 직접 인터페이스를 정의할 때 붙여 줬던 이름이기 때문이다. 코틀린에서 함수 객체를 호출할 때는 invoke()를 사용한다.

```
command.invoke() // 컴파일 성공
```

invoke()를 생략할 수도 있다. 그러면 다음과 같은 코드가 된다.

```
fun executeOrders() {
    while (orders.isNotEmpty()) {
        val order = orders.removeFirst()
        order() // 다음 명령 실행
    }
}
```

썩 괜찮다. 하지만 현재 Command는 매개변수를 받을 수 없다. 함수에 인수가 있으면 어떻게 할까?

Command의 시그니처를 변경해서 2개의 매개변수를 받도록 하는 것도 한 가지 방법이다.

```
(x: Int, y: Int)-> Unit
```

그러나 만약 어떤 명령은 인수를 받지 않고, 어떤 명령은 하나나 둘, 또는 그 이상의 인수를 받는다면? 각 명령이 invoke()에 무엇을 전달해야 하는지 기억해야 할 것이다.

더 좋은 방법이 있다. **함수 생성기**function generator를 사용하는 것이다. 함수 생성기란 다른 함수를 반환하는 함수를 뜻한다. 자바스크립트를 사용해 본 적이 있다면 시야를 제한하고 상태를 기억하기 위해 클로저closure를 사용하는 것이 일반적이라는 점을 알 것이다. 여기서도 같은 방법을 사용한다.

```
val moveGenerator = fun(trooper: Trooper,
                        x: Int,
                        y: Int): Command {
    return fun() {
        trooper.move(x, y)
    }
}
```

적절한 인수를 전달하면 moveGenerator 함수는 또 다른 함수를 반환한다. 이 함수는 알맞은 때에 언제든 호출할 수 있으며, 다음의 세 가지를 기억하고 있다.

- 어떤 메서드를 호출할지
- 어떤 인수를 사용할지
- 어떤 객체에 대해서 사용할지

이제 Trooper 클래스에는 다음과 같은 메서드가 필요할 것이다.

```
fun appendMove(x: Int, y: Int) = apply {
    commands.add(moveGenerator(this, x, y))
}
```

이 함수를 사용하면 다음과 같이 **유창한 문법**fluent syntax을 사용해서 아름다운 코드를 작성할 수 있다.

```
val trooper = Trooper()
trooper.appendMove(20, 0)
    .appendMove(20, 20)
    .appendMove(5, 20)
    .execute()
```

유창한 문법이란 동일한 객체에 대해 메서드를 사슬처럼 계속 호출함으로써 객체 이름을 여러 번 반복하지 않도록 하는 것을 의미한다.

위의 코드를 실행하면 다음과 같은 출력이 나올 것이다.

```
> (20, 0)로 이동 중
> (20, 20)로 이동 중
> (5, 20)로 이동 중
```

이제 트루퍼 객체가 내부적으로 명령을 어떻게 실행하는지에 관계없이 얼마든지 많은 명령을 내릴 수 있다.

다른 함수를 입력으로 받거나 반환하는 함수를 **고차 함수**higher-order function라고 한다. 고차 함수는 책 전반에서 여러 번 등장할 것이다.

명령 실행 취소

지금까지의 내용과 직접적인 관련은 없지만, 명령 디자인 패턴의 장점 중 하나는 명령 실행을 되돌릴 수 있다는 것이다. 이런 실행 취소를 구현하고 싶다면 어떻게 해야 할까?

실행 취소는 일반적으로 상당히 까다로운 기능이다. 다음 세 가지 중 하나에 해당하기 때문이다.

- 이전 상태를 반환(클라이언트가 여럿인 경우에는 많은 메모리가 필요하기 때문에 불가능)
- 차이점delta을 계산(구현하기 까다로움)
- 역연산을 정의(항상 가능하지는 않음)

예제에서 '(0, 0)에서 (0, 20)으로 이동' 명령의 반대는 '어딘가에서 (0, 0)으로 이동'일 것이다. 다음과 같이 명령의 쌍을 저장해서 이를 구현할 수 있다.

```
private val commands = mutableListOf<Pair<Command, Command>>()
```

이제 appendMove 함수를 수정해서 항상 반대 명령을 함께 저장하도록 한다.

```
fun appendMove(x: Int, y: Int) = apply {
    val oppositeMove = /* 첫 번째 명령이라면 현재 위치로
        이동하는 명령을 생성한다. 그렇지 않으면 이전 명령을
        가져온다. */
    commands.add(moveGenerator(this, x, y) to oppositeMove)
}
```

지금은 트루퍼의 위치를 저장하고 있지 않기 때문에(이것이 주어진 제한 조건이었다) 반대로 이동하는 명령을 생성하는 것은 꽤 복잡한 일이다. 경계 조건까지도 고려해서 구현해야 한다. 하지만 어쨌든 어떤 식으로 구현할지 힌트는 얻을 수 있었을 것이다.

명령 디자인 패턴도 언어 자체에 녹아든 기능 중 하나다. 이 경우에는 함수가 일급 객체라는 사실 덕분에 디자인 패턴을 직접 구현하지 않아도 된다. 실무에서는 여러 동작을 대기열에 넣어 놓거나 나중에 실행되도록 스케줄링할 때 명령 디자인 패턴을 유용하게 사용할 수 있다.

책임 사슬 패턴

지독한 소프트웨어 아키텍트가 있다. 그는 특히 사람들과 말 섞기를 싫어한다. 그래서 아이보리 타워(자주 가는 카페 이름)에 앉아서 작은 웹 애플리케이션을 하나 만들었다. 어떤 개발자가 질문이 생기면 직접 그에게 물어볼 수 없다. 대신 이 웹 애플리케이션을 통해서 적절한 요청을 보내야 한다. 아키텍트는 답할 가치가 있는 질문에만 답변할 것이다.

필터 사슬filter chain은 웹 서버에서 보편적으로 사용되는 개념이다. 어떤 요청이 들어오면 일반적으로 다음의 세 가지를 만족하기를 기대한다.

- 매개변수가 이미 검증됐다.
- 사용자가 이미 인증authentication됐다(가능한 경우).

- 사용자의 역할과 권한 정보가 주어졌고 동작을 수행하기 위한 인가^{authorization}가 이뤄졌다.

이에 따라 처음 작성한 코드는 다음과 같다.

```kotlin
data class Request(val email: String, val question: String)

fun handleRequest(r: Request) {
    // 유효성 검사
    if (r.email.isEmpty() || r.question.isEmpty()) {
        return
    }

    // 인증
    // 이 사용자가 누구인지 알아낸다.
    if (r.isKnownEmail()) {
        return
    }

    // 인가
    // 주니어 개발자의 요청은 자동으로 무시된다.
    if (r.isFromJuniorDeveloper()) {
        return
    }

    println("모르겠네요. StackOverflow는 검색해 보셨나요?")
}
```

다소 지저분하긴 해도 잘 동작한다.

그런데 어떤 개발자가 2개의 질문을 동시에 보내는 것을 발견했다. 이를 막으려면 함수에 로직을 추가해야 한다. 그런데 명색이 소프트웨어 아키텍트이지 않은가! 동작을 다른 곳으로 위임하는 더 좋은 방법이 있지 않을까?

책임 사슬^{chain of responsbility} 디자인 패턴은 복잡한 로직을 여러 개의 작은 단계(사슬 고리)로 쪼갠다. 그리고 각 단계가 그 결과에 따라 계속해서 다음 단계로 진행할지, 또는 처리를 끝내고 결과를 반환할지 결정한다.

이번에는 코틀린의 기능을 새로 배우기보다는 이미 알고 있는 지식을 활용할 것이다. 다음과 같은 인터페이스를 구현하면서 시작해 보자.

```kotlin
interface Handler {
    fun handle(request: Request): Response
}
```

개발자의 질문에 대한 괴짜 아키텍트의 답변이 어떤 모습일지 이야기한 적은 없다. 이 책임 사슬은 너무 길고 복잡해서 답변까지 갈 일이 잘 없기 때문이다. 솔직히 말하면 한 번도 제대로 답변하는 것을 본 적이 없다. 하지만 일단은 응답이 다음과 같이 생겼다고 치자.

```kotlin
data class Response(val answer: String)
```

자바 스타일로 구현하면 로직의 각 부분을 다음과 같이 Handler 안에 넣을 것이다.

```kotlin
class BasicValidationHandler(private val next: Handler) : Handler {
    override fun handle(request: Request): Response {
        if (request.email.isEmpty() || request.question.isEmpty()) {
            throw IllegalArgumentException()
        }

        return next.handle(request)
    }
}
```

메서드가 하나뿐인 인터페이스를 구현하는 것을 볼 수 있다. 이 메서드가 바로 객체가 수행해야 하는 동작이다.

다른 필터도 크게 다르지 않다. 필터를 만들고 나면 원하는 순서대로 조합하면 된다.

```kotlin
val req = Request("developer@company.com", "왜 갑자기 빌드가 안 되죠?")

val chain = BasicValidationHandler(
    KnownEmailHandler(
        JuniorDeveloperFilterHandler(
```

```
            AnswerHandler()
        )
    )
)

val res = chain.handle(req)
```

이제 "더 나은 방법이 있지 않을까?" 같은 뻔한 질문은 하지 않겠다. 당연히 더 좋은 방법이 있다. 여기는 코틀린 세계다. 이미 함수의 다양한 사용법을 앞 절에서 많이 살펴봤다. 여기서는 책임 사슬을 나타내기 위한 함수를 하나 정의해 보자.

```
typealias Handler = (request: Request) -> Response
```

어떤 요청을 받아서 응답을 반환하는 간단한 기능을 구현하기 위해 별도의 클래스나 인터페이스를 만들지 않아도 된다. 값으로서의 함수를 사용해서 인증을 구현하면 다음과 같다.

```
val authentication = fun(next: Handler) =
    fun(request: Request): Response {
        if (!request.isKnownEmail()) {
            throw IllegalArgumentException()
        }
        return next(request)
    }
```

여기서 authentication은 함수를 받아서 새로운 함수를 반환한다. 이 패턴을 사용하면 쉽게 함수들을 조합할 수 있다.

```
val req = Request("developer@company.com", "소프트웨어 아키텍트가 왜 필요한가요?")
val chain = basicValidation(authentication(finalResponse()))
val res = chain(req)
println(res)
```

어떤 방법을 사용할지 선택하는 것은 개발자의 몫이다. 가령 라이브러리나 프레임워크처럼 다른 개발자가 기능을 확장할 가능성이 높다면 함수보다는 인터페이스를 사용해서 명시적으로 코드를 작성하는 쪽이 더 적합할 것이다.

함수를 사용하면 코드를 더 간결하게 할 수 있기 때문에 단지 코드를 작은 단위로 쪼개는 것이 목적이라면 함수를 사용하는 것이 더 좋을 수 있다.

이 패턴은 실무에서도 많이 등장한다. 예를 들어 많은 웹 서버 프레임워크는 인증이나 인가, 로깅, 심지어 요청 라우팅과 같은 횡단 관심사cross-cutting concerns를 다루기 위해 책임 사슬 패턴을 사용한다. 간혹 **필터**나 **미들웨어**middleware라는 용어를 쓰기도 하는데, 결국 책임 사슬 패턴을 의미하는 것은 똑같다. 10장과 11장에서는 코틀린의 가장 유명한 프레임워크가 책임 사슬 패턴을 어떤 식으로 활용하는지 살펴볼 것이다. 이때 조금 더 심도 있게 논의해 보자.

다음 디자인 패턴은 다른 패턴과는 사뭇 결이 다르다. 그리고 다소 복잡하다.

해석기 패턴

해석기interpreter 디자인 패턴은 컴퓨터 과학에 대한 배경 지식의 수준에 따라 매우 간단해 보일 수도 있고, 매우 어려워 보일 수도 있다. 고전 소프트웨어 디자인 패턴을 다루는 책 중에서는 이 패턴을 아예 생략하거나, 책 뒷부분에 배치해서 궁금한 독자들만 읽을 수 있도록 하는 경우도 있다.

해석기 패턴은 특정한 언어를 번역할 때 사용하는 디자인 패턴이기 때문이다. 그런데 언어를 번역할 일이 있기는 한가? 컴파일러가 해주는 작업 아닌가?

도메인 특화 언어

모든 개발자는 여러 개의 언어나 하위 언어sub-language를 다룬다. 평범한 개발자라고 해도 2개 이상의 언어를 사용한다. 메이븐Maven이나 그래들 같은 프로젝트 빌드 도구를 생각해 보라. 빌드 도구의 설정 파일이나 빌드 스크립트는 특정한 문법을 갖는 하나의 언어라고 할 수 있다. 정해진 문법에 맞게 작성하지 않으면 프로젝트가 제대로 빌드되지 않을 것이다. 프로젝트에 있는 해석기가 설정 파일을 해석한 뒤 그대로 동작하도록 하기 때문이다.

SQL이나 NoSQL 데이터베이스용 언어와 같은 쿼리 언어도 있다. 안드로이드 개발자는 XML 레이아웃을 일종의 프로그래밍 언어라고 생각할 수도 있다. 심지어는 HTML도 사용자 인터페이스를 정의하는 언어로 볼 수 있다. 이 외에도 수많은 언어가 있다.

직접 정의한 언어를 사용해서 테스트를 수행하는 테스트 프레임워크도 있다. **큐컴버** Cucumber(github.com/cucumber)가 그중 하나다.

이런 언어를 **도메인 특화 언어** DSL, Domain-Specific Language라고 부른다. DSL은 언어 안의 언어로서 특정 도메인에서 사용하기 위해 만든 언어다. 다음 절에서 DSL을 어떤 식으로 사용하는지 살펴볼 것이다.

나만의 언어 만들기

이 절에서는 'SQL을 위한 도메인 특화 언어'를 간단하게 정의할 것이다. 형식이나 문법은 따로 정의하지 않고 다음의 예시로 대신할 것이다.

```
val sql = select("name, age") {
    from("users") {
        where("age > 25")
    } // from
} // select

println(sql)
```

이 언어의 목적은 SQL의 가독성을 높이고 흔히 저지르는 실수(FROM을 FORM이라고 잘못 쓰는 등)를 방지하는 것이다. 따라서 컴파일 시에 유효성도 검사해 주고 자동 완성도 지원할 것이다.

위 코드는 다음과 같은 출력을 낸다.

```
> SELECT name, age FROM users WHERE age > 25
```

가장 쉬운 부분인 select 함수부터 구현해 보자.

```
fun select(columns: String, from: SelectClause.()->Unit):  SelectClause {
    return SelectClause(columns).apply(from)
}
```

단일식 함수 표기법으로도 작성할 수 있지만 여기선 명확성을 위해 일부러 길게 작성했다. 이 함수는 매개변수를 2개 받는다. 첫 번째는 단순한 String 타입이고, 두 번째는 아무것도 받지 않고 아무것도 반환하지 않는 함수다.

가장 흥미로운 부분은 다음과 같이 람다 함수의 수신자[receiver]를 지정했다는 점이다.

```
SelectClause.()->Unit
```

꽤나 그럴듯한 속임수이므로 집중해서 읽어 보길 바란다. 1장과 2장에서 다뤘던 확장 함수를 기억 속에서 꺼내 보자. 위의 코드는 사실 다음 코드와 같다.

```
(SelectClause)->Unit
```

인수를 받지 않는 줄 알았던 람다 함수가 사실은 인수 하나를 받고 있었던 것이다. 그 인수는 SelectClause 타입의 객체다.

두 번째로 살펴볼 속임수는 2장에서 봤던 apply() 함수에 있다. 다음 코드를 보자.

```
SelectClause(columns).apply(from)
```

이는 다음 코드와 동일하다.

```
val selectClause = SelectClause(columns)
from(selectClause)
return selectClause
```

이 코드가 수행하는 일을 자세히 나타내면 다음과 같다.

1. SelectClause 객체를 초기화한다. 이 객체는 생성자에 인수를 1개 받는 간단한 객체다.

2. from() 함수에 SelectClause 인스턴스를 전달해 호출한다.

3. SelectClause 인스턴스를 반환한다.

from()이 SelectClause를 받아서 의미 있는 동작을 하는 함수일 때만 이 코드가 의미 있다.

DSL 예제를 다시 한번 살펴보자.

```
select("name, age", {
    this@select.from("users", {
        where("age > 25")
    })
})
```

이번에는 함수의 수신자를 명시적으로 나타냈다. 즉 from() 함수는 SelectClause 객체의 from() 함수를 호출할 것이다.

이 from() 함수가 어떻게 생겼을지 추측해 보라. 첫 번째 인수로는 String을 받고 두 번째 인수로는 다른 람다 함수를 받는다.

```
class SelectClause(private val columns: String) {
    private lateinit var from: FromClause
    fun from(
        table: String,
        where: FromClause.() -> Unit
    ): FromClause {
        this.from = FromClause(table)
        return this.from.apply(where)
    }

    override fun toString() = "SELECT $columns $from"
}
```

이 예제 코드도 짧게 쓸 수 있다. 하지만 그러면 apply 함수 안에서 또 apply 함수를 호출해야 할 것이다. 아직 코틀린 코드가 익숙하지 않다면 다소 헷갈릴 수도 있다.

lateinit 키워드가 처음 등장했다. 코틀린 컴파일러는 null 안전성을 매우 엄격하게 지킨다는 점을 기억하라. 이 코드에서 lateinit을 생략하면 컴파일러는 변수를 기본값으로 초기화하라고 요구할 것이다. 그러나 from 변수의 값은 나중에나 알 수 있기 때문에 먼저 컴파일러한테 조금 봐달라고 요청하는 것이다.

> **중요**
>
> 나중에 변수를 초기화하겠다는 약속을 잊어버리고 변수에 값을 할당하지 않으면 그 변수에 처음 접근하는 순간 UninitializedPropertyAccessException 예외가 발생한다.

lateinit 키워드는 굉장히 위험할 수 있기 때문에 사용할 때는 주의를 기울여야 한다.

다시 예제 코드로 돌아가 보자. 이 코드가 하는 일은 다음과 같다.

1. FromClause 인스턴스를 생성한다.
2. FromClause를 SelectClause의 멤버로 저장한다.
3. FromClause 인스턴스를 where 람다 함수로 전달한다.
4. FromClause 인스턴스를 반환한다.

이제 어느 정도 감이 잡힐 것이다.

```
select("name, age", {
    this@select.from("users", {
        this@from.where("age > 25")
    })
})
```

이 코드는 무슨 뜻일까? from() 메서드를 이해했다면 이 메서드는 식은 죽 먹기다. FromClause에는 String 타입의 인수 1개를 받는 where() 메서드가 있으리라 추측할 수 있다.

```kotlin
class FromClause(private val table: String) {
    private lateinit var where: WhereClause

    fun where(conditions: String) = this.apply {
        where = WhereClause(conditions)
    }

    override fun toString() = "FROM $table $where"
}
```

이번에는 apply 함수를 사용해서 짧은 버전으로 작성해 봤다.

코드의 내용은 간단하다. 입력으로 받은 문자열로 WhereClause 객체를 초기화하고 그것을 반환한다.

```kotlin
class WhereClause(private val conditions: String) {
    override fun toString() = "WHERE $conditions"
}
```

WhereClause 클래스는 전달받은 조건문을 WHERE 키워드와 함께 출력하는 역할을 한다.

```kotlin
class FromClause(private val table: String) {
    // 다른 코드는 생략
    override fun toString() = "FROM $table $where"
}
```

FromClause 클래스는 FROM 키워드와 함께 테이블명 및 WhereClause의 출력 결과를 출력한다.

```kotlin
class SelectClause(private val columns: String) {
    // 다른 코드는 생략
    override fun toString() = "SELECT $columns $from"
}
```

SelectClause 클래스는 SELECT 키워드, 칼럼명, FromClause가 출력한 내용 전체를 출력한다.

쉬어가기

코틀린은 가독성이 높고 타입 안전한 DSL을 만들기 위해 여러 가지 아름다운 기능을 제공한다. 그러나 해석기 디자인 패턴은 가장 다루기 어려운 패턴 중 하나이기도 하다. 한 번 읽어서 내용이 이해되지 않는다면 예제 코드를 디버깅하는 데에 시간을 투자해 보기 바란다. 각 단계에서 this가 가리키는 것이 무엇인지, 언제 객체의 함수가 호출되고 언제 객체의 메서드가 호출되는지 고민해 보자.

접미 호출

코틀린에서 DSL에 관련된 기능 하나를 설명하지 않고 미뤄 왔다. 헷갈릴 수 있기 때문이다.

DSL을 사용한 예제 코드를 다시 보자.

```
val sql = select("name, age") {
            from("users") {
                where("age > 25")
            } // from
        } // select
```

select 함수는 인수를 2개 받아야 하는데(문자열과 람다 함수) 람다 함수가 괄호 안쪽에 있지 않고 바깥으로 나온 것을 볼 수 있다.

이러한 용법을 **접미 호출**call suffix이라고 하며 굉장히 흔하게 사용하는 문법이다. 어떤 함수의 마지막 인수가 함수라면 이 함수는 괄호 바깥에 둬도 된다.

이렇게 하면 문법이 훨씬 깔끔해진다. 특히 예제 코드에서처럼 DSL을 사용할 때 도움이 된다.

해석기 디자인 패턴과 타입 안전한 DSL을 만들 수 있도록 지원하는 코틀린의 기능은 매우 강력해 보인다. 그러나 큰 힘에는 큰 책임이 따르는 법이다. 언어 안에서 새로운 언어를 만들어야 할 만큼 복잡한 일에만 해석기 패턴을 사용하라. 그렇지 않다면 코틀린의 기본 문법만으로도 충분할 것이다.

이제 다시 게임 코드로 돌아가서 객체 간 통신으로 인해 발생하는 결합을 끊는 방법을 살펴볼 것이다.

중개인 패턴

우리의 게임 개발 팀이 심각한 문제에 맞닥뜨렸다. 코드와 직접적으로 관련된 문제는 아니다. 기억하다시피 이 작은 개발 팀에는 개발자인 나와 마이클이라는 이름의 카나리아, 그리고 디자이너 역할의 고양이 두 마리밖에 없다. 고양이 디자이너는 종일 잠만 자다가 가끔 괜찮은 목업mockup을 만들어서 가져온다. 이 팀에는 **품질 보증**QA, Quality Assurance 담당자가 없다. 그래서 게임에서 오류가 끊이지 않는 듯하다.

최근에 마이클이 케니Kenny라는 앵무새를 데리고 왔다. 그리고 케니는 품질 보증 업무를 담당하게 됐다.

```kotlin
interface QA {
    fun doesMyCodeWork(): Boolean
}

interface Parrot {
    fun isEating(): Boolean
    fun isSleeping(): Boolean
}

object Kenny : QA, Parrot {
    // 앵무새 스케줄에 따라 인터페이스 메서드 구현
}
```

케니는 2개의 인터페이스(품질 보증 업무를 하는 QA 인터페이스, 앵무새임을 나타내는 Parrot 인터페이스)를 구현하는 간단한 객체다.

이 품질 보증 담당 앵무새는 열정이 넘친다. 언제든 게임의 최신 코드를 테스트할 준비가 돼 있다. 하지만 잠을 자거나 모이를 먹을 때 방해받는 것은 좋아하지 않는다.

```
object Me
object MyCompany {
    val cto = Me
    val qa = Kenny

    fun taskCompleted() {
        if (!qa.isEating() && !qa.isSleeping()) {
            println(qa.doesMyCodeWork())
        }
    }
}
```

케니가 궁금한 것이 생기면 물어볼 수 있도록 내 전화번호를 알려 줬다.

```
object Kenny : ... {
    val developer = Me
}
```

케니는 성실한 앵무새다. 하지만 게임에 버그가 너무 많은 나머지 품질 보증 담당 앵무새를 한 마리 더 고용해야 할 것 같다. 새 앵무새의 이름은 브래드[Brad]다. 케니가 한가할 때는 프로젝트를 더 잘 아는 케니에게 일을 맡긴다. 그러나 케니가 바쁘면 브래드가 한가한지 살핀 후 그에게 일을 준다.

```
class MyCompany {
    ...
    val qa2 = Brad

    fun taskCompleted() {
        ...
        else if (!qa2.isEating() && !qa2.isSleeping()) {
            println(qa2.doesMyCodeWork())
        }
    }
}
```

경험이 부족한 브래드는 보통 케니에게 먼저 물어본다. 또한 케니는 브래드에게도 내 번호를 알려 줬다.

```
object Brad : QA, Parrot {
    val senior = Kenny
    val developer = Me
    ...
}
```

이번엔 브래드가 조지^{George}를 데려왔다. 조지는 부엉이라 케니나 브래드와는 다른 시간에 잔다. 즉 조지는 밤에 코드를 확인할 수 있다.

조지는 항상 케니와 내게 질문을 한다.

```
object George : QA, Owl {
    val developer = Me
    val mate = Kenny
    ...
}
```

문제는 조지가 열혈 축구 팬이라는 점이다. 조지를 부를 때는 혹시 경기를 보고 있는 것은 아닌지 먼저 확인해야 한다.

```
class MyCompany {
    ...
    val qa3 = George

    fun taskCompleted() {
        ...
        else if (!qa3.isWatchingFootball()) {
            println(qa3.doesMyCodeWork())
        }
    }
}
```

어느 날 케니는 평소와 달리 조지에게 질문을 하려고 한다. 조지는 굉장히 박식한 부엉이이기 때문이다.

```
object Kenny : QA, Parrot {
    val peer = George
```

```
        ...
    }
```

이번에는 샌드라^{Sandra}가 등장했다. 그런데 그는 QA 업무가 아니라 카피라이터 일을 맡았다.

```
interface Copywriter {
    fun areAllTextsCorrect(): Boolean
}

interface Kiwi

object Sandra : Copywriter, Kiwi {
    override fun areAllTextsCorrect(): Boolean {
        return ...
    }
}
```

주요 릴리스가 있지 않는 한 그를 귀찮게 하지 않으려고 한다.

```
class MyMind {
    ...
    val translator = Sandra

    fun taskCompleted(isMajorRelease: Boolean) {
        ...
        if (isMajorRelease) {
            println(translator.areAllTranslationsCorrect())
        }
    }
}
```

여기에는 몇 가지 문제가 있다.

- 첫째, 모든 이름을 기억하느라 머리가 터질 지경이다. 독자들도 그럴 것이다.
- 둘째, 직원들과 의사소통을 어떻게 해야 하는지 일일이 기억해야 한다. 직원을 호출하기 전에 일을 시킬 수 있는 상태인지 항상 확인해야 한다.

- 셋째, 조지는 모든 것을 케니에게 물어보고, 케니는 조지에게 물어본다. 다행히 지금까지는 케니에게 질문이 생겼을 때 조지는 축구 경기를 보고 있었다. 그리고 조지에게 질문이 생겼을 때는 케니가 잠들어 있었다. 만약 그렇지 않았다면 둘은 전화기를 잡고 영원히 서로에게 질문을 하고 있었을 것이다.
- 넷째, 가장 골치 아픈 것은 케니가 곧 새로운 ParrotPi라는 회사를 창업해서 팀을 떠날 예정이라는 것이다. 그렇게 되면 얼마나 많은 코드를 변경해야 할지 생각해 보라!

게임의 품질을 검사할 수만 있으면 된다. 누가 이 복잡한 의사소통을 도와주면 좋겠다!

중개인

중개인mediator 디자인 패턴은 통제욕 강한 괴짜와도 같다. 그는 다른 객체끼리 직접 대화하는 것을 두고 보지 못한다. 그를 통하지 않고 직접 대화했다가는 크게 화를 낼 것이다. 모두가 중개인과만 대화해야 한다. 왜 그래야 하는가? 객체 간 결합도를 낮추기 위해서다. 모든 객체는 다른 객체를 직접 아는 대신 중개인 하나만 알면 된다.

게임 개발 팀에서 마이클이 모든 프로세스를 관리하는 중개인 역할을 하기로 했다.

```kotlin
interface Manager {
    fun isAllGood(majorRelease: Boolean): Boolean
}
```

마이클만 모든 새 직원에 대한 정보를 갖는다.

```kotlin
object Michael : Canary, ProductManager {
    private val kenny = Kenny(this)
    private val brad = Brad(this)

    override fun isAllGood(majorRelease: Boolean): Boolean {
        if (!kenny.isEating() && !kenny.isSleeping()) {
            println(kenny.doesMyCodeWork())
        } else if (!brad.isEating() && !brad.isSleeping()) {
            println(brad.doesMyCodeWork())
        }
```

```
        return true
    }
}
```

중개인은 굉장히 간단한 인터페이스를 제공함으로써 여러 객체 간의 복잡한 상호작용을 캡슐화한다.

마이클 객체만 알면 다른 직원 관리는 마이클이 할 것이다.

```
class MyCompany(private val manager: Manager) {
    fun taskCompleted(isMajorRelease: Boolean) {
        println(manager.isAllGood(isMajorRelease))
    }
}
```

또한 모든 직원이 마이클의 전화번호만 알고 있도록 하고, 내 전화번호는 바꿔 버렸다.

```
class Brad(private val manager: Manager) : ... {
    // Me에 대한 참조 제거
    ...
}
```

이제 누군가 질문거리가 생기면 먼저 마이클에게 연락할 것이다.

```
class Kenny(private val manager: Manager) : ... {
    // 조지를 비롯한 다른 직원에 대한 참조 제거
    ...
}
```

보다시피 이 패턴을 구현하면서 코틀린에 관해 새로 배운 것은 없다.

중개인 패턴의 두 가지 유형

중개인 패턴에는 두 가지 유형이 있다. 바로 '엄격한 중개인'과 '느슨한 중개인'이다. 방금 본 유형이 엄격한 중개인에 해당한다. 원하는 바를 중개인에게 이야기하면 중개인이 바로 응답해 준다.

반면 느슨한 중개인을 활용할 때는 중개인에게 무슨 일이 일어났는지만 전달하고 즉시 답을 얻지는 않는다. 대신 중개인이 응답할 내용이 생기면 그때 객체를 따로 호출한다.

중개인 패턴 사용 시 주의 사항

갑자기 마이클이 매우 중요한 직원이 됐다. 모든 직원이 마이클을 알고 있고, 그가 아니면 직원 간 의사소통을 관리할 수 있는 직원이 없다. 자칫 전지전능한 '신[God] 객체'가 될 수도 있다. 9장에서 설명하겠지만 신 객체를 만드는 것은 안티 패턴 중 하나다. 아무리 마이클이 중요한 객체이더라도 그가 무엇을 해야 하며 무엇을 하면 안 되는지를 명확하게 정의하라(그중에서도 중개인이 해서는 안 되는 일을 정의하는 것이 중요하다).

다음 절에서도 이 예제를 통해 새로운 동작 패턴을 살펴볼 것이다.

기억 패턴

관리자가 된 마이클은 너무 바쁘다. 질문이 있어도 마이클을 만나기가 어렵다. 겨우 만나서 질문을 하려고 하면 대강 대답하고 회의가 있다면서 달려간다.

어제는 게임에 어떤 무기를 추가하면 좋을지 마이클에게 물었다. 마이클은 아주 분명하게 코코넛 대포를 추가해야 한다고 말했다. 그런데 오늘 코코넛 대포 기능을 구현해서 보여 줬더니 화가 나서 쩍쩍거리는 것이다! 그러고는 코코넛 대포가 아니라 파인애플 대포를 구현해 오라고 한다.

마이클이 말하는 것을 녹음해 놨다가, 마이클이 너무 집중을 하지 않아서 회의가 산으로 간다 싶을 때 틀어 주면 좋을 것 같다.

문제 상황을 정리해 보자. 먼저 마이클은 그의 고유한 생각을 갖고 있다.

```
class Manager {
    private var thoughts = mutableListOf<String>()
    ...
}
```

마이클은 카나리아라 동시에 두 가지 생각만 할 수 있다는 것이 문제다.

```
class Manager {
    ...
    fun think(thought: String) {
        thoughts.add(thought)
        if (thoughts.size > 2) {
            thoughts.removeFirst()
        }
    }
}
```

생각이 두 가지를 넘어가면 처음 생각은 잊어버린다.

```
michael.think("코코넛 대포를 구현해야 해.")
michael.think("커피를 좀 마셔야겠어.")
michael.think("아니면 차를 마실까?") // 코코넛 대포는 잊는다.
michael.think("아냐, 파인애플 대포를 구현해야 해.") // 커피를 마시려던 것을 잊는다.
```

이렇게 기록해 놓고 봐도 마이클이 무슨 말을 하는지 이해하기 힘들다(아무것도 반환하지 않기 때문이다).

게다가 녹음을 하더라도 마이클은 그냥 했던 말일 뿐이지 진짜 그런 의미는 아니었다고 할 수 있다.

기억memento 디자인 패턴은 외부에서 변경 불가능하며(그래야 마이클이 발뺌할 수 없을 테니) 객체 내부에서만 사용하는 내부 상태를 저장해 둠으로써 이 문제를 해결한다.

코틀린에서는 내부 클래스를 활용해서 기억 패턴을 구현할 수 있다.

```
class Manager {
    ...
    inner class Memory(private val mindState: List<String>) {
        fun restore() {
            thoughts = mindState.toMutableList()
        }
    }
}
```

이 코드에서는 클래스에 inner라는 새로운 키워드를 붙여서 내부 클래스를 만들었다. 이 키워드를 생략하면 중첩nested 클래스가 되는데, 자바의 정적 중첩 클래스static nested class와 비슷하다. 반면 내부 클래스는 바깥쪽 클래스의 비공개 필드에 접근할 수 있다. 그래서 Memory 클래스는 Manager 클래스의 내부 상태를 쉽게 변경할 수 있다.

이제 현재 상태를 본뜬 복사본을 만들어서 마이클의 말을 기록할 수 있다.

```
fun saveThatThought(): Memory {
    return Memory(thoughts.toList())
}
```

비로소 마이클의 생각을 객체에 담아 둘 수 있다.

```
val michael = Manager()
michael.think("코코넛 대포를 구현해야 해.")
michael.think("커피를 좀 마셔야겠어.")
val memento = michael.saveThatThought()
michael.think("아니면 차를 마실까?")
michael.think("아냐, 파인애플 대포를 구현해야 해.")
```

이제 이전에 했던 생각으로 돌아갈 방법이 필요하다.

```
class Manager {
    ...
    fun `내가 그때 무슨 생각을 하고 있었지?`(memory: Memory) {
        memory.restore()
    }
}
```

함수 이름에 공백이나 한글 등 특수한 문자도 사용 가능하다는 것을 볼 수 있다. 함수 이름을 백틱backtick으로 감싸기만 하면 된다. 일반적으로 특수 문자가 들어간 함수 이름을 짓는 것은 별로 좋은 생각이 아니다. 하지만 필요한 경우가 있는데, 10장에서 더 자세히 설명할 것이다.

이제 남은 일은 과거에 했던 생각으로 되돌아가기 위해 memento를 사용하는 것이다.

```
with(michael) {
    think("아니면 차를 마실까?")
    think("아냐, 파인애플 대포를 구현해야 해.")
}
michael.`내가 그때 무슨 생각을 하고 있었지?`(memento)
```

마지막 줄의 함수 호출은 코코넛 대포를 생각하던 때로 마이클의 생각을 되돌릴 것이다(하필이면).

with라는 표준 함수를 사용해서 michael.think()를 반복하는 일을 피했다는 것을 눈여겨보라. 이 함수는 어떤 코드 블록에서 같은 객체를 여러 번 사용해야 할 때 반복을 피하기 위해서 사용할 수 있다.

실무에서 기억 패턴을 볼 일은 많지 않을 것이다. 하지만 이전의 상태를 복원할 필요가 있는 애플리케이션에서는 유용하게 사용할 수 있다.

4장의 앞부분에서 복잡한 자료 구조를 다룰 때 반복자 디자인 패턴을 유용하게 사용할 수 있다고 설명했다. 다음에 살펴볼 디자인 패턴도 비슷한 목적을 갖는다.

방문자 패턴

방문자visitor 디자인 패턴은 3장에서 다룬 합성 패턴의 절친이다. 이 패턴을 사용하면 트리 구조의 복잡한 구조에서 데이터를 추출하거나 각 노드에 동작을 추가할 수 있다. 데코레이터 패턴이 객체 하나의 동작을 바꾼다면 방문자 패턴은 자료 구조에 포함된 여러 객체의 동작을 바꾼다.

게으른 아키텍트가 되고자 했던 괴짜 소프트웨어 아키텍트의 계획은 어느 정도 성공한 것 같다. 책임 사슬을 사용한 요청 응답 시스템은 잘 운영되고 있고 커피 마실 시간을 꽤 벌어 줬다. 그런데 몇몇 개발자가 수군대는 소리가 들린다. "저 아키텍트 순 사기꾼 아냐?"

그런 개발자들에게 혼란을 주기 위해 최신 기술을 다루는 글의 링크를 모아 매주 이메일을 보내려고 한다. 물론 직접 기술 블로그를 읽지는 않을 것이다. 그는 그냥 유명한 기술 사이트 몇 개에서 링크를 수집하고자 한다.

크롤러 작성하기

다음과 같은 자료 구조를 보자. 반복자 디자인 패턴을 배울 때 다뤘던 것과 비슷하다.

```
Page(Container(Image(),
               Link(),
               Image()),
     Table(),
     Link(),
     Container(Table(),
               Link()),
     Container(Image(),
               Container(Image(),
                         Link())))
```

Page는 다른 HTML 원소를 담고 있는 역할을 한다(하지만 HtmlElement 자체를 들고 있지는 못한다). Container는 다른 Container나 Table, Link, Image와 같은 원소를 들고 있을 수 있다. Image는 src 속성에 이미지 링크 주소를 들고 있고, Link는 href 속성에 링크 주소를 들고 있다.

괴짜 아키텍트는 이 객체에서 모든 URL을 추출하기 원한다.

먼저 이 객체 트리의 최상위 객체를 입력으로 받고(이 예제에서는 Page 객체가 된다) 모든 링크 주소의 리스트를 반환하는 함수를 작성할 것이다.

```kotlin
fun collectLinks(page: Page): List<String> {
    // 임시 변수 필요 없음
    return LinksCrawler().run {
        page.accept(this)
        this.links
    }
}
```

run을 사용하면 블록의 반환값을 정할 수 있다. 이 코드에서는 수집한 links 객체를 반환할 것이다. run 블록 내에서 this는 수신 객체(지금은 LinksCrawler 객체)를 가리킨다.

자바에서는 일반적으로 새 기능을 받기 위한 메서드를 클래스마다 구현하는 방식으로 방문자 패턴을 구현한다. 여기서도 비슷한 방법을 사용할 것이다. 다만 모든 클래스에 메서드를 구현하지는 않고, 내부에 다른 원소를 담고 있는 Container와 Page 클래스에만 구현할 것이다.

```kotlin
private fun Container.accept(feature: LinksCrawler) {
    feature.visit(this)
}

// 단일식 함수로 다음과 같이 줄여 쓸 수도 있다.
private fun Page.accept(feature: LinksCrawler) = feature.visit(this)
```

이제 구현해야 하는 기능 클래스(LinksCrawler)는 내부적으로 집합 자료 구조를 들고 있어야 하며, 외부에서 읽을 수 있도록 이를 노출해야 한다. 자바라면 해당 멤버에 대해 설정자 함수는 정의하지 않고, 접근자 함수만 정의할 것이다. 코틀린에서는 다음과 같이 뒷받침 필드 없이 값을 선언할 수 있다.

```kotlin
class LinksCrawler {
    private var _links = mutableListOf<String>()

    val links
        get()= _links.toList()
    ...
}
```

외부에 노출되는 자료 구조는 불변이길 원하기 때문에 toList() 함수를 호출했다.

> **중요**
>
> 트리 형태의 자료 구조에서 반복을 수행할 때는 반복자 패턴을 사용하면 더욱 간단하게 구현할 수 있다.

Container 클래스가 입력으로 들어오면 그냥 하위 원소를 계속해서 방문한다.

```
class LinksCrawler {
    ...
    fun visit(page: Page) {
        visit(page.elements)
    }

    fun visit(container: Container) =
        visit(container.elements)
    ...
}
```

부모 클래스를 봉인 클래스로 선언하면 컴파일러에게 더욱 도움이 된다. 봉인 클래스에 대해서는 4장 앞부분에서 상태 패턴을 배우면서 설명한 바 있다. 코드는 다음과 같다.

```
sealed class HtmlElement

class Container(...) : HtmlElement(){
    ...
}

class Image(...) : HtmlElement() {
    ...
}

class Link(...) : HtmlElement() {
    ...
}

class Table : HtmlElement()
```

제일 흥미로운 부분은 트리 구조의 잎(말단)에 해당하는 부분을 처리하는 로직이다.

```
class LinksCrawler {
    ...
    private fun visit(elements: List<HtmlElement>) {
        for (e in elements) {
            when (e) {
```

```
                is Container -> e.accept(this)
                is Link -> _links.add(e.href)
                is Image -> _links.add(e.src)
                else -> {}
            }
        }
    }
}
```

특정한 경우에는 아무런 처리를 하고 싶지 않을 수도 있다. 그래서 else 코드 블록은 else -> {}와 같이 비어 있다. 여기도 코틀린의 **스마트 캐스팅**smart casting이 사용된다.

원소가 Link 타입이라는 것을 확인한 다음에는 타입 안전하게 href 속성에 접근할 수 있다는 점을 확인하라. 컴파일러가 캐스팅을 알아서 해주기 때문이다. Image 원소도 마찬가지다.

어쨌든 원하는 기능은 잘 구현했지만, 이 패턴이 얼마나 쓸모 있는지는 논란의 대상이다. 예제에서 볼 수 있다시피 코드가 장황해질 뿐만 아니라 기능을 받아들이는 클래스와 방문자 클래스 사이에 강한 결합이 생기기 때문이다.

템플릿 메서드 패턴

어떤 게으름뱅이들은 예술적인 게으름을 보여 주기도 한다. 나도 그중 하나다. 내 하루 일과는 다음과 같다.

1. 오전 8시 ~ 오전 9시: 사무실 도착

2. 오전 9시 ~ 오전 10시: 커피 마시기

3. 오전 10시 ~ 오후 12시: 회의 참석 또는 코드 리뷰

4. 오후 12시 ~ 오후 1시: 점심 식사

5. 오후 1시 ~ 오후 4시: 회의 참석 또는 코드 리뷰

6. 오후 4시: 슬그머니 퇴근

어떤 일정은 절대 바뀌지 않지만 어떤 일정은 유동적이다. 실제로 회의 참석이라고 돼 있는 2개의 시간대에 몇 개의 회의가 잡힐지는 알 수 없다.

이 두 시간대를 준비 시간과 정리 시간으로 사용해서 유동적인 일과를 표현해 보기로 했다. 마침 그 사이에는 점심 식사가 있다. 아키텍트에게 점심 식사는 신성한 일과이기 때문이다.

자바 식으로 이를 구현하는 법은 뻔하다. 먼저 추상 클래스를 하나 만든다. 그리고 직접 구현하고자 하는 메서드에는 모두 private을 붙인다.

```
abstract class DayRoutine {
    private fun arriveToWork() {
        println("부장님 안녕하세요! 저는 가끔 사무실에 등장합니다!")
    }

    private fun drinkCoffee() {
        println("오늘은 커피 맛이 좋군.")
    }

    ...

    private fun goToLunch() {
        println("햄버거랑 감자튀김 세트요!")
    }

    ...

    private fun goHome() {
        // 아무도 알아채지 못하게 하는 게 핵심이다.
        // 절대로 조용히 해야 한다!
        println()
    }
    ...
}
```

매일 바뀌는 일과를 나타내는 메서드에는 모두 abstract 메서드가 붙어야 한다.

```kotlin
abstract class DayRoutine {
    ...
    abstract fun doBeforeLunch()
    ...
    abstract fun doAfterLunch()
    ...
}
```

유동적이긴 하지만 기본 구현을 작성하고 싶은 함수는 public 함수로 남겨 둔다.

```kotlin
abstract class DayRoutine {
    ...
    open fun bossHook() {
        // 부장님이 불러 세우지 않기를
    }
    ...
}
```

코틀린에서는 public이 기본 접근 제한자라는 것을 기억하라.

마지막으로 전체 알고리듬을 실행하는 메서드가 필요하다. 이 메서드는 기본적으로 final이다.

```kotlin
abstract class DayRoutine {
    ...
    fun runSchedule() {
        arriveToWork()
        drinkCoffee()
        doAfterLunch()
        goToLunch()
        doAfterLunch()
        goHome()
    }
}
```

이제 월요일 일과가 필요하다면 빠진 부분만 구현하면 된다.

```kotlin
class MondaySchedule : DayRoutine() {
    override fun doBeforeLunch() {
```

```kotlin
        println("쓸 데 없는 회의")
        println("코드 리뷰. 이게 무슨 코드죠?")
    }

    override fun doAfterLunch() {
        println("랄프와 회의")
        println("다른 아키텍트와 농담 따먹기")
    }

    override fun bossHook() {
        println("잠깐 사무실로 좀 올래요?")
    }
}
```

코틀린에는 조금 더 나은 방법이 있을까? 지금까지처럼 코틀린은 간결성을 선사한다. 앞서 다른 패턴에서와 마찬가지로 함수를 사용하면 된다.

이 일과에는 유동적인 부분이 세 곳 있다. 필수 일과가 2개(소프트웨어 아키텍트는 점심 식사 전과 후에 무언가를 반드시 해야 한다), 필수적이지 않은 일과가 1개(슬그머니 퇴근하려는데 부장님이 불러 세울 수 있다) 있다.

```kotlin
fun runSchedule(beforeLunch: () -> Unit,
                afterLunch: () -> Unit,
                bossHook: (() -> Unit)? = fun() { println() }) {
    ...
}
```

3개의 다른 함수를 인수로 받는 함수를 작성할 것이다. 처음 둘은 필수 인수이며, 세 번째 인수는 아예 전달하지 않을 수도 있고 null을 전달해서 명시적으로 실행되지 않기를 원한다는 것을 나타낼 수도 있다.

```kotlin
fun runSchedule(...) {
    ...
    arriveToWork()
    drinkCoffee()
    beforeLunch()
    goToLunch()
    afterLunch()
```

```
        bossHook?.let { it() }
    goHome()
}
```

이 함수 내부에 알고리듬을 작성할 것이다. beforeLunch()와 afterLunch()를 호출하는 부분은 어렵지 않다. 인수로 전달된 함수를 그냥 실행하는 것뿐이니까 말이다. 세 번째 인수인 bossHook은 null일 수 있기 때문에 null이 아닐 경우에만 실행해야 한다. 이를 위해 다음과 같은 문법을 사용한다.

```
?.let { it() }
```

그런데 항상 직접 구현해 줘야 하는 다른 함수들은 어떻게 할까?

코틀린에는 **지역 함수**^{local function}라는 개념이 있다. 다른 함수 안에 있는 함수를 말한다.

```
fun runSchedule(...) {
    fun arriveToWork(){
        println("좋은 아침입니다!")
    }

    val drinkCoffee = { println("우유 남은 게 좀 있나?") }

    fun goToLunch() = println("이탈리아 음식을 먹고 싶군.")

    val goHome = fun () {
        println("드디어 휴식!")
    }

    arriveToWork()
    drinkCoffee()
    ...
    goToLunch()
    ...
    goHome()
}
```

모두 지역 함수를 선언하는 유효한 방법이다. 어떻게 정의하든 똑같이 호출할 수 있다.

지역 함수는 선언된 부모 함수 내에서만 접근 가능하며, 공통된 로직을 외부에 노출하지 않고서도 함수로 추출할 수 있는 멋진 방법이다.

이제 코드의 뼈대가 완성됐다. 알고리듬의 뼈대를 정의하되 세부 동작은 나중에 다른 누군가가 결정하도록 하는 것, 이것이 템플릿 메서드Template method 패턴의 요지다.

이제 거의 4장의 끝에 다다랐다. 마지막으로 살펴볼 디자인 패턴은 어쩌면 가장 중요한 패턴 중 하나다.

관찰자 패턴

관찰자Observer 패턴은 4장의 하이라이트 가운데 하나다. 또한 함수형 프로그래밍을 다루는 이후 장들로 넘어가기 위한 가교 역할을 해줄 것이다.

그렇다면 관찰자 패턴이란 무엇인가? 먼저 발행자publisher가 하나 있고, 이를 구독하는 여러 구독자subscriber가 있다. 각각 주제topic와 관찰자observer라고 부르기도 한다. 발행자에게 어떤 일이 발생하면 모든 구독자가 그 사실을 알게 된다.

중개인 패턴처럼 보일 수도 있지만 조금 다르다. 구독자는 런타임에 구독 및 구독 취소가 가능하다.

전통적으로는 모든 구독자(관찰자)가 특정 이벤트를 나타내는 인터페이스를 구현하면 발행자가 이벤트가 발생했음을 알리기 위해 이 인터페이스를 사용하는 방식으로 구현한다. 하지만 코틀린에는 고차 함수가 있기 때문에 더 간단히 구현할 수 있다. 발행자는 여전히 구독 및 구독 취소를 할 수 있는 창구를 마련해야 한다.

다소 복잡하게 들릴 수도 있으니 먼저 다음의 예제를 살펴보자.

예제: 동물 합창단

동물들이 모여 합창단을 만들기로 했다. 고양이가 지휘자로 뽑혔다 (노래하는 것을 안 좋아하니까).

문제는 동물들이 자바 세상을 탈출했기 때문에 공통의 인터페이스를 갖고 있지 않다는 점이다. 대신 모두가 울음소리를 내는 제각각의 방법을 갖고 있다.

```
class Bat {
    fun screech() {
        println("이----")
    }
}

class Turkey {
    fun gobble() {
        println("꾸륵꾸륵")
    }
}

class Dog {
    fun bark() {
        println("멍멍")
    }

    fun howl() {
        println("아우")
    }
}
```

다행히 고양이가 그저 노래를 못해서 지휘자로 뽑힌 것은 아니었다. 고양이는 이 책 내용을 잘 따라올 만큼 똑똑하기도 하다. 그래서 코틀린 세계에서는 함수를 받는 것도 가능하다는 사실을 이해하고 있다.

```
class Cat {
    fun joinChoir(whatToCall: ()->Unit) {
        ...
    }

    fun leaveChoir(whatNotToCall: ()->Unit) {
        ...
    }
}
```

지금까지는 인수로 새로운 함수나 함수 리터럴을 전달하는 법을 배웠다. 그렇다면 멤버 함수에 대한 참조를 전달하려면 어떻게 해야 하는가?

이를 위해서는 전략 패턴에서 사용한 방법, 즉 메서드 참조 연산자(::)를 활용하면 된다.

```
val catTheConductor = Cat()

val bat = Bat()
val dog = Dog()
val turkey = Turkey()

catTheConductor.joinChoir(bat::screech)
catTheConductor.joinChoir(dog::howl)
catTheConductor.joinChoir(dog::bark)
catTheConductor.joinChoir(turkey::gobble)
```

고양이는 이제 모든 구독자를 어떻게든 저장해야 한다. 맵을 사용하면 될 것 같다. 그럼 무엇이 키key가 돼야 할까? 함수 자체를 키로 쓰면 된다.

```
class Cat {
    private val participants = mutableMapOf<()->Unit, ()->Unit>()

    fun joinChoir(whatToCall: ()->Unit) {
        participants[whatToCall] = whatToCall
    }
    ...
}
```

()->Unit이 너무 많이 등장해서 어지럽다면 **typealias**를 통해 더 의미 있는 이름을 지어 줄 수 있다는 점을 기억하라(가령 subscriber라는 별칭을 붙일 수 있다).

방금 박쥐가 합창단을 탈퇴하기로 했다. 아쉽게도 그의 아름다운 노랫소리를 이제 들을 수 없게 됐다.

```
class Cat {
    ...
    fun leaveChoir(whatNotToCall: ()->Unit) {
        participants.remove(whatNotToCall)
```

```
        }
        ...
}
```

박쥐가 해야 할 일은 다음과 같이 구독할 때 전달했던 함수를 다시 전달하는 것뿐이다.

```
catTheConductor.leaveChoir(bat::screech)
```

이게 바로 맵을 사용한 이유다. 이제 고양이는 모든 합창단원을 불러 모아 노래를 시킬 수 있다(적어도 울음소리를 내도록 할 수는 있다).

```
typealias Times = Int
class Cat {
    ...
    fun conduct(n: Times) {
        for (p in participants.values) {
            for (i in 1..n) {
                p()
            }
        }
    }
}
```

리허설이 잘 끝났다. 그런데 고양이가 모든 반복문을 수행하기는 너무 벅차 보인다. 그래서 합창단원들에게 역할을 위임하려고 한다. 그건 식은 죽 먹기다.

```
class Cat {
    private val participants = mutableMapOf<(Int)->Unit, (Int)->Unit>()

    fun joinChoir(whatToCall: (Int)->Unit) {
        ...
    }

    fun leaveChoir(whatNotToCall: (Int)->Unit) {
        ...
    }

    fun conduct(n: Times) {
```

```
        for (p in participants.values) {
            p(n)
        }
    }
}
```

합창단원들은 새로운 인수를 받기 위해 함수를 조금 수정해야 한다. 예를 들어 칠면조(Turkey)는 다음과 같이 함수를 수정한다.

```
class Turkey {
    fun gobble(repeat: Times) {
        for (i in 1..repeat) {
            println("꾸륵꾸륵")
        }
    }
}
```

그런데 약간 문제가 있다. 만약 고양이가 단원들에게 어떤 소리(높은 소리 또는 낮은 소리)를 낼지 지시해야 한다면? 다시 모든 구독자 함수와 고양이의 구현을 변경해야 할 것이다.

발행자를 설계할 때는 여러 속성을 갖는 하나의 데이터 클래스를 전달하도록 하라. 그렇게 하지 않고 여러 개의 자료를 전달하면 새 속성이 추가될 때마다 구독자의 코드를 모두 고쳐야 할 것이다.

```
enum class SoundPitch {HIGH, LOW}
data class Message(val repeat: Times, val pitch: SoundPitch)

class Bat {
    fun screech(message: Message) {
        for (i in 1..message.repeat) {
            println("${message.pitch} 이----")
        }
    }
}
```

여기서는 울음소리의 높낮이를 나타내기 위해 enum을 사용하고, 높낮이와 반복 횟수를 캡슐화하기 위해 데이터 클래스를 사용했다.

전달하는 메시지 객체는 반드시 불변 객체로 만들라. 그렇게 하지 않으면 이상한 동작을 보게 될 것이다. 같은 발행자가 여러 종류의 메시지를 발행하려면 어떻게 할까? 이때는 스마트 캐스팅을 사용할 수 있다.

```
interface Message {
    val repeat: Times
    val pitch: SoundPitch
}

data class LowMessage(override val repeat: Times) : Message {
    override val pitch = SoundPitch.LOW
}

data class HighMessage(override val repeat: Times) : Message {
    override val pitch = SoundPitch.HIGH
}

class Bat {
    fun screech(message: Message) {
        when (message) {
            is HighMessage -> {
                for (i in 1..message.repeat) {
                    println("${message.pitch} 이----")
                }
            }
            else -> println("낼 수 없는 소리예요 :(")
        }
    }
}
```

관찰자 디자인 패턴은 굉장히 쓸모가 많다. 이 패턴의 강점은 유연성이다. 발행자는 호출할 함수의 시그니처 외에는 구독자에 관해 아무것도 알 필요가 없다. 실무에서는 6장과 11장에서 다루는 반응형 프레임워크에서도 널리 사용되며 안드로이드의 UI 이벤트도 모두 구독자로 구현돼 있다.

요약

꽤 길었지만 그만큼 배운 내용도 많았다. 열한 가지의 동작 패턴을 마지막으로 모든 고전 디자인 패턴을 살펴봤다. 코틀린에서는 함수를 다른 함수의 인수로 넘길 수 있고, 함수의 반환값으로 사용할 수도 있으며, 변수에 할당할 수도 있다. 이것이 고차 함수 및 일급 객체로서의 함수 개념이다. 어떤 클래스에 데이터는 없고 동작을 캡슐화하는 역할만 하고 있다면 클래스 대신 함수를 사용하는 것도 생각해 봄직하다. 이런 개념을 활용해서 전략 패턴과 명령 패턴을 구현했다.

다음으로는 반복자 패턴이 언어의 연산자로 녹아 있다는 것을 배웠다. 봉인 클래스는 when 문이 모든 경우를 다루도록 강제하며 이를 이용해 상태 디자인 패턴을 구현했다.

또한 해석자 디자인 패턴을 살펴봤고, 수신자를 갖는 람다 함수를 통해 더 명확한 DSL 문법을 만들 수 있음을 봤다. 새로운 키워드 lateinit이 컴파일러의 null 안전성 검사를 조금 느슨하게 만들어 준다는 것도 배웠다(단 주의해서 사용할 것).

마지막으로 관찰자 디자인 패턴을 살펴보면서 함수 참조를 통해 기존 메서드를 참조하는 법을 배웠다.

지금까지 객체지향 프로그래밍 패러다임과 그 위에서 사용되는 익숙한 디자인 패턴을 배웠다면 5장에서는 새로운 프로그래밍 패러다임으로 넘어갈 것이다. 바로 함수형 프로그래밍이다.

질문

1. 중개인 패턴과 관찰자 패턴의 차이점은 무엇인가?
2. **도메인 특화 언어**DSL, Domain-Specific Language란 무엇인가?
3. 봉인 클래스나 인터페이스를 사용하는 이유는 무엇인가?

2부

반응형 패턴과 동시성 패턴

2부에서는 반응형 패턴이나 동시성 패턴 등의 현대적 디자인 패턴과 함께 함수형 프로그래밍 전반을 살펴볼 것이다.

먼저 함수형 프로그래밍의 기본 원칙을 소개하고, 그러한 개념이 코틀린에 어떻게 녹아 있는지를 살펴보면서 2부를 시작할 것이다. 다음으로는 코틀린에서 동시성을 위해 제공하는 문법 요소를 알아보고 그중 가장 중요한 코루틴을 자세히 살펴볼 것이다. 함수형 프로그래밍과 코루틴을 어느 정도 익힌 뒤에는 둘을 결합해서 만든 동시성 자료 구조를 사용해서 데이터의 흐름을 세밀하게 제어하는 법을 배우고, 디자인 패턴을 활용해서 더 좋은 동시성 코드를 작성하는 법을 학습할 것이다.

2부에는 다음과 같은 4개의 장이 있다.

- **5장,** 함수형 프로그래밍 소개
- **6장,** 스레드와 코루틴
- **7장,** 데이터 흐름 제어
- **8장,** 동시성을 위한 설계

05

함수형 프로그래밍 소개

5장에서는 함수형 프로그래밍의 기본 원칙을 배우고, **코틀린**과 **함수형 프로그래밍**functional programming이 얼마나 잘 어울리는지 알아볼 것이다.

5장을 읽다 보면 느끼겠지만, 5장에서 다룰 개념 중 일부는 1부에서 이미 살펴봤다. 함수형 프로그래밍의 개념인 **데이터 불변성**data immutability이나 **값으로서의 함수** 같은 개념을 사용하지 않고는 코틀린의 장점을 보여 주기가 어렵기 때문이다. 하지만 5장에서는 (지금까지 그랬듯이) 조금 다른 각도에서 이런 기능을 바라볼 것이다.

5장에서 다루는 내용은 다음과 같다.

- 함수형 프로그래밍을 사용하는 이유
- 불변성
- 값으로서의 함수
- 문 대신 식 사용하기
- 재귀 호출

5장을 읽고 나면 함수형 프로그래밍의 개념들이 코틀린에 어떻게 녹아 있으며 언제 그것을 사용해야 할지 이해할 수 있을 것이다.

기술적 요구 사항

5장의 내용을 따라가려면 다음을 설치해야 한다.

- IntelliJ IDEA Community Edition(https://www.jetbrains.com/idea/download/)
- OpenJDK 11 버전 이상(https://openjdk.java.net/install/)

5장의 예제 코드는 다음 깃허브 링크(https://github.com/PacktPublishing/Kotlin-Design-Patterns-and-Best-Practices/tree/main/Chapter05)에서 다운로드할 수 있다.

함수형 프로그래밍을 사용하는 이유

함수형 프로그래밍은 절차지향 프로그래밍이나 객체지향 프로그래밍 등 다른 프로그래밍 패러다임에 결코 뒤지지 않을 만큼 오래된 패러다임이다. 그런데 그 인기는 최근 15년간 급상승하고 있다. 배경엔 CPU 속도의 정체가 있다. 이제 CPU 속도는 이전처럼 빠르게 발전할 수 없다. 그래서 프로그램을 빠르게 만들려면 반드시 **병렬화**parallelization를 해야 한다. 그리고 병렬 작업을 수행하는 데에 함수형 프로그래밍 패러다임이 특별히 효과적이라는 것이 드러났다.

멀티코어 프로세서의 발전은 그 자체로 매력적인 주제이지만 여기서는 짧게만 다루겠다. 워크스테이션은 적어도 1980년대부터 여러 사용자의 요청 작업을 병렬로 수행하기 위해 여러 개의 프로세서를 탑재했다. 이 시대의 워크스테이션은 거대했기 때문에 모든 것을 1개의 칩에 구겨 넣기 위한 고민은 하지 않아도 됐다. 이런 멀티프로세서가 2005년 즈음에는 일반 사용자 시장까지 진출했는데, 이제는 비로소 병렬 동작이 가능한 단일 물리 장치가 필요해졌다. 그래서 현재 PC나 노트북 컴퓨터의 CPU 칩에는 여러 개의 코어가 들어간다.

그러나 꼭 이런 이유 때문에 함수형 프로그래밍을 사용하는 것은 아니다. 다음과 같은 이유도 있다.

- 함수형 프로그래밍은 순수 함수를 선호하는데, 순수 함수는 대개 이해하고 테스트하기 쉽다.
- 함수형으로 작성된 코드는 명령적imperative이지 않고 선언적declarative이다. 즉 '어떻게'보다 '무엇을'에 초점을 맞추는데 이것은 장점이 될 수 있다.

이어지는 절에서는 함수형 프로그래밍의 다양한 측면을 탐색할 것이다. 먼저 불변성을 알아보자.

불변성

함수형 프로그래밍의 근간을 이루는 개념 중 하나는 **불변성**immutability이다. 불변성이란 함수가 입력을 받는 순간부터 값을 반환하는 순간까지 객체가 변하지 않는 속성을 말한다. 그렇다면 변한다는 것은 어떤 것일까? 다음의 간단한 예제를 살펴보자.

```
fun <T> printAndClear(list: MutableList<T>) {
    for (e in list) {
        println(e)
        list.remove(e)
    }
}
printAndClear(mutableListOf("a", "b", "c"))
```

이 코드는 먼저 a를 출력할 것이다. 그러고는 ConcurrentModificationException 예외를 던진다.

for-in 반복문은 반복자를 사용하는데(반복자는 4장에서 다뤘다) 리스트를 반복문 안에서 수정하면 반복자의 동작이 방해를 받게 되기 때문에 이러한 예외가 발생하는 것이다. 그렇다면 한 가지 질문이 생긴다.

애초에 이런 런타임 예외가 발생하지 않도록 보호 장치를 만들 수는 없을까?

불변 자료 구조를 사용하면 어떤 도움이 되는지 살펴보자.

불변 자료 구조

1장에서 이미 코틀린의 집합 자료 구조는 기본적으로 불변이라는 점을 설명했다. 다른 언어들과 다른 부분 중 하나다.

앞의 예제 코드에서는 단일 책임 원칙single-responsibility principle을 따르지 않아서 문제가 발생했다. 단일 책임 원칙이란 하나의 함수는 하나의 일만 해야 하며 그 일을 잘 해야 한다는 원칙이다. 문제의 함수는 원소를 배열에서 제거하는 일과 출력하는 일, 두 가지를 모두 하려고 하고 있다.

이 함수의 인수를 MutableList에서 List로 변경하면 remove() 함수를 호출할 수 없기 때문에 문제가 해결된다. 하지만 이렇게 질문할 수도 있다.

함수의 결괏값으로 빈 리스트가 필요한 경우에는?

이럴 땐 함수가 새로운 객체를 반환하도록 해야 한다.

```
private fun <T> printAndClear(list: MutableList<T>):
  MutableList<T> {
    for (e in list) {
        println(e)
    }
    return mutableListOf()
}
```

일반적으로 함수형 프로그래밍에서 반환값이 없는 함수는 작성하지 않아야 한다. 반환값이 없다는 것은 보통 부수 효과side effect가 있다는 것을 의미하기 때문이다.

하지만 자료 구조가 불변인 것만으로는 충분하지 않다. 자료 구조의 내용물 역시 불변이어야 한다. 무슨 뜻인지 이해하기 위해 다음의 간단한 클래스를 보자.

```
data class Player(var score: Int)
```

이 클래스는 score라는 변수 하나만을 갖고 있다.

다음으로는 이 데이터 클래스의 인스턴스를 하나 만들어서 불변 자료 구조에 넣을 것이다.

```
val scores = listOf(Player(0))
```

인스턴스를 여러 개 만들어서 넣을 수도 있지만 요점을 설명하기 위해서는 하나로도 충분하다.

다음 절에서는 스레드의 개념을 소개할 것이다.

공유된 가변 상태의 문제점

스레드thread에 익숙하지 않더라도 6장에서 자세히 설명할 테니 크게 걱정하지 말자. 지금 알아야 하는 것은 스레드를 통해 코드를 '동시에' 실행할 수 있다는 것이다. 이렇게 여러 CPU를 사용하는 동시성 코드를 활용할 때 함수형 프로그래밍이 빛을 발한다. 동시성이 전혀 개입되지 않은 예제는 다소 복잡하거나 인위적으로 보일 수 있다.

지금은 먼저 2개의 스레드를 담고 있는 리스트를 만들어 보자.

```
val threads = List(2) {
    thread {
        for (i in 1..1000) {
            scores[0].score++
        }
    }
}
```

각 스레드가 평범한 for 반복문을 사용해서 score 변수의 값을 1000씩 증가시키는 것을 볼 수 있다.

join() 함수를 사용하면 스레드가 끝나길 기다릴 수 있고 그 후에는 score의 값을 확인할 수 있다.

```
for (t in threads) {
    t.join()
}
println(scores[0].score) // 2000보다는 작은 값
```

직접 코드를 실행해 보면 2000보다 작은 어떤 값이 출력될 것이다.

이것은 가변 변수를 사용할 때 발생하는 경합 조건race condition을 보여 주는 고전적인 예시다. 동시성 프로그래밍 경험이 있다면 왜 이런 일이 발생하는지 금방 알 수 있을 것이다. 각 스레드가 할당된 일을 끝까지 수행하지 못했기 때문에 문제가 생긴 것은 아니다. 이를 확인하기 위해 반복문 끝에 완료 메시지를 출력해 보자.

```
thread {
    for (i in 1..1000) {
        scores[0].score = scores[0].score + 1
    }
    println("완료")
}
```

증가 연산자(++)의 잘못도 아니다. 위의 코드에서는 보다시피 증가 연산자를 풀어서 길게 썼지만 여러 번 실행해 보면 여전히 틀린 결과가 출력될 것이다.

이 문제의 진짜 이유는 더하기 연산과 할당 연산이 원자적atomic이지 않다는 데에 있다. 두 스레드가 서로의 더하기 연산 결과를 덮어써 버릴 수 있기 때문에 값이 원하는 만큼 증가하지 않는 것이다.

여기서는 원소가 하나만 들어 있는 자료 구조를 사용해 극단적인 예시를 들었다. 그러나 실무에서는 일반적으로 많은 원소가 들어 있는 자료 구조를 사용할 것이다. 예를 들어 여러 플레이어의 점수를 저장하거나 동시에 수천 명의 플레이어의 순위를 매기는 일을 해야 한다. 그러면 훨씬 더 복잡한 상황이 펼쳐질 것이다.

다음을 기억하자. 자료 구조가 불변이더라도 거기에 들어 있는 원소는 가변 객체일 수 있다. 가변 객체는 스레드 안전하지 않다.

다음으로는 불변 객체 중 하나인 튜플을 살펴보자.

튜플

함수형 프로그래밍에서 **튜플**tuple은 일단 생성되면 변경이 불가능한 자료를 나타낸다. 코틀린에서 가장 기본적인 튜플은 pair다.

```
val pair = "a" to 1
```

pair는 first와 second라는 2개의 속성을 가지며 불변이다.

```
pair.first = "b" // 불가능
pair.second = 2  // 이것도 불가능
```

분해 선언destructuring declaration을 사용하면 pair를 두 값으로 분리할 수 있다.

```
val (key, value) = pair
println("$key => $value")
```

맵을 순회할 때는 Map.Entry라는 또 다른 튜플을 사용한다.

```
for (p in mapOf(1 to "일요일", 2 to "월요일")) {
    println("${p.key} ${p.value}")
}
```

이 튜플은 first와 second가 아니라 key와 value라는 멤버를 갖고 있다.

pair 말고 Triple이라는 튜플도 있는데 여기는 first, second와 함께 third라는 멤버도 있다.

```
val secondEdition = Triple("코틀린 디자인 패턴 2/e", 396, 2023)
```

일반적으로 데이터 클래스는 멤버의 이름이 의미를 잘 나타내기 때문에 좋은 튜플이 될 수 있다. 확실히 위의 예제에서 396이라는 수가 쪽수를 나타낸다는 것을 바로 알아차리기는 어렵다.

하지만 이전 절에서 봤듯이 모든 데이터 클래스가 튜플인 것은 아니다. 모든 멤버가 변수가 아닌 값이어야 한다. 또한 자료 구조나 클래스 타입의 멤버는 모두 불변이어야 한다.

이제 함수형 프로그래밍에서 중요한 또 하나의 주제를 살펴볼 것이다. 바로 일급 객체로서의 함수 개념이다.

값으로서의 함수

디자인 패턴을 설명하면서 이미 코틀린이 함수형 프로그래밍의 어떤 요소들을 지원하는지 간단히 살펴봤다. 특히 함수를 다른 함수의 인수나 반환값으로 사용하고, 값이나 자료 구조에 함수를 넣어 놓을 수 있도록 하는 코틀린의 기능이 없었다면 **전략** 패턴과 **명령** 패턴을 구현할 때 더 많은 노력이 필요했을 것이다. 이 절에서는 순수 함수나 커리 curry 등 함수형 프로그래밍의 다른 측면들을 살펴볼 것이다.

고차 함수

이미 예제를 통해 여러 차례 봤듯이 코틀린에서는 함수가 또 다른 함수를 반환할 수 있다. 다음의 간단한 함수를 살펴보면서 이 문법을 조금 더 깊이 이해해 보자.

```
fun generateMultiply(): (Int) -> Int {
    return fun(x: Int): Int {
        return x * 2
    }
}
```

여기서 generateMultiply 함수는 새로운 이름 없는 함수를 반환한다. 이름이 없는 함수를 **익명 함수**anonymous function라고 부른다.

위의 코드는 다음과 같이 줄여 쓸 수도 있다.

```
fun generateMultiply(): (Int) -> Int {
    return { x: Int ->
        x * 2
    }
}
```

이 문법을 이용해 짧게 표현한 익명 함수를 **람다 함수**lambda function라고 부른다.

다음으로는 반환형 시그니처를 확인해 보자.

```
(Int) -> Int
```

이 함수가 반환하는 함수는 정수 하나를 입력으로 받아서 정수를 반환한다는 사실을 반환형 시그니처를 통해 알 수 있다.

만약 입력 인수가 없는 함수를 나타내려면 다음과 같이 빈 괄호를 사용할 수 있다.

```
() -> Int
```

반대로 함수가 아무것도 반환하지 않는다면 Unit 타입을 사용해서 다음과 같이 나타낸다.

```
(Int) -> Unit
```

코틀린에서는 함수를 변수나 값에 할당해 놓고 나중에 호출할 수 있다.

```
val multiplyFunction = generateMultiply()
...
println(multiplyFunction(3, 4))
```

함수를 변수에 할당한 것을 보통 **리터럴 함수**literal function라고 부른다.

리터럴 함수는 4장에서 전략 패턴을 배울 때도 사용했다.

함수의 매개변수로 다른 함수를 받는 것도 가능하다.

```
fun mathInvoker(x: Int, y: Int, mathFunction: (Int, Int) -> Int) {
    println(mathFunction(x, y))
}
mathInvoker(5, 6, multiplyFunction)
```

만약 함수가 마지막 매개변수라면 다음과 같이 괄호 바깥에 함수 본문을 직접 써주는 것도 가능하다.

```
mathInvoker(7, 8) { x, y ->
    x * y
}
```

이 문법을 **뒤따르는 람다 함수**trailing lambda function 또는 **접미 호출**call suffix이라고 부른다. 4장에서 해석자 패턴을 배울 때 이 문법을 사용하는 예시를 살펴봤다.

이제 함수를 다루는 기본적인 문법을 배웠으니 활용법을 알아보도록 하자.

표준 라이브러리에서 고차 함수 사용하기

코틀린을 사용한다면 늘 집합 자료 구조를 다루게 될 것이다. 1장에서 간단히 다뤘지만, 집합 자료 구조는 고차 함수와 함께 사용할 수 있다.

예를 들어 집합 자료 구조의 원소를 차례로 출력하고자 할 때 지금까지는 뻔한 `for-in` 반복문을 사용했다.

```
val dwarfs = listOf("드왈린", "발린", "킬리", "필리",
    "도리", "노리", "오리", "오인", "글로인", "비푸르", "보푸르",
    "봄부르", "소린")
for (d in dwarfs) {
    println(d)
}
```

이 코드가 다소 보기 괴롭더라도 책을 덮지는 말기 바란다. 당연히 다른 방법도 있다. 여타의 프로그래밍 언어에서처럼 `forEach` 함수를 사용하는 것이다.

```
dwarfs.forEach { d ->
    println(d)
}
```

forEach는 고차 함수가 사용되는 가장 기본적인 예시다. 이 함수가 어떻게 선언돼 있는지 확인해 보자.

```
fun <T> Iterable<T>.forEach(action: (T) -> Unit)
```

여기서 action은 자료 구조의 원소 하나를 받고 아무것도 반환하지 않는 함수다. 이 함수를 통해 it 표기법이라는 코틀린의 특별한 문법을 살펴보자.

it 표기법

일반적으로 함수형 프로그래밍에서는 함수를 작고 간단하게 만들어야 한다. 함수가 간단할수록 이해하기 쉬워지고, 그만큼 다른 곳에서 재사용할 기회도 많아지기 때문이다. 코드 재사용을 쉽게 만드는 것은 코틀린의 기본 원칙 중 하나이기도 하다.

앞의 예제 코드를 다시 살펴보라. 변수 d의 타입을 명시하지 않았다. 다른 함수 선언에서와 같이 콜론을 사용해서 타입을 명시할 수도 있었다.

```
dwarfs.forEach { d: String ->
    println(d)
}
```

그러나 일반적으로 컴파일러가 제네릭 타입에서 변수의 타입을 추론해 낼 수 있기 때문에 굳이 명시적으로 표현할 필요가 없는 것이다. 즉 dwarfs가 List<String> 타입이므로 d는 자연스럽게 String 타입이 된다.

이처럼 짧은 람다 함수를 작성할 때는 인수 타입만 생략할 수 있는 것이 아니다. 람다 함수에 인수가 하나뿐이라면 암시적 이름을 사용할 수 있다. 이 경우에 암시적 이름은 it이다.

```
dwarfs.forEach {
    println(it)
}
```

하나의 매개변수에 대해 하나의 함수를 호출해야 하는 경우에는 함수 참조를 사용할 수도 있다. 4장에서 전략 패턴을 배울 때도 함수 참조를 어떻게 사용하는지 살펴봤다.

```
dwarfs.forEach(::println)
```

이후의 예제에서는 가장 짧은 표기법을 사용할 것이다. 일반적으로 람다 함수 안에 다른 람다 함수를 중첩하는 경우에는 긴 표기법을 사용하는 것이 좋다. 그런 경우에는 간결함보다 매개변수에 제대로 된 이름을 붙이는 것이 더 중요해지기 때문이다.

클로저

객체지향 패러다임에서는 상태를 항상 객체에 저장한다. 그러나 함수형 프로그래밍에서는 꼭 그렇지 않다. 다음 예제 코드를 보자.

```
fun counter(): () -> Int {
    var i = 0
    return { i++ }
}
```

반환형에서 보다시피 counter 함수는 분명히 고차 함수다. 0개의 인수를 받아서 정수를 반환하는 함수를 반환한다.

지금까지 배운 대로 이 함수를 변수에 저장하고 여러 번 호출해 보자.

```
val next = counter()
println(next())
println(next())
println(next())
```

함수가 상태를 갖는 것을 볼 수 있다. 이 경우에는 호출할 때마다 1씩 증가하는 값이 함수의 상태다. 객체를 사용하지 않고도 상태를 표현할 수 있는 것이다.

이를 **클로저**closure라고 한다. 이 람다 함수는 선언된 위치에서 보이는 모든 지역 변수에 접근할 수 있다. 그리고 람다 함수에 대한 참조를 들고 있는 동안은 이 지역 변수의 상태도 유지된다.

클로저는 함수형 프로그래밍에서 사용할 수 있는 유용한 도구 중 하나다. 함수가 상태를 갖도록 하려면 고작 함수 하나 때문에 클래스를 정의해야 하는 경우가 종종 생긴다. 하지만 클로저를 사용하면 클래스를 만들지 않고도 함수가 상태를 갖도록 할 수 있다.

순수 함수

순수 함수pure function란 **부수 효과**가 전혀 없는 함수다. 부수 효과란 외부 상태를 조회하거나 변경하는 모든 것을 말한다. 외부 상태는 지역 변수가 아닌 변수(클로저에서 보이는 변수도 지역 변수로 볼 수는 없다)나 모든 종류의 IO(파일이나 각종 네트워크 위치에서 수행하는 읽기/쓰기 작업)일 수 있다.

> **중요**
>
> IO라는 용어가 익숙하지 않은 독자를 위해 설명을 덧붙이자면, IO는 Input/Output(입출력)의 약어로 프로그램 외부에서 일어나는 모든 상호작용을 일컫는다. 예를 들어 파일을 기록하거나 네트워크에서 읽는 것은 IO 작업이다.

예를 들어 클로저 절에서 설명한 람다 함수는 '순수하지' 않다. 여러 번 호출하면 같은 입력에 대해서 매번 다른 출력을 반환하기 때문이다.

순수하지 않은 함수impure function는 일반적으로 테스트하기도 어렵고 동작을 이해하기도 힘들다. 실행 순서나 네트워크 문제 등 통제하기 어려운 요소에 따라 함수의 반환값이 달라지기 때문이다.

한 가지 기억해야 할 부분은 로깅이나 콘솔 출력도 IO를 수행하기 때문에 같은 종류의 문제를 일으킨다는 점이다.

다음의 간단한 함수를 보자.

```
fun sayHello() = println("안녕")
```

이 경우에 '안녕'이 잘 출력됐다는 것을 어떻게 확인할 수 있을까? 보기보다 쉽지 않은 문제다. 표준 출력(일반적으로 사용하는 콘솔 출력)의 상태를 확인해서 출력 결과를 알아내야 하기 때문이다.

이번에는 다음 함수와 비교해 보자.

```
fun hello() = "안녕"
```

이 함수는 아무런 부수 효과를 일으키지 않기 때문에 훨씬 쉽게 테스트할 수 있다.

```
fun testHello(): Boolean {
    return "안녕" == hello()
}
```

이 `hello()` 함수는 다소 무의미해 보일 수도 있다. 하지만 그게 순수 함수의 속성 중 하나다. 함수의 실행 결과를 미리 알고 있다면 함수를 호출하지 않고 그 결괏값을 직접 쓸 수도 있다. 이것을 **참조 투명성**referential transparency이라고 부르기도 한다.

앞서 말했듯이 코틀린의 모든 함수가 순수 함수인 것은 아니다.

```
fun <T> removeFirst(list: MutableList<T>): T {
    return list.removeAt(0)
}
```

같은 리스트에 대해서 이 함수를 두 번 호출하면 다른 값을 반환할 것이다.

```
val list = mutableListOf(1, 2, 3)

println(removeFirst(list)) // 1 출력
println(removeFirst(list)) // 2 출력
```

이번에는 다음 함수와 비교해 보자.

```
fun <T> withoutFirst(list: List<T>): T {
    return ArrayList(list).removeAt(0)
}
```

이 함수는 완전히 예측 가능하다. 몇 번을 호출하든 그 결과는 모두 같다.

```
val list = mutableListOf(1, 2, 3)

println(withoutFirst(list)) // 1 출력
println(withoutFirst(list)) // 이번에도 1 출력
```

보다시피 이 경우에는 불변 인터페이스인 List<T>를 사용함으로써 입력 데이터를 변경하지 못하게 했다. 순수 함수를 이전 절에서 배운 불변 값과 함께 사용하면 함수의 반환 값을 예측할 수 있다. 그러면 테스트가 쉬워지고 알고리듬 병렬화도 가능해진다.

순수 함수를 사용하는 시스템은 분석하기 쉽다. 외부 요소에 따라 동작이 달라지지 않고 보이는 대로 동작하기 때문이다.

커리

커리curry는 인수 여러 개를 받는 함수를 단일 인수를 받는 함수의 연쇄 호출로 변환하는 것을 말한다. 다음의 간단한 예제를 보면서 이것이 무슨 뜻인지 살펴보자.

```
fun subtract(x: Int, y: Int): Int {
    return x - y
}
println(subtract(50, 8))
```

이 함수는 2개의 인수를 받아서 두 수의 차를 반환한다. 그런데 어떤 언어에서는 이 함수를 다음과 같이 호출할 수도 있다.

```
subtract(50)(8)
```

이것이 함수에 커리를 적용해서 호출한 것이다. 커리는 입력 인수가 여러 개(예제에서는 2개)인 함수를 인수가 하나인 여러 개의 함수로 바꿔 준다.

코틀린에서 커리를 적용하는 방법을 살펴보자. 함수에서 다른 함수를 반환하는 방법은 이미 배웠다.

```
fun subtract(x: Int): (Int) -> Int {
    return fun(y: Int): Int {
        return x - y
    }
}
```

이 코드를 더 짧게 쓰면 다음과 같다.

```
fun subtract(x: Int) = fun(y: Int): Int {
    return x - y
}
```

이 코드에서는 반환형을 명시하지 않고 return 키워드도 사용하지 않았다. 대신 단일식 문법을 사용해서 익명 함수를 반환했다.

다음과 같이 더 짧게 줄여 쓸 수도 있다.

```
fun subtract(x: Int) = {y: Int -> x - y}
```

이제 익명 함수가 람다 함수가 됐고 람다 함수의 반환형도 자동으로 추론된다.

커리는 그 자체로는 그다지 유용하지는 않지만 어쨌든 흥미로운 개념이다. 또한 구직 중인 **자바스크립트** 개발자라면 커리를 완벽히 이해해야 한다. 단골 인터뷰 질문이기 때문이다.

실제 코드에서는 로그를 기록할 때 커리를 사용하기도 한다. log 함수는 보통 다음과 같이 생겼다.

```
enum class LogLevel {
    ERROR, WARNING, INFO
}
fun log(level: LogLevel, message: String) =
    println("$level: $message")
```

다음과 같이 함수를 변수에 저장해 놓으면 로그 수준을 고정할 수 있다.

```
val errorLog = fun(message: String) {
    log(LogLevel.ERROR, message)
}
```

log 함수보다 errorLog 함수가 더 사용하기 쉽다. 인수를 하나만 받기 때문이다. 그렇다면 이런 생각이 들 수도 있다.

모든 로그 수준에 대해 로거logger를 미리 만들어 놓기는 싫다면 어떻게 할까?

그럴 때 커리를 사용한다. 이 코드를 커리 버전으로 작성하면 다음과 같다.

```
fun createLogger(level: LogLevel): (String) -> Unit {
    return { message: String ->
        log(level, message)
    }
}
```

이제 사용자가 편하게 로그 함수를 만들 수 있다.

```
val infoLogger = createLogger(LogLevel.INFO)
infoLogger("로그 메시지")
```

사실 이는 2장에서 배웠던 팩토리 패턴과도 비슷하다. 다시 한번 강조하지만 현대적 언어의 힘을 빌리면 적은 개수의 클래스를 갖고도 같은 기능을 구현할 수 있다.

다음으로는 같은 계산을 여러 번 반복하는 것을 방지하기 위해 사용하는 강력한 기법을 알아보자.

메모이제이션

어떤 함수가 같은 입력에 대해서 항상 같은 출력을 낸다면 입력마다 출력을 저장함으로써 함수의 결과를 캐시하는 것도 어렵지 않다. 이 기법을 **메모이제이션**memoization이라고 한다.

개발하는 시스템이나 해결하려는 문제가 무엇이든 간에 일반적으로 같은 계산을 여러 번 반복하는 일은 최대한 피해야 한다. 예를 들어 여러 개의 정수 세트를 받아서 각 세트의 총합을 출력하는 함수를 만든다고 하자.

```
val input = listOf(
    setOf(1, 2, 3),
    setOf(3, 1, 2),
    setOf(2, 3, 1),
    setOf(4, 5, 6)
)
```

처음 3개의 입력은 사실상 같다. 원소가 나열된 순서만 다르기 때문에 더하기를 세 번 반복하는 것은 낭비다.

합계를 계산하는 함수는 다음과 같이 순수 함수로 작성할 수 있다.

```
fun sum(numbers: Set<Int>): Double {
    return numbers.sumByDouble { it.toDouble() }
}
```

이 함수는 어떠한 외부 상태에도 의존하지 않으며 외부 상태를 변경하지도 않는다. 따라서 어떤 입력에 대해서 이 함수를 호출한 적이 있다면 같은 입력에 대해서는 다시 함수를 호출하지 않고 이전 반환값을 사용해도 무방하다.

각 입력에 대한 계산 결과는 다음과 같이 가변 맵에 저장할 수 있다.

```
val resultsCache = mutableMapOf<Set<Int>, Double>()
```

고차 함수를 사용하면 따로 클래스를 만들지 않고도 캐시를 적용할 수 있다.

```
fun summarizer(): (Set<Int>) -> Double {
    val resultsCache = mutableMapOf<Set<Int>, Double>()

    return { numbers: Set<Int> ->
        resultsCache.computeIfAbsent(numbers, ::sum)
    }
}
```

캐시되지 않은 입력에 대해서 값을 계산할 때는 sum() 함수를 사용하라고 computeIfAbsent 함수에 지시하기 위해 메서드 참조 연산자(::)를 사용했다.

sum()은 순수 함수이지만 summarizer()는 아니다. summarizer() 함수는 같은 입력에 대해서도 다른 식으로 동작할 것이다. 하지만 이 경우에는 그것을 원하는 것이다.

앞서 제시한 입력에 대해서 다음 코드를 실행하면 합계 계산은 딱 두 번만 이루어질 것이다.

```
val summarizer = summarizer()
input.forEach {
    println(summarizer(it))
}
```

불변 객체, 순수 함수, 클로저를 조합해서 구현한 메모이제이션은 성능 최적화를 위한 강력한 도구가 된다. 단 기억하라. 세상에 공짜는 없다. CPU 성능을 얻는다면 잃는 것도 있다. 메모리 공간이다. 각 경우에 어떤 자원이 더 값비싼지는 개발자가 판단할 일이다.

문 대신 식 사용하기

문statement은 아무것도 반환하지 않는 코드 블록을 의미한다. 반면 식expression은 새로운 값을 반환한다. 문은 아무 결과를 반환하지 않으므로 상태를 변경할 때만 쓸모가 있다. 이를테면 변수의 값을 바꾸거나 자료 구조를 변경하거나 IO를 수행하는 등이다.

함수형 프로그래밍에서는 상태 변경을 최소화하기를 원한다. 이론적으로 식을 더 많이 사용할수록 함수는 순수해지고 순수 함수의 모든 장점도 따라온다.

지금까지 if 조건식을 많이 사용해 봤으니 여러 가지 장점 중 하나는 확실히 느꼈을 것이다. 코드가 간결해진다는 것이다. 덕분에 다른 언어의 if 문을 사용할 때보다 오류 가능성도 적어진다.

패턴 매칭

패턴 매칭pattern matching은 강화된 버전의 switch/case라고 할 수 있다. when 표현식의 사용법은 1장에서 이미 살펴봤다. 여기서는 이 개념이 왜 함수형 패러다임에서 중요한지 간단히 알아보자.

자바에서는 switch 문에 몇 가지 기본 타입과 문자열, 열거형밖에 사용할 수 없다.

다음 코드를 살펴보자. 다형성polymorphism을 구현하는 방법을 설명하기 위해 흔히 사용하는 예시다.

```
class Cat : Animal {
    fun purr(): String {
        return "가르랑가르랑";
    }
}

class Dog : Animal {
    fun bark(): String {
        return "멍멍";
    }
}

interface Animal
```

여러 함수 중에서 어떤 것을 호출할지 결정하는 코드는 다음과 같다.

```
fun getSound(animal: Animal): String {
    var sound: String? = null;
    if (animal is Cat) {
        sound = (animal as Cat).purr();
    }
    else if (animal is Dog) {
        sound = (animal as Dog).bark();
    }

    if (sound == null) {
        throw RuntimeException();
    }
    return sound;
}
```

이 코드는 런타임에 getSound에서 어떤 함수를 호출할지 결정한다.

여러 개의 return 문을 사용하면 함수 길이를 더 줄일 수도 있다. 하지만 return을 여러 번 하는 것은 실무에서 보통 나쁜 습관으로 간주된다.

또한 switch 문에서는 클래스를 사용할 수 없기 때문에 if 문을 사용한 것을 볼 수 있다.

위의 코드를 다음의 코틀린 코드와 비교해 보자.

```
fun getSound(animal: Animal) = when(animal) {
    is Cat -> animal.purr()
    is Dog -> animal.bark()
    else -> throw RuntimeException("알 수 없는 동물")
}
```

when은 식이기 때문에 이전 코드에서처럼 임시 변수를 선언하지 않아도 된다. 또한 패턴 매칭을 사용하면 어떠한 타입 검사나 캐스팅도 필요 없게 된다.

명령형 프로그래밍의 if 문을 함수형 프로그래밍 패러다임에 가까운 when 표현식으로 대체하는 방법을 알아봤다. 이제 명령형 프로그래밍의 반복문을 재귀 호출로 대체하는 방법을 살펴보자.

⁝⁝ 재귀 호출

재귀 호출recursion은 함수가 자기 자신을 새로운 인수로 다시 호출하는 것이다. **깊이 우선 탐색**depth first search을 비롯해서 많은 유명한 알고리듬이 재귀 호출을 사용한다.

다음의 예제 코드는 재귀 호출을 사용해서 주어진 리스트의 모든 수를 더하는 매우 비효율적인 함수다.

```
fun sumRec(i: Int, sum: Long, numbers: List<Int>): Long {
    return if (i == numbers.size) {
        return sum
    } else {
        sumRec(i+1, numbers[i] + sum, numbers)
    }
}
```

재귀 호출을 잘못 사용하면 호출 스택이 너무 깊어져서 스택 오버플로stack overflow 오류가 발생할 수 있기 때문에 재귀 호출을 되도록 지양하기도 한다. 100만 개의 수가 들어 있는 리스트로 위의 예제 함수를 호출하면 스택 오버플로를 볼 수 있다.

```
val numbers = List(1_000_000) {it}
println(sumRec(0, numbers))
// 생각보다 금방(7천 정도) 오류 발생
```

하지만 코틀린은 **꼬리 재귀**tail recursion라는 최적화를 지원한다. 꼬리 재귀의 최대 장점은 공포의 스택 오버플로를 방지할 수 있다는 것이다. 함수에 재귀 호출이 하나뿐이라면 꼬리 재귀 최적화를 적용할 수 있다.

tailrec이라는 새 키워드를 사용해서 위의 재귀 함수를 다시 작성해 보자.

```
tailrec fun sumRec(i: Int, sum: Long, numbers: List<Int>): Long {
    return if (i == numbers.size) {
        return sum
    } else {
        sumRec(i+1, numbers[i] + sum, numbers)
```

        }
    }
```

이제 컴파일러는 함수 호출을 최적화해 절대 스택 오버플로가 발생하지 않도록 할 것이다.

그러나 **병합 정렬**merge sort 알고리듬처럼 함수에서 자기 자신을 여러 번 호출하는 경우에는 이 최적화를 적용할 수 없다.

다음 함수를 살펴보자. 이 함수는 병합 정렬 알고리듬의 정렬 부분에 해당한다.

```
tailrec fun mergeSort(numbers: List<Int>): List<Int> {
    return when {
        numbers.size <= 1 -> numbers
        numbers.size == 2 -> {
            return if (numbers[0] < numbers[1]) {
                numbers
            } else {
                listOf(numbers[1], numbers[0])
            }
        }
        else -> {
            val left = mergeSort(numbers.slice(0..numbers.size / 2))
            val right = mergeSort(numbers.slice(numbers.size / 2 + 1 until numbers.size))
            return merge(left, right)
        }
    }
}
```

보다시피 재귀 호출이 두 번 일어난다. 이런 경우에 코틀린 컴파일러는 다음과 같은 경고 메시지를 보여 준다. tailrec 키워드가 붙어 있지만 꼬리 재귀 최적화가 적용 불가능하다는 뜻이다.

```
> "A function is marked as tail-recursive but no tail calls are found"
```
```

요약

이제 함수형 프로그래밍의 개념, 장점, 코틀린에서 함수형 프로그래밍을 사용하는 방법을 이해할 것이다. 5장에서는 불변성과 순수 함수의 개념을 살펴봤고, 둘을 결합해서 테스트와 유지 보수가 쉬운 코드를 작성하는 법을 배웠다.

또한 코틀린에서 클로저를 사용하는 방법을 배웠다. 클로저는 함수를 감싸고 있는 다른 함수의 변수에 접근함으로써 함수를 여러 번 호출할 때 상태가 유지되도록 하는 것이다. 이를 사용하면 함수의 인수 일부를 고정해 놓는 커리, 같은 계산을 반복하지 않도록 함수의 반환값을 저장해 놓는 메모이제이션 등의 테크닉을 구현할 수 있다.

코틀린에서 tailrec 키워드를 사용해서 컴파일러가 꼬리 재귀 최적화를 수행하도록 하는 방법도 배웠다. 또한 고차 함수, 식과 문, 패턴 매칭 등의 주제도 살펴봤다. 이런 개념들은 모두 테스트가 쉽고 동시성 버그의 위험이 적은 코드를 작성할 수 있도록 해준다.

6장에서는 이런 지식을 실용적인 코드에 적용함으로써 함수형 프로그래밍이라는 토대 위에 **반응형 프로그래밍**reactive programming을 구현해 확장성 있고 견고한 시스템을 만드는 방법을 살펴볼 것이다.

질문

1. 고차 함수란 무엇인가?
2. 코틀린의 tailrec 키워드는 무엇인가?
3. 순수 함수란 무엇인가?

06

스레드와 코루틴

5장에서는 초당 수천 개의 요청이 쏟아질 때 애플리케이션이 이를 효율적으로 처리하는 방법을 간단히 살펴봤다. 그러면서 두 스레드 사이에 경합 조건이 발생하는 상황을 통해 불변성이 왜 중요한지 설명했다.

6장에서는 한 발짝 더 깊이 들어가서 코틀린에서 스레드를 생성하는 방법을 살펴보고 왜 스레드보다는 코루틴이 규모 확장에 유리한지 알아볼 것이다. 코틀린 컴파일러가 코루틴을 다루는 방법, 코루틴 시야와 분배기의 관계도 배울 것이다. 또한 **구조화된 동시성**_{structured concurrency}이라는 개념을 살펴보고 이것이 프로그램의 자원 누출을 방지하는 데에 어떤 역할을 하는지 설명할 것이다.

6장에서 다루는 내용은 다음과 같다.

- 스레드 심화
- 코루틴 및 일시 중단 함수 소개
- 코루틴 시작하기

- 작업
- 코루틴의 내부 동작 이해하기
- 분배기
- 구조화된 동시성

6장을 읽고 나면 코루틴의 동시성 문법에 익숙해지고 이들을 잘 활용할 수 있게 될 것이다.

기술적 요구 사항

5장의 기술적 요구 사항에 더해서 필요한 의존성을 추가하기 위해 그래들이 활성화된 코틀린 프로젝트가 필요하다.

6장의 예제에서 사용된 소스 코드는 다음 깃허브 저장소(https://github.com/PacktPublishing/Kotlin-Design-Patterns-and-Best-Practices/tree/main/Chapter06)에서 확인할 수 있다.

스레드 심화

스레드의 복잡한 부분을 본격적으로 살펴보기에 앞서 먼저 스레드가 어떤 문제들을 해결하는 데에 사용되는지 알아보자.

요즘 노트북 컴퓨터에는 멀티코어 CPU가 장착돼 있다. 코어 수는 4개쯤 될 것이다(아니면 8개일 수도 있다). 이는 4개의 작업을 '병렬적으로' 수행할 수 있다는 것을 의미한다. 15년 전만 해도 단일 코어 CPU가 기본이었고 겨우 2코어짜리 CPU도 오로지 컴퓨터 광들만 사용했다는 것을 생각하면 놀라운 일이다.

하지만 그때도 동시에 하나의 작업만 수행할 수 있었던 것은 아니다. 인터넷 검색을 하면서 동시에 음악을 들을 수 있었다. 단일 코어 CPU에서 말이다. 이것이 어떻게 가능했을까? 그것은 뇌가 일하는 방식과 같다. 작업으로 저글링^{juggling}을 하는 것이다. 친구가 말하는 것을 들으면서 책을 읽고 있다면, 책을 읽지 못할 때도 있고 친구의 말이 들리지 않을 때도 있다. 뇌는 코어가 하나뿐이라서 그렇다.

서버용 CPU도 노트북 CPU와 크게 다르지 않다. 서버라고 해도 동시에 기껏해야 4개의 요청을 처리할 수 있다는 말이다. 하지만 초당 1만 개의 요청이 들어온다면 어떻게 해야 할까? CPU 코어가 1만 개가 아닌 이상 병렬로 처리할 수는 없다. 그러나 동시에^{concurrently} 처리해 볼 수는 있다.[1]

JVM이 제공하는 가장 기본적인 동시성 모델은 **스레드**다. 스레드를 사용하면 두 코드를 동시에(하지만 병렬적이지는 않을 수도 있다) 실행해서 여러 개의 CPU 코어를 더욱 잘 활용할 수 있게 된다. 스레드는 프로세스보다 더 가볍다. 하나의 프로세스 내에 수백 개의 스레드가 만들어질 수 있다. 프로세스와 달리 스레드 간에는 손쉽게 자료를 공유할 수 있다. 하지만 이것이 꼭 좋은 것만은 아니다. 스레드 간 자료 공유 때문에 발생하는 문제는 나중에 살펴볼 것이다.

먼저 자바에서 스레드를 2개 생성하는 방법을 배워 보자. 각 스레드는 0부터 100까지의 수를 출력한다.

```java
for (int t = 0; t < 2; t++) {
    int finalT = t;
    new Thread(() -> {
        for (int i = 0; i < 100; i++) {
            System.out.println("Thread " + finalT + ": " + i);
        }
    }).start();
}
```

출력 결과는 다음과 같을 것이다.

---

[1] '병렬'은 특정 시점에 실제로 여러 작업이 동시에 실행된다는 뜻으로, parallel을 번역한 것이다. '동시'는 한 작업이 모두 끝나고 나서야 다른 작업을 시작하는 순차 실행과 대비되는 개념으로, concurrent를 번역한 것이다. 여러 작업을 동시에 실행하는 방법에는 여러 코어를 갖고 병렬로 실행하는 방법, 프로세서 자원을 시간적으로 분할해 한 작업이 끝나기 전에도 다른 작업을 수행하고 있도록 하는 방법 등이 있다. – 옮긴이

```
> ...
> T0: 12
> T0: 13
> T1: 60
> T0: 14
> T1: 61
> T0: 15
> T1: 16
> ...
```

출력은 실행할 때마다 달라지며 언제 스레드 전환이 일어날지도 알 수 없다는 점에 유의하자.

위의 코드를 코틀린으로 작성하면 다음과 같다.

```
repeat(2) { t ->
    thread {
        for (i in 1..100) {
            println("T$t: $i")
        }
    }
}
```

코틀린에서는 스레드 생성을 도와주는 함수 덕분에 보일러플레이트boilerplate 코드[2]를 덜 작성할 수 있다. 자바에서처럼 스레드를 시작하기 위해 start() 함수를 호출하지 않아도 된다. 스레드는 기본적으로 생성 즉시 실행된다. 만약 나중에 실행하고자 한다면 start 매개변수를 false로 설정한다.

```
val t = thread(start = false)
...
// 나중에
t.start()
```

---

2   여러 곳에서 비슷한 형태로 반복적으로 사용되는 코드를 의미하며, 큰 의미를 지니지 않고 문법적인 기능만을 하므로 되도록 제거하는 것이 좋다. 여기서는 스레드를 시작하기 위해 작성하는 new Thread, 람다 구문, start() 함수가 보일러플레이트에 해당한다. - 옮긴이

자바의 **데몬 스레드**daemon thread도 유용한 개념이다. 데몬 스레드는 실행 중에도 JVM이 종료될 수 있기 때문에 중요하지 않는 배경 작업을 수행할 때 매우 유용하다.

자바의 스레드 API는 유창한fluent API가 아니기 때문에 먼저 스레드를 변수에 할당한 뒤 데몬 스레드로 설정해 줘야 한다. 코틀린에서는 훨씬 간단하게 할 수 있다.

```
thread(isDaemon = true) {
    for (i in 1..1_000_000) {
        println("데몬 스레드: $i")
    }
}
```

이 스레드는 100만까지 출력하도록 했지만 실제로는 몇 백 정도에서 출력을 멈출 것이다. 데몬 스레드이기 때문이다. 부모 스레드가 멈추면 모든 데몬 스레드도 함께 종료된다.

스레드 안전성

오로지 **스레드 안전성**thread safety만 다루는 책도 있다. 그럴 만도 하다. 스레드 안전성이 지켜지지 않아서 발생하는 동시성 버그는 잡아내기 가장 어려운 축에 속하기 때문이다. 게다가 재현도 쉽지 않다. 하나의 자원을 두고 여러 스레드가 경쟁하는 상황을 만들어야 실제 경합 조건race condition이 발생한다. 이 책은 스레드 안전성이 아니라 코틀린에 관한 책이기 때문에 이 주제는 수박 겉핥기 식으로 다루고 넘어갈 것이다. JVM 언어에서의 스레드 안전성에 관심이 있다면 브라이언 게츠Brian Goetz의 『자바 병렬 프로그래밍』(에이콘출판, 2008)이 읽어 볼 만하다.

다음의 예제부터 시작하자. 이 코드에서는 counter 변수를 증가시키는 스레드를 10만 개 만든다. 최종적으로 counter 변수의 값을 확인하기 전에 먼저 모든 스레드가 작업을 끝냈다는 것을 확인하기 위해 CountDownLatch를 사용할 것이다.

```
var counter = 0
val latch = CountDownLatch(100_000)
```

06 스레드와 코루틴 | 229

```kotlin
repeat(100) {
    thread {
        repeat(1000) {
            counter++
            latch.countDown()
        }
    }
}
latch.await()
println("Counter $counter")
```

이 코드가 올바른 값을 출력하지 않는 것은 ++ 연산자가 원자적이지 않은 까닭에 경합 조건이 발생했기 때문이다. 더 많은 스레드가 counter 변수의 값을 증가시키려 할수록 경합이 발생할 확률은 올라간다.

자바와 달리 코틀린에는 synchronized 키워드가 없다. 코틀린을 설계한 사람들은 어떤 특정한 동시성 모델에만 맞춰서 언어를 만들면 안 된다고 생각했기 때문이다. 대신 synchronized() 함수를 사용할 수 있다.

```kotlin
thread {
    repeat(1000) {
        synchronized(latch) {
            counter++
            latch.countDown()
        }
    }
}
```

이제 이 코드는 예상대로 100,000을 출력한다.

자바의 synchronized 키워드가 그립다면 코틀린에서는 @Synchronized 애노테이션을 사용할 수 있다. 자바의 volatile 키워드도 @Volatile 애노테이션으로 대체됐다. 표 6.1은 예제와 함께 양쪽을 비교한다.

표 6.1 자바와 코틀린 비교(synchronized와 volatile)

자바	코틀린
synchronized void doSomething()	@Synchronized fun doSomething()
volatile int sharedCounter = 0;	@Volatile var sharedCounter: Int = 0

Synchronized와 Volatile이 키워드가 아닌 애노테이션인 이유는 코틀린이 JVM 이외의 다른 플랫폼으로도 컴파일될 수 있기 때문이다. 반면 synchronized 메서드와 volatile 변수는 JVM에만 존재한다.

왜 스레드는 값비싼가?

스레드 생성에는 항상 비용이 따른다. 각 스레드는 새로운 메모리 스택이 필요하다.

각 스레드에서 sleep을 호출해 어떤 작업을 모사하면 어떻게 될까?

다음 코드에서는 1만 개의 스레드를 생성한다. 각 스레드는 비교적 짧은 시간 동안 잠들며 시간이 걸리는 어떤 작업을 모사한다.

```
val counter = AtomicInteger()
try {
    for (i in 0..10_000) {
        thread {
            counter.incrementAndGet()
            Thread.sleep(100)
        }
    }
} catch (oome: OutOfMemoryError) {
    println("오류가 발생하기 전까지 ${counter.get()}개의 스레드를 생성함")
    System.exit(-42)
}
```

각 스레드는 스택을 만들기 위해 1MB의 램 공간이 필요하다. 따라서 스레드를 너무 많이 만들면 운영체제에 너무 자주 접근하게 될 뿐만 아니라 메모리도 많이 소요된다. 코드에서는 메모리가 부족한 상황이 실제로 발생하는지 확인하기 위해 이에 해당하는 예외를 잡았다.

사용하는 운영체제에 따라 OutOfMemoryError가 발생할 수도 있고, 아니면 전체 시스템이 굉장히 느려질 수도 있다.

당연히 **Executors API**를 사용하면 한 번에 실행 가능한 스레드의 개수를 제한할 수 있다. 이 API는 **자바 5**에서 처음 도입됐으니 제법 익숙할 것이다.

이 API를 사용하면 정해진 크기의 스레드 풀을 생성할 수 있다. 풀의 크기를 1로도 설정해 보고, 컴퓨터의 코어 개수와 동일하게도 설정해 보고, 100이나 2000으로도 설정해 보면서 어떤 일이 일어나는지 보자.

```
val pool = Executors.newFixedThreadPool(100)
```

이제 pool.submit() 함수를 호출하면 새로운 작업을 스레드 풀에 요청할 수 있다.

```
val counter = AtomicInteger(0)
val start = System.currentTimeMillis()
for (i in 1..10_000) {
    pool.submit {
        // 어떤 작업을 수행
        counter.incrementAndGet()

        // IO 작업 대기를 모사
        Thread.sleep(100)

        // 또 다른 작업을 수행
        counter.incrementAndGet()
    }
}
```

sleep을 호출하기 전과 후에 counter를 증가시킴으로써 비즈니스 로직을 모사한다. 예를 들어 sleep 호출 전의 작업은 JSON 데이터를 준비하는 로직을, sleep 호출은 네트워크 작업을, sleep 호출 후의 작업은 결과를 파싱하는 로직을 모사한다고 생각할 수 있다.

그리고 다음 코드를 사용하면 최대 20초 후에는 스레드 풀이 반드시 종료되도록 할 수 있다.

```
pool.awaitTermination(20, TimeUnit.SECONDS)
pool.shutdown()
println("${System.currentTimeMillis() - start} 밀리초 동안 ${counter.get() / 2}개의 작업을 완료함")
```

이 코드는 20초가 지나서야 종료된다. 이전 작업이 잠에서 깨어나서 작업을 완료할 때까지는 새로운 스레드가 작업을 시작할 수 없기 때문이다.

이게 바로 멀티스레드 시스템에서 일어나는 일이다. 동시성이 충분하지 않기 때문에 자원을 최대한으로 사용하지 못한다.

다음 절에서는 코루틴을 사용해서 이러한 문제를 해결하는 법을 살펴보자.

코루틴 소개

코틀린은 자바의 스레드 모델에 더해서 **코루틴** 모델을 제공한다. 코루틴은 가벼운 스레드라고 생각하면 된다. 코루틴이 스레드에 비해 어떤 장점을 갖는지는 곧 살펴볼 것이다.

먼저 알아야 할 점은 코루틴이 언어의 내장 기능이 아니라는 것이다. 단지 젯브레인스에서 제공하는 하나의 라이브러리일 뿐이다. 따라서 코루틴을 사용하려면 그래들 설정 파일(build.gradle.kts)에 이를 명시해 줘야 한다.

```
dependencies {
    ...
    implementation("org.jetbrains.kotlinx:kotlinx-coroutines-core:1.5.1")
}
```

> **중요**
>
> 이 책을 읽을 때쯤 코루틴 라이브러리의 최신 버전은 **1.7** 또는 그 이상일 것이다.

먼저 스레드 생성 방법과 코루틴 생성 방법을 비교해 보자.

코루틴 시작하기

코틀린에서 새로운 스레드를 시작하는 방법은 6장의 '스레드 심화' 절에서 살펴봤다. 이제 새로운 코루틴을 시작해 보자.

스레드에서 사용했던 것과 거의 같은 예제를 작성할 것이다. 각 코루틴은 어떤 변수의 값을 증가시킨 뒤 IO 작업을 모사하기 위해 잠깐 잠들었다가 깨어나서 다시 변수의 값을 증가시킨다.

```
val latch = CountDownLatch(10_000)
val c = AtomicInteger()
val start = System.currentTimeMillis()
for (i in 1..10_000) {
    GlobalScope.launch {
        c.incrementAndGet()
        delay(100)
        c.incrementAndGet()
        latch.countDown()
    }
}
latch.await(10, TimeUnit.SECONDS)

println("${c.get() / 2}개의 코루틴을 ${System.currentTimeMillis() - start} 밀리초 동안 수행")
```

코루틴을 시작하는 첫 번째 방법은 launch() 함수를 사용하는 것이다. 다시 한번 강조하지만 이건 코틀린의 문법이 아니라 하나의 함수일 뿐이다.

이 코드에서 눈여겨봐야 하는 또 하나는 delay() 함수 호출이다. 데이터베이스나 네트워크 위치에서 자료를 가져오는 것과 같은 IO 작업을 모사하기 위해 delay() 함수를 사용했다.

Thread.sleep() 함수와 마찬가지로 delay()도 현재 코루틴을 잠들게 한다. 그러나 Thread.sleep()과 다른 점이 있다. 코루틴이 잠들어 있는 동안 다른 코루틴은 정상적으로 실행될 수 있다는 것이다. 이건 delay() 함수에 suspend 키워드가 붙어 있기 때문이다. 이에 관해서는 다음 절에서 자세히 설명할 것이다.

이 코드를 실행하면 200밀리초 남짓밖에 걸리지 않는 것을 볼 수 있다. 스레드를 사용하면 20초가 걸리거나 메모리 초과 오류가 발생했을 것이다. 코드도 별로 많이 고치지 않았다. 코루틴이 높은 동시성을 제공하는 덕이다. 코루틴을 일시 중단하더라도 그 스레드는 멈추지 않는다. 스레드가 멈추지 않는다는 것은 엄청난 장점이다. 값비싼 OS 스레드를 덜 쓰고도 더 많은 일을 할 수 있기 때문이다.

이 코드를 IntelliJ IDEA에서 실행하면 GlobalScope가 **주의해야 하는 API**^{delicate API}로 표시되는 것을 볼 수 있다. GlobalScope의 내부 동작을 잘 이해하지 못한다면 실제 프로젝트에서는 사용하면 안 된다는 뜻이다. 함부로 사용하면 원하지 않는 자원 누출이 발생할 수 있다. 6장 뒷부분에서 코루틴을 시작하는 더 좋은 방법을 배울 것이다.

코루틴이 스레드보다 더 높은 동시성을 제공하기는 하지만 그렇다고 마법이 숨어 있는 것은 아니다. 이제 코루틴을 시작하는 다른 방법을 알아보고, 코루틴을 사용하더라도 여전히 발생하는 문제에는 어떤 것이 있는지 확인해 보자.

방금 다룬 launch() 함수는 아무것도 반환하지 않는 코루틴을 시작한다. 반면에 async() 함수는 어떤 값을 반환하는 코루틴을 시작한다.

launch() 함수 호출은 반환형이 Unit인 함수를 호출하는 것과 같다. 그러나 대부분의 함수는 어떤 결과를 반환한다. 그래서 async() 함수가 존재한다. 코루틴을 띄우는 것은 똑같지만 작업 대신 Deferred<T>를 반환한다. 이때 T는 나중에 얻게 될 반환값의 타입을 나타낸다.

예를 들어 다음 함수는 UUID를 비동기적으로 생성해 반환하는 코루틴을 시작한다.

```
fun fastUuidAsync() = GlobalScope.async {
    UUID.randomUUID()
}
println(fastUuidAsync())
```

main 메서드에서 다음 함수를 실행하면 예상한 결과가 출력되지 않는다. 즉 UUID가 아니라 다음과 같은 문구가 출력된다.

```
> DeferredCoroutine{Active}
```

코루틴이 반환한 객체를 작업job이라고 부른다. 이것이 무엇이며 어떻게 사용해야 하는지 자세히 알아보자.

작업

비동기적으로 어떤 일을 시작했을 때 그 결과를 **작업**이라고 부른다. 마치 Thread 객체가 실제 OS 스레드를 표현하는 것과 같이 Job 객체는 실제 코루틴을 나타낸다.

이 예제 코드의 결과는 사실 Job이었던 것이다.

```
val job: Job = fastUuidAsync()
println(job)
```

작업의 생애 주기는 단순하다. 다음의 네 가지 상태를 가질 수 있다.

- **신규**new: 생성됐으나 시작되지 않음
- **활성**active: launch() 함수 등에 의해 시작됨. 기본 상태
- **완료**completed: 모든 것이 순조롭게 진행됨
- **취소**canceled: 무언가 잘못됨

자식이 있는 작업은 다음과 같은 두 가지 상태를 추가로 갖는다.

- **완료 중**completing: 완료하기 전에 자식이 실행되기를 기다리는 중
- **취소 중**canceling: 취소하기 전에 자식이 실행되기를 기다리는 중

작업의 부모 자식 관계에 대해 자세히 알고 싶다면 6장의 '구조화된 동시성' 절을 읽기 바란다.

앞의 예제에서 출력된 작업은 활성Active 상태에 있었다. 즉 아직 UUID 생성을 마치지 못한 상태였다.

값을 갖는 작업을 Deferred[3]라고 한다.

```
val job: Deferred<UUID> = fastUuidAsync()
```

Deferred에 대해서는 8장에서 더 자세히 다룰 것이다.

작업이 완료되기를 기다려서 실제 반환값을 가져오려면 await() 함수를 사용한다.

```
val job: Deferred<UUID> = fastUuidAsync()
println(job.await())
```

그러나 이 코드는 다음과 같은 오류 메시지를 내며 컴파일되지 않는다.

```
> Suspend function 'await' should be called only from a coroutine or
another suspend function
```

메시지에서 알 수 있듯이 main() 함수가 suspend 함수도 코루틴도 아니기 때문에 오류가 발생한다.

다음과 같이 runBlocking 함수로 코드를 감싸면 문제가 해결된다.

```
runBlocking {
    val job: Deferred<UUID> = fastUuidAsync()
    println(job.await())
}
```

runBlocking 함수는 모든 코루틴이 끝날 때까지 메인 스레드를 중지시킨다. 이 함수는 4장에서 배운 브리지 패턴을 구현하고 있는데, 일반 코드와 코루틴을 사용하는 코드

---

[3] '미뤄진', '연기된'이라는 뜻이다. – 옮긴이

사이에 다리를 놓아준다.

이 코드를 실행하면 드디어 기대했던 대로 임의의 UUID가 출력될 것이다.

> **중요**
>
> 6장에서는 코루틴을 설명하면서 간결성을 위해 runBlocking을 생략하는 경우가 종종 있을 것이다. 동작하는 전체 예제 코드는 깃허브 저장소에서 받을 수 있다.

Job 객체에는 다른 유용한 메서드도 많이 있다. 다음 절에서 계속해서 알아보자.

코루틴의 내부 동작 이해하기

지금까지 다음의 사실은 수 차례 언급했다.

- 코루틴은 가벼운 스레드와도 같다. 스레드에 비해 적은 자원을 사용하기 때문에 더 많이 생성할 수 있다.
- 코루틴은 스레드를 통째로 멈추지 않고 자기 자신만 실행을 중단할 수 있다. 그동안 스레드는 다른 코드를 실행할 수 있다.

그런데 코루틴은 어떻게 동작하는 것일까?

예를 들어 설명하기 위해 사용자의 프로필을 만들어 내는 다음의 함수를 살펴보자.

```
fun profileBlocking(id: String): Profile {
    // 1초 소요
    val bio = fetchBioOverHttpBlocking(id)
    // 100밀리초 소요
    val picture = fetchPictureFromDBBlocking(id)
    // 500밀리초 소요
    val friends = fetchFriendsFromDBBlocking(id)
    return Profile(bio, picture, friends)
}
```

이 함수가 완료되는 데에는 약 1.6초 정도 걸린다. 모든 작업이 순차적으로 이뤄지기 때문에 이 함수를 실행하는 스레드는 계속 멈춰 있을 것이다.

이 함수를 코루틴을 이용해서 다시 작성하면 다음과 같다.

```
suspend fun profile(id: String): Profile {
    // 1초 소요
    val bio = fetchBioOverHttpAsync(id)
    // 100밀리초 소요
    val picture = fetchPictureFromDBAsync(id)
    // 500밀리초 소요
    val friends = fetchFriendsFromDBAsync(id)
    return Profile(bio.await(), picture.await(), friends.await())
}
```

suspend 키워드를 붙이지 않으면 이 비동기 함수는 컴파일이 되지 않는다. suspend 키워드가 무슨 의미인지는 다음 절에서 설명할 것이다.

각각의 비동기 함수가 어떻게 생겼는지 알아보기 위해 하나만 예를 들어보자.

```
fun fetchFriendsFromDBAsync(id: String) = GlobalScope.async {
    delay(500)
    emptyList<String>()
}
```

이제 스레드 전체가 멈추도록 구현한 순차 실행 버전과 코루틴을 사용한 버전의 성능을 비교해 보자.

앞서 했던 것처럼 각 함수를 runBlocking 함수로 감싼 뒤 measureTimeMillis를 사용해 소요 시간을 잴 것이다.

```
runBlocking {
    val t1 = measureTimeMillis {
        blockingProfile("123")
    }
    val t2 = measureTimeMillis {
        profile("123")
    }
    println("순차 실행 버전: $t1")
    println("코루틴 버전: $t2")
}
```

출력은 다음과 같을 것이다.

```
> 순차 실행 버전: 1623
> 코루틴 버전: 1021
```

동시에 실행되는 여러 코루틴의 총 실행 시간은 가장 긴 코루틴의 실행 시간과 같은 것을 확인할 수 있다. 반면 순차적으로 실행하는 경우엔 모든 함수의 실행 시간을 더한 것이 전체 실행 시간이 된다.

두 예제를 이해했으니 이제 같은 코드를 다른 방법으로 작성해 보자.

각 함수에 suspend 키워드를 붙여서 일시 중단 함수^{suspendable function}를 만들 것이다.

```
suspend fun fetchFriendsFromDB(id: String): List<String> {
    delay(500)
    return emptyList()
}
```

이 예제를 실행해 보면 순차 실행 버전과 비슷한 시간이 걸릴 것이다. 그렇다면 왜 일시 중단 함수를 사용할까?

일시 중단 함수는 스레드를 멈추지 않는다. 함수 하나의 성능은 달라지지 않지만, 더 큰 그림을 봤을 때 같은 수의 스레드로 더 많은 요청을 처리할 수 있게 된다. 코틀린이 일시 중단 함수로 표시된 코드를 똑똑하게 재작성해 주는 덕이다.

코틀린 컴파일러는 suspend 키워드를 발견하면 함수를 쪼개서 재작성한다. 재작성된 코드는 다음과 같이 생겼을 것이다.

```
fun profile(state: Int, id: String, context: ArrayList<Any>): Profile {
    when (state) {
        0 -> {
            context += fetchBioOverHttp(id)
            profile(1, id, context)
        }
        1 -> {
            context += fetchPictureFromDB(id)
```

```
                profile(2, id, context)
            }
            2 -> {
                context += fetchFriendsFromDB(id)
                profile(3, id, context)
            }
            3 -> {
                val (bio, picture, friends) = context
                return Profile(bio, picture, friends)
            }
        }
    }
}
```

코틀린이 재작성한 코드는 주어진 함수를 여러 단계로 쪼개기 위해 4장에서 배웠던 **상태 패턴**을 사용한다. 이를 통해 상태 기계 state machine 의 각 단계를 실행할 때 코루틴을 실행하는 스레드 자원을 놓아줄 수 있다.

> **중요**
> 위의 예시가 만들어진 코드를 완벽하게 설명하고 있는 것은 아니다. 단지 코틀린 컴파일러가 뒤에서 어떤 일을 하고 있는지 보여 주는 것이 목적이며, 간결한 설명을 위해 복잡한 세부 사항은 생략했다.

앞서 작성한 비동기 코드와는 달리 상태 기계 자체는 순차적이며 모든 단계를 수행하는 데에 순차 코드와 동일한 시간이 걸린다는 점을 기억하라.

다만 이 예제에서 중요한 부분은 어떤 단계도 스레드를 멈추지 않는다는 것이다.

코루틴 취소하기

자바 개발자라면 스레드를 중지하는 일이 생각처럼 쉽지 않다는 것을 알 것이다.

예를 들어 Thread.stop()는 사용이 권고되지 않는 deprecated 메서드다. Thread.interrupt() 함수도 있지만 모든 스레드가 이 플래그를 검사하는 것은 아니다. volatile 플래그를 사용하는 것도 권고되는 방법 중 하나지만 여간 성가신 일이 아니다.

스레드 풀을 사용한다면 Future 객체를 얻을 것이고, 여기에는 cancel(boolean mayInterruptIfRunning) 메서드가 있다. 코틀린에서는 launch() 함수가 작업을 반환한다.

이 작업은 취소할 수 있다. 하지만 이전 예제에서와 동일한 규칙이 적용된다. 코루틴이 다른 일시 중단 함수를 호출하거나 yield 함수를 호출하지 않는 이상 cancel()은 무시될 것이다.

이를 확인하기 위해 다음과 같이 반복문 내에서 yield()를 호출하는 코루틴을 만들어 보자.

```kotlin
val cancellable = GlobalScope.launch {
    try {
        for (i in 1..10_000) {
            println("취소 가능: $i")
            if (i % 100 == 0) {
                yield()
            }
        }
    }
    catch (e: CancellationException) {
        e.printStackTrace()
    }
}
```

보다시피 이 코루틴은 print문을 100번 호출할 때마다 곧이어 yield 함수를 호출한다. 그리고 이 코루틴을 취소하면 호출 스택이 출력될 것이다.

이번에는 yield를 호출하지 않는 코루틴을 작성해 보자.

```kotlin
val notCancellable = GlobalScope.launch {
    for (i in 1..10_000) {
        if (i % 100 == 0) {
            println("취소 불가능 $i")
        }
    }
}
```

이 코루틴은 yield를 호출하지 않는다. 또한 콘솔에 너무 많은 메시지가 출력되는 것을 막기 위해 100번에 한 번씩만 메시지를 출력한다.

이제 두 코루틴을 취소해 보자.

```
println("취소 가능 코루틴을 취소 중")
cancellable.cancel()
println("취소 불가능 코루틴을 취소 중")
notCancellable.cancel()
```

그리고 다음과 같이 결과를 기다린다.

```
cancellable.join()
notCancellable.join()
```

join()을 호출하면 코루틴 실행이 완료되길 기다릴 수 있다.

이제 위 코드의 출력을 살펴보자.

```
> 취소 가능 코루틴을 취소 중
> 취소 불가능 100
> 취소 가능: 1
...
> 취소 불가능 코루틴을 취소 중
...
> 취소 가능: 100
...
> 취소 불가능: 9900
> 취소 불가능: 10000
```

코루틴의 동작을 살펴보기 위한 이 실험에서 흥미로운 두 가지 사실을 발견할 수 있다.

- 취소 가능 코루틴을 취소해도 즉시 취소되지 않는다. 100까지는 출력되고 나서 취소된다.

- CancellationException을 잡아서 처리하더라도 코루틴은 어쨌든 취소된 것으로 간주된다. 따라서 예외를 처리해도 코루틴을 계속 실행하는 것은 불가능하다.

이제 무슨 일이 일어난 것인지 자세히 알아보자. 코루틴은 상태 전환이 일어날 때만 취소 여부를 검사한다. 취소 불가능 코루틴은 일시 중단 함수를 하나도 호출하지 않기 때문에 취소 요청이 있는지를 검사조차 하지 않는다.

취소 가능 코루틴에서는 새로 등장한 yield()라는 함수를 사용했다. 반복할 때마다 yield()를 호출할 수도 있었지만 예제에서는 100번에 한 번만 호출했다. yield() 함수가 호출되면 다른 코루틴이 작업을 수행하려고 기다리고 있는지 확인한다. 아무도 없으면 현재 코루틴의 작업을 계속 이어서 수행한다. 기다리고 있는 코루틴이 있다면 그 코루틴이 마지막에 실행했던 지점부터 이어서 작업을 수행하게 된다.

suspend 키워드가 붙은 함수나 코루틴 생성기(launch() 등)의 블록 내부가 아니라면 yield() 함수는 사용할 수 없다는 사실을 유념하자. 사실 suspend가 붙은 모든 함수가 그렇다. 이런 함수는 또 다른 일시 중단 함수 또는 코루틴 안에서 호출해야 한다.

타임아웃 설정하기

다음과 같은 상황을 상정해 보자. 만약 어떤 경우에 사용자의 프로필을 받아오는 데에 너무 오랜 시간이 걸린다면? 만약 프로필을 가져오는 데에 0.5초 이상 걸리면 그냥 프로필을 표시하지 않기로 결정했다면?

그럴 때는 withTimeout() 함수를 사용할 수 있다.

```
val coroutine = async {
    withTimeout(500) {
        try {
            val time = Random.nextLong(1000)
            println("수행하는 데에 $time 밀리초가 걸립니다.")
            delay(time)
            println("프로필 정보를 반환합니다.")
            "프로필"
        }
        catch (e: TimeoutCancellationException) {
            e.printStackTrace()
        }
    }
}
```

이 코루틴은 완료되는 데에 0~1000밀리초가 걸리는데 500밀리초의 타임아웃을 걸었다. 즉 50%의 확률로 작업이 완료되지 못할 것이다.

코루틴에 await을 호출하고 무슨 일이 일어나는지 살펴보자.

```
val result = try {
    coroutine.await()
}
catch (e: TimeoutCancellationException) {
    "프로필 없음"
}
println(result)
```

여기선 코틀린의 try가 식이라는 사실 덕분에 즉시 값을 반환할 수 있다.

이 코루틴이 타임아웃 이전에 값을 반환하면 result의 값은 '프로필'이 된다. 그렇지 못하면 TimeoutCancellationException을 받게 되고 result의 값은 '프로필 없음'이 된다.

타임아웃을 try-catch식과 함께 사용하면 외부 시스템과 안전하게 상호작용하기 위한 강력한 도구가 된다.

분배기

지금까지 runBlocking 함수를 사용해서 실행한 코루틴은 메인 스레드에서 실행됐다.

다음 코드를 통해 확인할 수 있다.

```
runBlocking {
    launch {
        println(Thread.currentThread().name) // "main"이 출력된다.
    }
}
```

반면 GlobalScope로 실행한 코루틴은 DefaultDispatcher라는 것 위에서 실행된다.

```
GlobalScope.launch {
    println("GlobalScope.launch: ${Thread.currentThread().name}")
}
```

이 코드의 출력은 다음과 같다.

> DefaultDispatcher-worker-1

DefaultDispatcher는 수명이 짧은 코루틴을 실행하기 위한 스레드 풀이다.

launch()나 async() 등의 코루틴 생성기에는 기본 인수가 여럿 있는데 그중 하나가 코루틴을 실행할 분배기를 지정한다. 다른 분배기를 사용하고 싶다면 코루틴을 만들 때 인수로 분배기를 전달하면 된다.

```
runBlocking {
    launch(Dispatchers.Default) {
        println(Thread.currentThread().name)
    }
}
```

위의 코드는 다음과 같이 출력할 것이다.

> DefaultDispatcher-worker-1

지금까지 살펴봤던 Main이나 Default 분배기 말고 IO라는 분배기도 있다. 이 분배기는 오래 걸리는 작업을 처리하기 위해 사용한다. 다른 분배기와 마찬가지로 코루틴을 생성할 때 인수로 IO 분배기를 특정해 사용할 수 있다.

```
async(Dispatchers.IO) {
    // 오래 걸리는 작업
}
```

구조화된 동시성

어떤 코루틴 안에서 다른 코루틴을 띄우는 것은 굉장히 흔한 일이다.

구조화된 동시성structured concurrency의 첫 번째 규칙은 다음과 같다. 부모 코루틴은 반드시 모든 자식 코루틴이 완료될 때까지 기다려야 한다. 이 규칙을 지키지 않으면 자원 누출이 발생할 수 있다. 구조화된 동시성 개념이 없는 언어에서 자원 누출이 잘 일어나는 것도 이 때문이다.

다음 예제 코드에서 부모 코루틴은 10개의 자식 코루틴을 시작한다. 구조화된 동시성이 있다는 것은 부모 코루틴이 모든 자식 코루틴이 종료되기를 명시적으로 기다리지 않아도 괜찮다는 뜻이다.

```
val parent = launch(Dispatchers.Default) {
    val children = List(10) { childId ->
        launch {
            for (i in 1..1_000_000) {
                UUID.randomUUID()
                if (i % 100_000 == 0) {
                    println("$childId - $i")
                    yield()
                }
            }
        }
    }
}
```

이제 자식 코루틴 중 하나가 시작하고 잠시 뒤에 예외를 던지도록 해보자.

```
...
if (i % 100_000 == 0) {
    println("$childId - $i")
    yield()
}
if (childId == 8 && i == 300_000) {
    throw RuntimeException("예외 발생")
}
...
```

이 코드를 실행하면 재미있는 일이 일어난다. 예외가 발생한 코루틴만 종료되는 것이 아니라 함께 실행된 다른 자식 코루틴이 모두 함께 종료된다.

여기서는 예외가 처리되지 않고 부모 코루틴까지 올라가서 부모 코루틴의 실행을 취소한다. 이때 부모 코루틴은 다른 모든 자식 코루틴을 종료한다. 자원 누출을 미연에 방지하기 위함이다.

보통은 이런 식의 동작을 기대할 것이다. 하지만 만약 자식 코루틴에서 발생한 예외 때문에 부모 코루틴이 종료되지 않도록 하려면 supervisorScope를 사용하면 된다.

```
val parent = launch(Dispatchers.Default) {
    supervisorScope {
        val children = List(10) { childId ->
            ...
        }
    }
}
```

supervisorScope를 사용하면 코루틴 중 하나가 실패하더라도 부모는 영향을 받지 않는다.

하지만 여전히 cancel() 함수를 통해 부모 코루틴을 취소하면 모든 자식 코루틴도 함께 취소된다.

이제 구조화된 동시성의 이점까지 살펴봤으니 6장 초반에서 잠깐 언급했던 내용을 다시 살펴보자. GlobalScope가 **주의해야 하는 API**라는 사실 말이다. GlobalScope는 launch()나 async()와 동일한 방법으로 사용할 수 있지만 구조화된 동시성의 원칙을 준수하지 않는다. 그래서 GlobalScope를 잘못된 방법으로 사용하면 자원 누출이 발생할 수 있다. 이런 까닭에 실무에서 GlobalScope를 사용하는 것은 피해야 한다.

요약

6장에서는 코틀린에서 스레드와 코루틴을 만드는 방법을 배웠고, 코루틴의 장점을 자바와 비교하며 살펴봤다.

코틀린은 자바에 비해 간단한 문법으로 스레드를 만들 수 있다. 그러나 스레드는 메모리 측면에서 오버헤드가 있고 때로는 성능에도 영향을 미친다. 코루틴을 사용하면 이런 문제를 해결할 수 있다. 따라서 코틀린에서 동시성이 필요할 때는 항상 코루틴을 사용하라.

이제 코루틴을 생성하고, 기다리고, 반환값을 얻어내는 방법을 알 것이다. 코루틴의 구조도 살펴봤고 코루틴이 분배기와 상호작용하는 방법도 배웠다.

마지막으로 구조화된 동시성이라는 주제도 짧게 다뤘다. 이 개념을 사용하면 동시성 코드에서 쉽게 자원 누출을 방지할 수 있다.

7장에서는 이런 동시성 문법을 활용해서 확장성 있고 견고한 시스템을 필요에 맞게 만드는 방법을 살펴볼 것이다.

질문

1. 코틀린에서 코루틴을 시작하는 방법에는 어떤 것이 있는가?
2. 구조화된 동시성이 존재할 때 코루틴 중 하나가 실패하면 같은 부모를 갖는 다른 코루틴도 함께 취소된다. 이런 동작을 방지하려면 어떻게 해야 하는가?
3. `yield()` 함수의 목적은 무엇인가?

07
데이터 흐름 제어

6장에서는 **코틀린**의 중요한 동시성 문법 중 하나인 **코루틴**을 다뤘다. 7장에서는 역시 중요한 동시성 문법인 **채널**channel과 **흐름**flow을 배울 것이다. 또한 **집합 자료 구조**collection와 함께 사용할 수 있는 **고차 함수**higher-order function도 간략히 살펴볼 것이다. 채널이나 흐름과 굉장히 비슷한 API를 갖고 있기 때문이다.

작지만 재사용과 조합이 용이한 여러 함수를 적극적으로 활용하는 것은 **함수형 프로그래밍** 패러다임의 스타일이다. 7장에서는 이런 함수들을 통해 '어떻게'가 아닌 '무엇'을 표현하는 코드를 작성하는 법을 배울 것이다.

7장에서 다루는 내용은 다음과 같다.

- 반응형 프로그래밍의 원칙
- 집합 자료 구조를 위한 고차 함수
- 동시성 자료 구조
- 순서열

- 채널
- 흐름

7장을 읽고 나면 여러 코루틴 간의 통신을 효율화하고 쉽게 데이터를 처리하는 방법을 알게 될 것이다.

기술적 요구 사항

6장의 기술적 요구 사항에 더해서 필요한 의존성을 추가하기 위해 그래들이 활성화된 코틀린 프로젝트가 필요하다.

7장의 예제에서 사용된 소스 코드는 다음 깃허브 저장소(https://github.com/PacktPublishing/Kotlin-Design-Patterns-and-Best-Practices/tree/main/Chapter07)에서 확인할 수 있다.

반응형 프로그래밍의 원칙

잠시 **반응형 프로그래밍**이 무엇인지 설명하면서 7장을 시작하자. 반응형 프로그래밍은 **자료 스트리밍**data streaming의 기초를 이루기 때문이다.

반응형 프로그래밍은 자료 스트림에 대한 조작으로서 로직을 표현하는 프로그래밍 패러다임으로, 함수형 프로그래밍을 기반으로 한다. 반응형 프로그래밍의 기초적인 개념은 '리액티브 선언문'Reactive Manifesto(https://www.reactivemanifesto.org/ko)에 잘 정리돼 있다.

이 선언문에 의하면 반응형 프로그램은 다음의 특성을 모두 지녀야 한다.

- 응답성responsive
- 회복성resilient
- 유연성elastic
- 메시지 주도message-driven

이 네 가지를 이해하기 위해 예시를 들어 보자.

인터넷이 너무 느려서 인터넷 서비스 회사에 전화를 거는 상황을 상상해 보라. 머릿속에 상황을 그렸는가? 그러면 시작해 보자.

응답성 원칙

전화가 연결될 때까지 얼마나 기다릴 용의가 있는가? 이는 사안이 얼마나 시급한지, 그리고 얼마나 시간이 많은지에 따라 다르다. 급한 상황이라면 곧 전화를 끊어 버릴 것이다. 그 끔찍한 통화 연결음을 들으면서 얼마나 기다려야 할지도 모르기 때문이다.

그런 시스템은 응답성 responsiveness이 낮은 시스템이다. 웹 시스템에서도 이런 일이 일어난다. 웹 서버로 전송된 요청이 다른 요청이 처리되는 동안 큐에 묶여서 처리되지 못하고 기다릴 수 있다.

반면 응답성이 높은 콜센터라면 상냥한 목소리로 대기인 수가 몇 명인지, 또는 얼마나 기다려야 하는지를 알려 줄 것이다.

두 경우 모두 전화기를 붙잡고 시간을 버려야 한다는 사실은 똑같다. 하지만 두 번째 시스템은 고객의 필요에 응답했고, 고객은 이를 바탕으로 결정을 내릴 수 있다.

회복성 원칙

이번에는 **회복성** resilience 원칙을 알아보자. 10분째 상담원을 기다리고 있었는데 갑자기 전화가 끊겼다고 해보자. 이런 시스템은 실패에 대한 회복성이 낮은 것이다.

리액티브 선언문은 회복성을 높이기 위한 여러 방법을 권고한다.

- **위임** delegation: 콜센터에서 이렇게 말할 수 있다. "저희는 현재 인터넷 속도 문제를 해결하기 어렵습니다. 다른 곳으로 연결해 드리겠습니다."
- **복제** replication: 그러고 나서 이렇게 말할 수도 있다. "현재 많은 고객님이 대기 중이신 관계로 상담원을 추가 배치할 예정입니다." 이는 다음 절에서 다루는 유연성 원칙과도 연결된다.

- **격리**containment 또는 **고립**isolation: 결국 자동응답기에서 이렇게 말한다. "기다리기 어려우시면 전화번호를 남겨 주시기 바랍니다. 상담이 가능할 때 전화 드리겠습니다." 격리란 이 시스템이 갖고 있는 확장성 문제(상담원 부족)에서 고객을 분리시키는 것이다. 반면 고립이란 시스템에 통화 불안정이라는 문제가 있더라도 신경쓰지 않는 것이다.

유연성 원칙

앞의 절에서 복제를 언급했다. 실패를 방지하기 위해서는 항상 최소한 3명의 상담원이 필요하다고 하자. 3명 모두 상담을 하고 있을 때도 있고, 3명 모두 통화를 기다리고만 있을 때도 있을 것이다.

그런데 만약 사나운 두더지가 인터넷 통신선을 씹어 먹어 버렸다면 무슨 일이 생길까?

갑자기 잔뜩 화가 난 고객들의 전화가 폭주할 것이다.

콜센터에 전화기가 3대뿐이라면 할 수 없지만, 사용할 수 있는 자원이 더 있다면 사고를 처리하고 고객을 진정시키기 위해 상담원을 더 데려올 수 있을 것이다. 통신선 복구가 완료된 후에는 추가로 데려왔던 상담원은 다시 원래 하던 일을 하도록 하는 것이다. 이런 시스템은 작업량에 유연하게 반응하는 시스템이다.

유연성elasticity은 확장성scalability를 기반으로 한다. 예를 들어 모든 상담원이 전화기를 하나씩 갖고 독립적으로 일할 수 있다면 콜센터는 모든 수신 전화를 처리할 수 있을 것이다. 그러나 전화기 수보다 상담원의 수가 더 많다면 전화기 수가 병목이 돼 어떤 상담원은 전화를 받지 못할 것이다.

메시지 주도 원칙

메시지 주도message-driven 원칙을 **비동기 메시지 전달**asynchronous message passing이라고 표현하기도 한다. 앞서 상담원에게 다시 전화해 달라고 메시지를 남길 수 있도록 하면 시스템의 회복성이 더 높아진다는 것을 봤다.

모든 고객이 항상 메시지만 남기도록 하면 어떨까?

그러면 상담원은 메시지 간의 우선순위를 결정하거나 일괄 처리하는 것이 가능할 것이다. 예를 들어 요금 납부 내역서를 상담 중간중간에 출력하는 대신 한꺼번에 몰아서 출력할 수 있다.

메시지를 사용하면 배압backpressure[1]을 적용하는 것도 가능하다. 어떤 상담원이 너무 많은 메시지를 받으면 과로로 쓰러질 수도 있다. 이를 막기 위해서 응답에 더 많은 시간이 걸릴 수 있다는 문자 메시지를 고객에게 전송할 수 있다. 여기서는 다시 위임 이야기도 할 수 있다. 모든 원칙은 서로 겹치는 부분이 있기 때문이다.

메시지는 논블로킹non-blocking 방식이기도 하다. 메시지를 보내 놓고 상담원이 응답할 때까지 가만히 앉아서 기다릴 필요가 없다는 것이다. 전화기를 내려놓고 다른 일을 하면 된다. 기다리는 동안 다른 작업을 할 수 있도록 하는 것은 동시성의 핵심 요소다.

이번 절에서는 반응형 프로그래밍의 네 가지 원칙을 배웠다. 반응형 애플리케이션은 응답성, 회복성, 유연성, 메시지 주도라는 특징을 갖는다. 다음 절에서는 이 원칙들이 어떻게 코틀린에 적용돼 있는지를 살펴볼 것이다. 먼저 집합 자료 구조부터 시작하자. 반응형 프로그래밍 용어로는 집합 자료 구조를 **정적 자료 스트림**static data stream이라고 부른다.

집합 자료 구조를 위한 고차 함수

이 주제는 1장에서 짧게 다뤘다. 하지만 스트림을 살펴보기 전에, 집합 자료 구조를 위한 고차 함수가 존재하지 않는 언어를 사용하던 독자들도 이것이 무엇이며 어떤 역할을 수행하고, 어떤 이점을 갖다주는지 이해할 수 있도록 조금 더 자세히 설명하겠다.

집합 자료 구조에 적용할 수 있는 모든 함수를 다루지는 못할 것이다. 가장 자주 사용되는 몇 가지만 설명할 것이다.

---

[1] 배관에서 굴곡이나 이물질 등에 의해 유체의 흐름과 반대 방향으로 작용하는 압력을 의미하며, 전산 시스템에서는 요청의 수와 처리 능력의 불균형으로 인해 발생하는 시스템 부하 또는 이를 입력단에 알리는 기전을 의미한다. – 옮긴이

원소 매핑

map() 함수는 자료 구조의 각 원소를 받아서 새로운 원소를 반환한다. 새로운 원소는 입력 원소와 다른 타입일 수도 있다. 이해를 돕기 위해 문자 리스트가 있을 때 각 문자에 대응하는 ASCII 값을 출력하는 코드를 작성해 보자.

먼저 절차지향적으로 작성한 코드는 다음과 같다.

```
val letters = 'a'..'z'
val ascii = mutableListOf<Int>()
for (l in letters) {
    ascii.add(l.toInt())
}
```

간단한 작업임에도 꽤 많은 코드를 작성해야 하는 것을 볼 수 있다. 출력 리스트를 가변형으로 만들어야 하는 것도 문제다.

이번에는 map() 함수를 사용해서 같은 일을 하는 코드를 작성해 보자.

```
val result: List<Int> = ('a'..'z').map { it.toInt() }
```

보다시피 훨씬 짧게 구현할 수 있다. 가변 리스트를 선언할 필요도 없고 직접 for-in 반복문을 작성할 필요도 없다.

원소 필터링

집합 자료 구조를 필터링하는 것도 자주 하는 작업이다. 절차지향적인 방법은 뻔하다. 자료 구조에 대해서 반복을 수행하면서 어떤 기준을 만족하는 원소를 새 자료 구조에 넣는 것이다. 예를 들어 1부터 100까지의 범위의 수가 있을 때 3이나 5의 배수만 얻어내고자 한다고 하자.

절차지향적으로 작성한 함수는 다음과 같이 생겼을 것이다.

```
val numbers = 1..100
val notFizzbuzz = mutableListOf<Int>()
for (n in numbers) {
    if (n % 3 == 0 || n % 5 == 0) {
        notFizzbuzz.add(n)
    }
}
```

함수형 버전에서는 filter() 함수를 사용한다.

```
val filtered: List<Int> = (1..100).filter { it % 3 == 0 || it % 5 == 0 }
```

이번에도 코드가 훨씬 간결해진 것을 볼 수 있다. 함수형 코드에서는 '무엇'이 필요한지만 표현한다. 즉 기준에 맞는 원소를 뽑아내라는 것만 코드에 표현하고 이를 '어떻게' 할지(가령 if 표현식을 이용하는 것)는 감춘다.

원소 검색

자료 구조에서 어떤 조건을 만족하는 첫 번째 원소를 찾는 것도 매우 일반적인 작업이다. 3과 5의 공약수를 찾는 함수는 다음과 같이 작성할 수 있을 것이다.

```
fun findFizzbuzz(numbers: List<Int>): Int? {
    for (n in numbers) {
        if (n % 3 == 0 && n % 5 == 0) {
            return n
        }
    }
    return null
}
```

find 함수를 사용하면 같은 일을 하는 함수를 다음과 같이 작성할 수 있다.

```
val found(numbers: List<Int>): Int? = numbers.find { it % 3 == 0 && it % 5 == 0 }
```

절차지향적 스타일로 작성한 함수에서와 마찬가지로 find 함수는 조건을 만족하는 원소가 없을 때 null을 반환한다.

짝을 이루는 findLast() 함수도 있는데, 이 함수는 find()와 같이 조건을 만족하는 원소를 찾지만 자료 구조의 끝에서부터 검색을 시작한다는 점이 다르다.

각 원소에 대해 코드 실행

앞서 소개한 모든 함수는 모두 한 가지 특징이 있다. 함수의 결과가 스트림이라는 것이다. 하지만 모든 고차 함수가 스트림을 반환하는 것은 아니다. 어떤 함수는 Unit이나 숫자와 같은 값 하나만 반환할 수도 있다. 이런 함수를 **종결 함수**terminator function라고 한다.

이번에는 종결 함수를 하나 소개할 것이다. 종결 함수는 새로운 자료 구조를 반환하지 않고 다른 것을 반환한다. 따라서 종결 함수에는 다른 함수를 이어서 연쇄 호출을 할 수 없다. 이렇게 함수의 연쇄 호출이 종결되기 때문에 종결 함수라고 부르는 것이다.

forEach() 함수는 Unit 타입을 반환한다. Unit 타입이란 **자바**의 void와 비슷하며 쓸모 있는 값을 반환하지 않음을 의미한다. 그래서 forEach() 함수는 보통의 for 반복문과 흡사하다.

```
val numbers = (0..5)

numbers.map { it * it}           // 연쇄 가능
        .filter { it < 20 }      // 연쇄 가능
        .forEach { println(it) } // 연쇄 종결
```

forEach() 함수는 전통적인 for 반복문에 비해 성능 면에서는 약간 뒤처질 수 있다는 점을 유념하자.

forEachIndexed()라는 함수도 있다. 이 함수를 사용하면 집합 자료 구조의 원소 값과 함께 인덱스 값도 얻을 수 있다.

```
numbers.map { it * it }
        .forEachIndexed { index, value -> print("$index:$value, ")
}
```

이 코드의 출력은 다음과 같다.

```
> 0:1, 1:4, 2:9, 3:16, 4:25,
```

코틀린은 1.1버전부터 onEach()라는 함수도 제공한다. 이 함수는 입력 자료 구조를 그대로 다시 반환하기 때문에 더 유용하게 쓸 수 있다.

```
numbers.map { it * it}
        .filter { it < 20 }
        .sortedDescending()
        .onEach { println(it) } // 이제 연쇄 가능
        .filter { it > 5 }
```

보다시피 이 함수는 종결 함수가 아니다.

원소의 총합

forEach() 함수처럼 reduce() 함수도 종결 함수다. 하지만 쓸모 없는 Unit으로 끝나지 않고 자료 구조의 원소 자료형과 동일한 타입의 값을 하나 반환한다.

reduce()를 실제로 사용하는 방법을 이해하기 위해서 1과 100 사이의 모든 수를 더하는 코드를 작성해 보자.

```
val numbers = 1..100
var sum = 0
for (n in numbers) {
    sum += n
}
```

이번엔 reduce를 이용해 같은 기능을 하는 코드를 작성해 보자.

```
val reduced: Int = (1..100).reduce { sum, n -> sum + n }
```

원소의 합을 저장하는 가변 변수를 선언하지 않아도 된다는 사실에 주목하라. 앞서 본 고차 함수와는 달리 reduce() 함수는 2개의 입력을 취한다. 첫 번째 인수는 누적 변수로, 절차지향적 코드의 sum과 같다. 두 번째 인수는 다음 원소를 가리킨다. 예제 코드에서 같은 역할을 하는 변수는 같은 이름을 갖도록 했으니 두 코드를 비교해 보면 쉽게 이해할 수 있을 것이다.

중첩 제거

다른 자료 구조를 원소로 갖는 자료 구조를 만날 때가 있다. 예를 들어 다음과 같은 코드를 보자.

```
val listOfLists: List<List<Int>> = listOf(listOf(1, 2), listOf(3, 4, 5), listOf(6, 7, 8))
```

그런데 만약 이 자료 구조를 중첩이 없는 하나의 리스트로 바꾸고 싶다면 어떻게 할까? 변환한 리스트를 출력해 보면 다음과 같을 것이다.

```
> [1, 2, 3, 4, 5, 6, 7, 8]
```

한 가지 방법은 입력 리스트를 순회하며 가변 리스트의 addAll 함수를 사용하는 것이다.

```
val flattened = mutableListOf<Int>()
for (list in listOfLists) {
    flattened.addAll(list)
}
```

더 좋은 방법은 flatMap() 함수를 사용하는 것이다. 하는 일은 같다.

```
val flattened: List<Int> = listOfLists.flatMap { it }
```

이 경우에는 flatten() 함수를 사용하면 더 간단하게도 만들 수 있다.

```
val flattened: List<Int> = listOfLists.flatten()
```

하지만 일반적으로 flatMap() 함수가 더 쓸모가 많다. 각 원소 자료 구조에 다른 함수를 적용할 수 있기 때문이다. 마치 **어댑터**adapter 패턴과 비슷하다.

집합 자료 구조에 적용할 수 있는 고차 함수는 소개한 것보다 훨씬 더 많다. 이 함수들을 짧은 지면에 다 담을 수는 없기에 공식 문서를 읽어 보며 공부하기 바란다. 하지만 다음 절에서 다룰 주제를 이해하기 위해서는 지금까지 소개한 함수만 잘 알아도 충분할 것이다.

이제 정적 자료 스트림을 변환하고 순회하는 방법을 익혔으니 동적 자료 스트림에 대해서는 똑같은 작업을 어떻게 할 수 있는지 알아보자.

동시성 자료 구조 소개

자료 구조와 함께 사용할 수 있는 고차 함수 중 가장 많이 사용되는 몇 가지를 알아봤으니, 이를 6장에서 배운 코틀린 동시성 문법과 결합해서 동시성 자료 구조를 다루는 방법을 살펴보자.

가장 중요한 동시성 자료 구조는 채널과 흐름이다. 하지만 이 두 가지를 다루기 전에 우선 **순서열**sequence이라는 자료 구조를 먼저 살펴봐야 한다. 순서열 자체는 동시성 자료 구조가 아니지만 동시성의 세계로 들어가는 다리를 놓아줄 것이다.

순서열

집합 자료 구조를 위한 고차 함수는 오래 전부터 많은 함수형 프로그래밍 언어에 존재했다. 하지만 자바 개발자들은 자바 8 버전에서야 **스트림 API**Stream API의 등장과 함께 처음으로 집합 자료 구조용 고차 함수를 사용할 수 있게 됐다.

스트림 API는 map()과 filter()를 비롯해 앞서 소개한 유용한 함수를 제공했지만 두 가지 중대한 문제가 있었다. 첫 번째는 이 함수들을 사용하기 위해서는 자바 8로 버전을 변경해야 한다는 것이었고, 두 번째는 집합 자료 구조를 **스트림**이라는 것으로 변환해야 한다는 것이었다. 스트림에 모든 API 함수가 정의돼 있기 때문이다. 스트림에서 매핑과 필터링 등의 작업을 한 뒤에 집합 자료 구조를 반환하려면 다시 collect 함수를 호출해야 했다.

스트림과 집합 자료 구조 사이에는 중요한 차이가 하나 더 있다. 집합 자료 구조와는 달리 스트림은 무한히 길 수 있다는 점이다. 코틀린은 **JVM**에 한정되지 않으며 자바 6까지의 하위 호환성을 보장하기 때문에 무한한 스트림을 지원하기 위한 다른 방법이 필요했다. 이렇게 탄생한 자료 구조는 자바의 스트림과 이름 충돌을 피하기 위해 **순서열**이라는 이름을 얻었다.

새 순서열은 generateSequence() 함수를 사용해서 만든다. 예를 들어 다음 함수는 무한한 순서열을 생성한다.

```
val seq: Sequence<Long> = generateSequence(1L) { it + 1 }
```

첫 번째 인수로는 순서열의 초깃값을, 두 번째 인수로는 이전 값을 이용해 다음 값을 만들어 내는 람다 함수를 전달한다. generateSequence 함수의 반환형은 Sequence다.

일반적인 자료 구조나 범위도 asSequence() 함수를 이용해 순서열로 변환할 수 있다.

```
(1..100).asSequence()
```

더 복잡한 로직을 이용해서 순서열을 만들어야 한다면 다음과 같이 sequence() 함수를 사용할 수 있다.

```
val fibSeq = sequence {
    var a = 0
    var b = 1
    yield(a)
    yield(b)
```

```
    while (true) {
        yield(a + b)
        val t = a
        a = b
        b += t
    }
}
```

이 예제는 피보나치 수의 순서열을 만드는데 yield 함수를 이용해 다음 값을 반환한다. 순서열의 값을 사용할 때마다 마지막으로 yield()가 호출된 지점부터 코드의 실행이 재개될 것이다.

순서열이라는 개념 자체는 그다지 유용해 보이지 않을 수 있지만 순서열과 집합 자료 구조의 차이를 이해하는 것은 굉장히 중요하다. 순서열은 게으르며 집합 자료 구조는 부지런하다eager.[2]

따라서 집합 자료 구조의 크기가 일정 수준을 넘어가면 고차 함수를 적용했을 때 보이지 않는 비용이 발생한다. 대부분의 고차 함수는 불변성을 유지하기 위해 자료 구조를 복사해서 사용할 것이기 때문이다.

이 차이를 이해하기 위해서 다음 코드를 살펴보자. 먼저 백만 개의 수가 들어 있는 리스트를 만들고, 각 수를 제곱하는 데에 어느 정도의 시간이 걸리는지 측정해 보자. 집합 자료 구조를 이용해서 측정한 뒤에 순서열을 이용해서 측정해 볼 것이다.

```
val numbers = (1..1_000_000).toList()
println(measureTimeMillis {
    numbers.map {
        it * it
    }.take(1).forEach { it }
}) // ~50ms

println(measureTimeMillis {
    numbers.asSequence().map {
```

---

[2] 자료 구조의 전체 원소가 처음부터 계산돼 있는 것을 부지런하다고 표현하며, 원소에 접근하기 전까지는 계산을 하지 않고 미뤄 뒀다가 접근할 때에 비로소 원소의 값을 계산하는 방식을 게으르다고 표현한다. – 옮긴이

```
        it * it
    }.take(1).forEach { it }
}) // ~5ms
```

여기서는 집합 자료 구조에 적용할 수 있는 또 다른 고차 함수인 take()를 사용했다. 이 함수를 이용해서 첫 번째 원소만 취해서 계산을 수행하도록 했다.

실행 결과를 보면 순서열을 이용한 코드가 훨씬 빠른 것을 알 수 있다. 이것은 순서열이 각 원소에 적용하는 연산을 게으르게 실행하기 때문이다. 즉 전체 리스트에서 원소 하나에 대해서만 제곱을 계산했다.

반면 집합 자료 구조에 적용한 함수는 전체 리스트에 대해 연산을 수행했다. 즉 모든 수의 제곱을 먼저 계산해서 새 자료 구조에 넣은 다음, 그 결과에서 첫 번째 수만 취한 것이다.

순서열과 채널, 흐름은 반응형 프로그래밍의 원칙을 따르기 때문에 이 원칙의 의미를 잘 이해하고 넘어갈 필요가 있다. 반응형 프로그래밍의 원칙은 꼭 함수형 프로그래밍에만 적용되는 것이 아니다. 객체지향적인 코드나 절차지향적 코드를 작성하면서도 반응형 프로그래밍을 할 수 있다. 하지만 역시 함수형 프로그래밍의 기초를 배우고 나면 반응형 프로그래밍을 더 쉽게 이해할 수 있다.

채널

6장에서 코루틴을 띄우고 제어하는 방법을 배웠다.

그런데 두 코루틴 간에 통신을 하기 위해서는 어떻게 할까?

자바에서는 wait()/notify()/notifyAll() 패턴을 사용하거나 java.util.concurrent 패키지에 잘 갖춰진 여러 클래스(예를 들어 BlockingQueue)를 사용해서 스레드 간 통신을 한다.

눈치챘겠지만 코틀린에는 wait()이나 notify() 메서드가 없다. 대신 코틀린은 **채널**channel을 사용한다. 채널은 BlockingQueue와 매우 비슷하지만 스레드가 아닌 코루틴을 멈춘다. 스레드를 멈추는 것보다 훨씬 적은 비용으로 말이다. 다음의 단계를 통해 채널과 코루틴을 생성할 것이다.

1. 먼저 채널을 하나 만든다.

   ```
   val chan = Channel<Int>()
   ```

   채널은 타입을 갖는다. 이 채널은 정수만 받을 수 있다.

2. 다음으로는 이 채널에서 값을 읽는 코루틴을 생성한다.

   ```
   launch {
       for (c in chan) {
           println(c)
       }
   }
   ```

   채널에서 값을 읽으려면 그냥 `for-in` 반복문을 사용하면 된다.

3. 이제 이 채널로 값을 전송해 보자. `send()` 함수를 사용하면 된다.

   ```
   (1..10).forEach {
       chan.send(it)
   }
   chan.close()
   ```

4. 마지막으로 채널을 닫는다. 채널이 닫히면 이 채널에서 값을 읽던 코루틴은 `for-in` 반복문을 빠져나온다. 반복문 이후에 다른 할 일이 없기 때문에 코루틴은 종료된다.

이런 통신 형태를 **순차 프로세스 통신**Communicating Sequential Processes 또는 줄여서 **CSP**라고 부른다.

보다시피 채널을 사용하면 여러 코루틴 간에 편리하고 타입 안전하게 통신이 가능하다. 하지만 채널을 직접 정의해 줘야 한다. 이어지는 두 절에서는 더욱 간단하게 채널을 다루는 법을 알아볼 것이다.

생산자 코루틴

채널에 값을 공급하는 코루틴이 필요하다면 produce() 함수를 사용해 생산자 코루틴 producer coroutine을 만들 수 있다. 공급하고자 하는 값의 타입이 T라고 할 때 produce() 함수는 내부적으로 ReceiveChannel<T>을 갖고 있는 코루틴을 생성한다.

위의 예제를 produce()로 다시 작성하면 다음과 같다.

```
val chan = produce {
    (1..10).forEach {
        send(it)
    }
}
launch {
    for (c in chan) {
        println(c)
    }
}
```

produce() 블록 내에서는 바로 send() 함수를 사용해서 채널에 값을 공급할 수 있다는 것에 주목하자.

채널의 값을 소비하는 코루틴에서는 for-in 반복문 대신 consumeEach() 함수도 쓸 수 있다.

```
launch {
    chan.consumeEach {
        println(it)
    }
}
```

이번에는 채널에 결합된 또 다른 코루틴을 만드는 방법을 알아보자.

행위자 코루틴

행위자 코루틴actor coroutine을 만드는 actor() 함수는 produce() 함수와 마찬가지로 내부에 채널을 갖고 있는 코루틴을 생성한다. 다만 생산자가 채널에 값을 제공하는 역할을

했다면 행위자는 채널에서 값을 가져오는 일을 한다.

다음의 예제 코드를 살펴보자.

```
val actor = actor<Int> {
    channel.consumeEach {
        println(it)
    }
}
(1..10).forEach {
    actor.send(it)
}
```

이 예제에서 메인 함수는 값을 생산하고 행위자는 채널을 통해 이를 소비한다. 처음 봤던 예제와 매우 비슷하지만 채널과 코루틴을 각각 만드는 대신 둘을 결합해 한 번에 만들었다는 점이 다르다.

스칼라를 비롯해서 행위자가 있는 프로그래밍 언어를 사용한 경험이 있다면 여기서 소개하는 행위자 모델과는 조금 다른 모델이 더 익숙할 것이다. 예를 들어 행위자가 입력 채널과 출력 채널(채널 대신 **편지함**mailbox이라는 용어를 쓰기도 한다)을 모두 갖도록 구현하기도 한다. 하지만 코틀린에서 행위자는 입력 편지함(채널) 하나만 갖는다.

버퍼가 있는 채널

채널을 명시적으로 또는 암시적으로 생성한 지금까지의 모든 예제는 버퍼가 없는 버전의 채널을 사용했다.

버퍼가 무엇인지 이해하기 위해 앞의 예제를 조금 바꿔 보자.

```
val actor = actor<Long> {
    var prev = 0L
    channel.consumeEach {
        println(it - prev)
        prev = it
        delay(100)
    }
}
```

여기서 actor 객체는 앞의 예제와 비슷하다. 타임스탬프[timestamp] 값을 받아서 직전 타임스탬프 값과의 차이를 반환한다. 그리고 나서 다음 값을 읽기 전에 약간의 시간 지연을 줬다.

메인 함수에서 이 actor 객체에 순서열이 아닌 현재 타임스탬프를 전송해 보자.

```
repeat(10) {
    actor.send(System.currentTimeMillis())
}
actor.close().also { println("전송 완료") }
```

이제 이 코드의 출력을 살펴보면 다음과 같다.

```
> ...
> 101
> 103
> 101
> 전송 완료
```

채널이 다음 값을 받을 준비가 될 때까지 생산자가 멈춰 있는 것을 볼 수 있다. 즉 actor 객체가 자신이 준비될 때까지 다음 값을 전송하지 말라는 의미의 배압을 생산자에게 가하는 것이다.

이제 actor의 정의를 살짝 바꿔 보자.

```
val actor = actor<Long>(capacity = 10) {
    ...
}
```

모든 채널에는 용량[capacity]이 있다. 용량의 기본값은 0이다. 즉 채널에 들어 있는 값이 소비되기 전까지는 아무도 채널에 새로운 값을 전송할 수 없다는 것이다.

이 코드를 다시 실행해 보면 완전히 다른 결과를 얻는다.

```
> 전송 완료
> ...
> 0
> 0
```

생산자는 더 이상 소비자를 기다리지 않는다. 채널에 버퍼buffer가 생겼기 때문이다. 따라서 생산자는 보낼 수 있는 최대한의 속도로 메시지를 전송하고, 행위자(소비자)는 자신의 속도에 맞춰 이를 처리할 수 있다.

capacity는 생산자 채널에서도 비슷한 방법으로 지정할 수 있다.

```
val chan = produce(capacity = 10) {
    (1..10).forEach {
        send(it)
    }
}
```

뿐만 아니라 직접 채널을 선언할 때도 다음과 같이 용량을 지정할 수 있다.

```
val chan = Channel<Int>(10)
```

버퍼가 있는 채널은 생산자와 소비자 간의 결합을 끊어 줄 수 있는 매우 강력한 도구다. 하지만 세심한 주의를 기울여 사용해야 한다. 채널의 용량이 크다면 그만큼 메모리 소비량도 많을 것이기 때문이다.

채널은 상대적으로 저수준의 동시성 도구다. 다음 절에서는 다른 유형의 스트림을 살펴볼 텐데 이 유형은 채널보다 더 높은 수준의 추상화를 제공해 준다.

흐름

흐름flow은 차가운cold 비동기 스트림으로, 4장에서 배운 **관찰자 디자인 패턴**을 구현하고 있다.

잠시 기억을 되살려 보자. 관찰자 디자인 패턴에는 2개의 메서드가 필요하다. 하나는 소비자가 메시지를 구독하는 subscribe() 함수이고, 다른 하나는 모든 구독자에게 메시지를 전송하는 publish() 함수다.

Flow 객체에서 publish()에 해당하는 함수는 emit()이라고 부르고, subscribe()에 해당하는 함수는 collect()라고 부른다.

다음과 같이 flow() 함수를 사용하면 새 흐름을 만들 수 있다.

```
val numbersFlow: Flow<Int> = flow {
    ...
}
```

flow 생성자 내에서는 emit() 함수를 사용해 모든 수신자에게 새 값을 전송할 수 있다.

예를 들어 다음 코드는 flow 생성자를 이용해 10개의 수를 전송한다.

```
flow {
    (0..10).forEach {
        println("$it 전송 중")
        emit(it)
    }
}
```

메시지를 전송하는 법은 알았으니 이제 흐름을 구독하는 방법을 살펴보자.

구독을 하려면 flow 객체에 있는 collect() 함수를 사용한다.

```
numbersFlow.collect { number ->
    println("$number 수신")
}
```

이 코드를 실행해 보면 수신자가 흐름에서 수신한 모든 수를 출력하는 것을 볼 수 있다.

여타 반응형 프레임워크나 라이브러리와는 달리 수신자에게 예외를 던지는 별도의 문법은 존재하지 않는다. 그냥 다음과 같이 일반적인 throw 식을 사용하면 된다.

```
flow {
    (1..10).forEach {
        ...
        if (it == 9) {
            throw RuntimeException()
        }
    }
}
```

수신 측에서 예외를 처리하려면 그냥 collect() 함수를 try/catch 블록으로 감싸면 된다.

```
try {
    numbersFlow.collect { number ->
        println("$number 수신")
    }
}
catch (e: Exception) {
    println("예외 처리 중")
}
```

흐름은 채널과 마찬가지로 코루틴을 일시 중단시킨다. 하지만 흐름은 동시성 자료 구조가 아니다. 또한 흐름은 배압을 지원하지만 사용자가 완전히 통제할 수 있다. 이것이 무슨 뜻인지 이해하기 위해서 여러 구독자가 하나의 흐름에서 값을 읽는 다음 예제를 살펴보자.

```
(1..4).forEach { coroutineId ->
    delay(5000)
    launch(Dispatchers.Default) {
        numbersFlow.collect { number ->
            delay(1000)
            println("${coroutineId}번 코루틴에서 $number 수신")
        }
    }
}
```

5초의 간격을 갖고 구독자마다 하나의 코루틴을 시작한다. 이를 통해 여러 구독자가 동시에 실행되는 것을 볼 수 있다.

이제 코드의 실행 결과를 살펴보자.

```
> ...
> 1 전송 중
> 1번 코루틴에서 5 수신
> 6 전송 중
> 2번 코루틴에서 1 수신
> 2 전송 중
> 1번 코루틴에서 6 수신
> ...
```

이 결과를 통해 두 가지 중요한 사실을 알 수 있다.

- **흐름은 차가운 스트림이다.** 구독자마다 처음부터 새로 시작한다는 뜻이다. 앞의 예제에서 각 구독자는 1부터 시작해서 모든 수를 받을 수 있었다.

- **흐름은 배압을 사용한다.** 즉 이전에 전송된 값을 수신 측에서 처리하기 전까지는 다음 수를 전송하지 않는다. 버퍼 없는 채널과 비슷하며 버퍼 있는 채널과는 다르다. 버퍼가 있는 채널에서는 생산자가 소비자의 소비 속도보다 더 빠르게 값을 전송할 수 있었다.

이제 필요에 따라 두 가지 속성을 바꾸는 방법을 알아보자.

버퍼 있는 흐름

생산자에게 바로 배압을 가하고 싶지 않을 때도 있다. 가령 메모리가 충분하다면 처음부터 배압을 가할 필요가 없다. 이를 위해서 각 소비자는 buffer() 함수를 사용해 흐름에 버퍼를 만들 수 있다.

```
numbersFlow.buffer().collect { number ->
    delay(1000)
    println("${coroutineId}번 코루틴에서 $number 수신")
}
```

이 코드의 출력은 이전 예제와 매우 다르다.

```
> ...
> 8 전송 중
> 9 전송 중
> 10 전송 중
> 1번 코루틴에서 1 수신
> 1번 코루틴에서 2 수신
> ...
```

버퍼를 사용하면 버퍼가 가득 차기 전까지는 소비자로부터의 배압 없이 값을 만들어 낼 수 있다. 그리고 소비자는 자신의 속도에 맞춰서 값을 처리할 수 있다. 이러한 동작은 버퍼 있는 채널과 비슷하다. 사실 버퍼 있는 흐름은 내부적으로 버퍼 있는 채널을 사용해서 구현돼 있다.

각 메시지를 처리하는 데에 시간이 오래 걸린다면 버퍼 있는 채널을 쓰는 것이 좋다. 예를 들어 휴대전화에 있는 이미지를 업로드하는 작업을 생각해 보자. 당연히 이미지의 크기에 따라 업로드에 걸리는 시간은 다를 것이다. 이미지 업로드가 완료될 때까지 사용자 인터페이스를 멈추면 안 된다. 사용자 경험을 저해할 뿐만 아니라 반응형 프로그래밍의 원칙에도 어긋나기 때문이다.

대신 메모리 공간에 맞게 버퍼를 사용하면 사용자 인터페이스를 멈추지 않고도 네트워크 속도에 맞춰 업로드를 진행할 수 있다. 단 버퍼가 가득 차면 사용자 인터페이스가 멈출 것이다.

이미지는 절대 손실되면 안 되는 자료다. 하지만 손실을 감수할 수 있는 유형의 자료도 있다. 다음 절에서는 이런 자료를 다루는 방법을 살펴보자.

흐름 뭉개기

주가 변동 정보를 1초에 10번 생산하는 흐름이 있다고 하자. 사용자 인터페이스는 이 흐름을 활용해 최신 주가 정보를 표시해야 한다. 이런 흐름을 나타내기 위해 단순하게 0.1초마다 1씩 증가하는 수의 흐름을 만들어 보자.

```
val stock: Flow<Int> = flow {
    var i = 0
    while (true) {
        emit(++i)
        delay(100)
    }
}
```

하지만 사용자 인터페이스까지 0.1초마다 갱신할 필요는 없다. 1초에 한 번 갱신해도 충분하다. 이전 절에서 했던 것처럼 단순히 collect() 함수를 사용하면 항상 생산자보다 과거의 정보를 얻게 될 것이다.

```
var seconds = 0
stock.collect { number ->
    delay(1000)
    seconds++
    println("${seconds}초 -> $number 수신")
}
```

이 코드의 출력은 다음과 같다.

```
> 1초 -> 1 수신
> 2초 -> 2 수신
> 3초 -> 3 수신
> ...
```

이렇게 출력되면 안 된다. 이런 식으로 동작하는 이유는 흐름에 배압이 작용해서 흐름을 느리게 만들었기 때문이다. 이전 절에서처럼 10개의 값을 저장하는 버퍼를 만들 수도 있다. 하지만 사용자 인터페이스의 갱신 속도가 흐름의 속도보다 10배나 느리기 때문에 10개 중에 9개의 값을 버리는 로직이 필요할 것이다. 이 로직은 직접 구현해 보기 바란다.

더 나은 방법은 흐름을 뭉개는 것이다. 흐름을 뭉갠다는 것은 모든 메시지를 저장하지 않는다는 뜻이다. 오직 맨 마지막 값만 저장한다. 다음 코드처럼 구현하면 된다.

```
stock.conflate().collect { number ->
    delay(1000)
    seconds++
    println("${seconds}초 -> $number 수신")
}
```

출력을 살펴보자.

```
> ...
> 4초 -> 30 수신
> 5초 -> 40 수신
> 6초 -> 49 수신
> ...
```

기대한 대로 값이 출력되는 것을 볼 수 있다. 주가가 평균적으로 초당 10씩 증가한다.

이 흐름은 절대 코루틴을 중단시키지 않을 것이며 구독자는 늘 흐름의 최신 값을 받게 될 것이다.

요약

7장에서는 반응형 프로그래밍의 원칙을 통해 함수형 프로그래밍을 연습하고, 코틀린에서 함수형 프로그래밍을 사용하기 위한 핵심 요소를 익혔다. 또한 반응형 시스템의 여러 주요한 장점을 살펴봤으며 이런 시스템은 반응성, 회복성, 유연성, 메시지 주도라는 특징을 가져야 한다는 사실도 배웠다.

이제 자료를 변환하고 자료 구조를 필터링하며 조건에 맞는 원소를 자료 구조에서 찾아내는 일을 할 수 있을 것이다.

또한 차가운 스트림과 뜨거운 스트림의 차이를 이해하게 됐을 것이다. 흐름을 비롯한 차가운 스트림은 누군가가 구독을 할 때 비로소 작동을 시작한다. 새 구독자는 일반적으로 스트림의 모든 값을 받게 될 것이다. 반면 채널을 비롯한 뜨거운 스트림은 아무도 듣지 않더라도 계속 이벤트를 발생시킨다. 새로운 구독자는 구독 이후에 전송된 이벤트만 수신할 수 있다.

또한 흐름에서 구현할 수 있는 배압의 개념을 알아봤다. 소비자가 모든 이벤트를 처리할 수 없는 경우 공급자를 중단시킬 수도 있고, 곧 따라잡을 수 있기를 기대하면서 이벤트를 버퍼에 넣어 놓을 수도 있으며, 그냥 스트림을 뭉개며 처리 가능한 이벤트만 처리할 수도 있다.

8장에서는 동시성 디자인 패턴을 다룰 것이다. 동시성 디자인 패턴을 사용하면 코루틴과 반응형 스트림을 가장 기초적인 요소로 해 규모와 기능 측면에서 확장성이 좋고 유지 보수가 용이한 동시성 시스템을 설계할 수 있을 것이다.

질문

1. 집합 자료 구조를 위한 고차 함수와 동시성 자료 구조를 위한 고차 함수의 차이는 무엇인가?
2. 차가운 스트림과 뜨거운 스트림의 차이는 무엇인가?
3. 언제 채널을 뭉개야 하는가?

08
동시성을 위한 설계

동시성 디자인 패턴을 사용하면 많은 작업을 한 번에 관리하고 이들의 생명 주기를 구조화할 수 있다. 또한 동시성 디자인 패턴을 잘 사용하면 자원 누출이나 데드락^{deadlock}과 같은 문제를 방지할 수 있다.

8장에서는 동시성 디자인 패턴을 소개하고 이들이 **코틀린**에서 어떻게 구현되는지 살펴볼 것이다. 동시성 디자인 패턴을 구현할 때는 이전의 장들에서 배웠던 코루틴, 채널, 흐름, **함수형 프로그래밍**의 개념을 사용할 것이다.

8장에서 다루는 내용은 다음과 같다.

- 값 지연 패턴
- 장벽 패턴
- 스케줄러 패턴
- 파이프라인 패턴
- 팬아웃 패턴

- 팬인 패턴
- 경주 패턴
- 뮤텍스 패턴
- 사이드킥 채널 패턴

8장을 모두 읽고 나면 비동기 값을 효율적으로 다루고, 여러 코루틴의 작업을 조율하며, 작업을 분배하고 처리 결과를 모을 수 있게 될 것이다. 또한 프로세스에 발생하는 온갖 종류의 동시성 문제를 해결하는 도구를 갖추게 될 것이다.

기술적 요구 사항

이전 장들의 기술적 요구 사항에 더해서 필요한 의존성을 추가하기 위해 그래들이 활성화된 코틀린 프로젝트가 필요하다.

8장의 예제에서 사용된 소스 코드는 다음 깃허브 저장소(https://github.com/PacktPublishing/Kotlin-Design-Patterns-and-Best-Practices/tree/main/Chapter08)에서 확인할 수 있다.

값 지연 패턴

값 지연deferred value 디자인 패턴은 비동기 계산 로직이 결과를 직접 반환하는 대신 결괏값을 가리키는 참조를 반환하도록 한다. **자바**와 **스칼라**의 **Future**, **자바스크립트**의 **Promise**가 모두 값 지연 패턴을 구현한다.

이미 6장에서 코틀린의 **값 지연** 사용례를 봤다. async() 함수가 Deferred라는 타입을 반환하는 것을 기억할 것이다. 이 타입이 바로 값 지연 패턴을 구현한다.

흥미로운 것은 Deferred가 3장에서 배운 **프록시** 패턴과 4장에서 배운 **상태** 패턴도 구현하고 있다는 점이다.

비동기 계산의 결과를 담는 통을 만들기 위해서는 CompletableDeferred의 생성자를 사용한다.

```
val deferred = CompletableDeferred<String>()
```

Deferred에 실제 결과가 담기도록 하려면 complete() 함수를 사용한다. 만약 계산 과정에서 오류가 발생하면 completeExceptionally() 함수를 통해 호출자에게 예외를 전달할 수 있다. 이해를 돕기 위해 다음과 같이 비동기 계산 결과를 반환하는 함수를 작성해 보자. 이 함수는 절반의 확률로 OK라는 문자열을 반환하고 다른 절반의 확률로 예외를 던진다.

```
suspend fun valueAsync(): Deferred<String> = coroutineScope {
    val deferred = CompletableDeferred<String>()
    launch {
        delay(100)
        if (Random.nextBoolean()) {
            deferred.complete("OK")
        }
        else {
            deferred.completeExceptionally(
              RuntimeException()
            )
        }
    }
    deferred
}
```

Deferred는 거의 즉시 반환되는 것을 볼 수 있다. 그 이후에 launch를 이용해 비동기 계산을 시작하는데 delay() 함수를 통해 시간이 걸리는 계산을 모사한다.

계산이 비동기적으로 이뤄지므로 결괏값을 바로 얻을 수는 없다. 결과가 준비될 때까지 기다리려면 6장에서 다뤘던 await() 함수를 사용한다.

```
runBlocking {
    val value = valueAsync()
    println(value.await())
}
```

반드시 complete()나 completeExceptionally() 함수로 Deferred에 값을 채워 줘야 한다는 점에 유의하라. 그렇지 않으면 프로그램은 결과가 준비될 때까지 기약 없이 기다릴 수도 있다. 결괏값이 필요 없어지면 지연된 계산을 취소할 수도 있다. 그냥 cancel() 함수를 호출하면 된다.

```
deferred.cancel()
```

사실 지연된 값을 직접 만들 일은 별로 없다. 대개 async() 함수가 반환한 값을 사용하는 것으로 충분하다.

다음으로는 여러 비동기 계산을 한꺼번에 기다리는 방법을 알아보자.

장벽 패턴

장벽barrier 디자인 패턴을 사용하면 프로그램을 잠시 멈추고 여러 개의 동시성 작업이 완료되기를 기다릴 수 있다. 일반적으로는 여러 곳에서 자료를 가져올 때 장벽 패턴을 사용한다.

예를 들어 다음과 같은 클래스가 있다고 하자.

```
data class FavoriteCharacter(
    val name: String,
    val catchphrase: String,
    val picture: ByteArray = Random.nextBytes(42)
)
```

여기서 catchphrase 데이터와 picture 데이터를 각각 서로 다른 서비스를 통해 받아 와야 한다고 가정하자. 다음과 같이 두 데이터를 비동기적으로 받아 오려고 한다.

```
fun CoroutineScope.getCatchphraseAsync
(
    characterName: String
) = async { ... }
```

```
fun CoroutineScope.getPicture
(
    characterName: String
) = async { ... }
```

두 데이터를 받아오는 동시성 코드를 가장 기본적인 방법으로 구현하면 다음과 같다.

```
suspend fun fetchFavoriteCharacter(name: String) = coroutineScope {
    val catchphrase = getCatchphraseAsync(name).await()
    val picture = getPicture(name).await()
    FavoriteCharacter(name, catchphrase, picture)
}
```

하지만 이 코드에는 큰 문제가 있다. catchphrase 데이터 수신을 완료하기 전까지는 picture 데이터를 받아오지 못한다는 것이다. 즉 이 코드는 불필요한 순차성을 갖고 있다. 어떻게 개선할 수 있는지 살펴보자.

데이터 클래스를 장벽으로 사용하기

앞의 코드를 조금 바꿔서 다음과 같이 작성할 수 있다.

```
suspend fun fetchFavoriteCharacter(name: String) = coroutineScope {
    val catchphrase = getCatchphraseAsync(name)
    val picture = getPicture(name)
    FavoriteCharacter(name, catchphrase.await(), picture.await())
}
```

이렇게 await 함수 호출을 데이터 클래스 생성자로 옮기면 모든 코루틴을 동시에 시작하고 모든 코루틴이 완료되기를 기다리게 된다. 원하던 대로다.

데이터 클래스를 장벽으로 사용하면 좋은 점이 또 있다. 쉽게 분해가 가능하다는 점이다.

```
val (name, catchphrase, _) = fetchFavoriteCharacter("이니고 몬토야")
println("$name: $catchphrase")
```

여러 비동기 작업이 서로 다른 타입의 결과를 반환할 때는 이 방법을 사용하면 좋다. 하지만 같은 타입의 결과를 기다려야 하는 상황도 있다.

예를 들어 마이클(게임 개발 팀의 카나리아), 테일러(바리스타), 그리고 내가 가장 좋아하는 영화 주인공을 이야기하는 코드를 작성해 보자.

```kotlin
object Michael {
    suspend fun getFavoriteCharacter() = coroutineScope {
        async {
            FavoriteCharacter("터미네이터", "Hasta la vista, baby")
        }
    }
}

object Taylor {
    suspend fun getFavoriteCharacter() = coroutineScope {
        async {
            FavoriteCharacter("돈 비토 코를레오네",
                "그 자에게 거절할 수 없는 제안을 하겠다.")
        }
    }
}

object Me {
    suspend fun getFavoriteCharacter() = coroutineScope {
        async {
            // 이미 대답을 준비했지!
            FavoriteCharacter("이니고 몬토야",
                "안녕, 난 이니고 몬토야다.")
        }
    }
}
```

이번에는 세 객체가 거의 비슷하다. 반환값의 내용만 다를 뿐이다.

이 경우에는 결과를 수집하기 위해 리스트를 사용할 수 있다.

```kotlin
val characters: List<Deferred<FavoriteCharacter>> = listOf(
    Me.getFavoriteCharacter(),
    Taylor.getFavoriteCharacter(),
    Michael.getFavoriteCharacter(),
)
```

리스트의 타입을 눈여겨보라. 지연된 FavoriteCharacter를 모아 놓은 리스트다. 이런 자료 구조에 대해서는 awaitAll()이라는 함수를 호출할 수 있는데, 이 함수는 장벽의 기능을 한다.

```
println(characters.awaitAll())
```

이처럼 같은 타입을 갖는 여러 비동기 작업을 사용하며 다음 단계로 넘어가기 전에 모든 작업이 완료되기를 원한다면 awaitAll() 함수를 사용하라.

장벽 디자인 패턴은 여러 비동기 작업이 한 곳으로 모이도록 한다. 다음에 살펴볼 패턴은 여러 작업의 실행을 추상화하는 것을 도와준다.

스케줄러 패턴

스케줄러scheduler 디자인 패턴의 목적은 실행의 대상(무엇)과 방법(어떻게)을 분리하고, 실행에 소요되는 자원 사용을 최적화하는 것이다.

코틀린에서는 **분배기**dispatcher가 스케줄러 디자인 패턴을 구현하고 있다. 즉 분배기는 코루틴(무엇)과 그것이 실행되는 스레드 풀(어떻게)을 분리한다.

분배기는 이미 6장에서 간단히 살펴봤다.

잠시 기억을 되살려보자. launch()나 async() 같은 코루틴 생성기를 호출할 때 어떤 분배기를 사용할지 지정할 수 있다. 다음 예제는 분배기를 명시적으로 지정하는 코드다.

```
runBlocking {
    // 이렇게 하면 부모 코루틴의 분배기를 사용한다.
    launch {
        // main을 출력
        println(Thread.currentThread().name)
    }
    launch(Dispatchers.Default) {
        // DefaultDispatcher-worker-1을 출력
        println(Thread.currentThread().name)
```

```
        }
    }
```

기본 분배기는 사용 중인 스레드 풀에 있는 CPU 개수만큼 스레드를 생성한다. 다음 코드에서처럼 **입출력 분배기**도 사용할 수 있다.

```
async(Dispatchers.IO) {
    for (i in 1..1000) {
        println(Thread.currentThread().name)
        yield()
    }
}
```

이 코드의 출력은 다음과 같다.

```
...
> DefaultDispatcher-worker-2
> DefaultDispatcher-worker-1
> DefaultDispatcher-worker-1
> DefaultDispatcher-worker-1
> DefaultDispatcher-worker-3
> DefaultDispatcher-worker-3
> ...
```

입출력 분배기는 실행 시간이 오래 걸리거나 다른 코드의 실행을 막고 있을 법한 작업을 수행하기 위해 사용한다. 이 분배기에는 최대 64개의 스레드가 만들어질 수 있다. 앞의 예제는 그다지 오래 걸리지 않기 때문에 입출력 분배기가 많은 스레드를 만들지 않아도 됐다. 출력된 worker 스레드의 수가 적은 것도 이 때문이다.

스케줄러 직접 만들기

꼭 코틀린이 제공하는 분배기만 써야 하는 것은 아니다. 직접 분배기를 만들 수도 있다.

다음의 예제 코드에서는 ForkJoinPool을 기반으로 하는 4개의 스레드를 이용해 분배기를 만든다. ForkJoinPool은 특별히 분할 정복^{devide and conquer} 작업에서 높은 효율을 보인다.

```
val forkJoinPool = ForkJoinPool(4).asCoroutineDispatcher()

repeat(1000) {
    launch(forkJoinPool) {
        println(Thread.currentThread().name)
    }
}
```

직접 분배기를 만들었다면 다른 곳에서 재활용할 계획이 아닌 이상 close()를 호출해서 자원을 해제해야 한다. 분배기는 꽤 많은 자원을 붙들고 있기 때문이다.

파이프라인 패턴

파이프라인pipeline 디자인 패턴은 다양한 종류의 작업을 큰 규모로 처리할 때 도움이 된다. 여러 CPU에 서로 다른 복잡도를 갖는 작업을 분배하는 상황에서 파이프라인 패턴은 작업을 더 작은 동시성 작업으로 쪼갠다. 다음 예제를 보며 더 자세히 알아보자.

4장에서 HTML 페이지 크롤러를 작성했다. 이때 HTML 페이지 자체는 이미 해석된 상태로 제공된다고 가정했다. 여기서 할 일은 무한히 들어오는 웹 페이지 스트림을 처리하는 로직을 설계하는 것이다.

먼저 일정한 주기에 따라 뉴스 페이지를 가져올 것이다. 여기에는 생산자를 사용한다.

```
fun CoroutineScope.producePages() = produce {
    fun getPages(): List<String> {
        // 실제 뉴스 페이지 내용을 가져오는 코드라고 치자.
        return listOf(
            "<html><body><h1>좋은 내용</h1></body></html>",
            "<html><body><h1>더 많은 내용</h1></body></html>"
        )
    }

    val pages = getPages()

    while (this.isActive) {
        for (p in pages) {
```

```
            send(p)
        }
        delay(TimeUnit.SECONDS.toMillis(5))
    }
}
```

isActive 플래그는 코루틴이 계속 실행되는 동안은 true 값을 갖다가 코루틴 실행이 취소되면 false가 된다. 오랫동안 실행되는 반복문이 있다면 그 안에서 isActive가 true인지 반드시 확인하는 것이 좋다. 그래야 필요할 때 반복문을 멈출 수 있다.

새로운 글이 올라오면 다음 단계로 글 내용을 보낸다. 기술 뉴스가 수시로 올라오는 것은 아니기에 delay()를 이용해서 일정한 시간 간격을 두고 새 글이 있는지 검사한다. 실제 코드라면 아마도 몇 분에서 몇 시간에 한 번씩 검사하면 충분할 것이다.

다음 단계는 HTML 문자열로 DOM^{Document Object Model}을 생성하는 일이다. 이번에도 생산자를 이용할 것이다. 이 생산자는 채널을 하나 입력받는데, 먼저 구현한 첫 번째 생산자에게서 자료를 받기 위함이다.

```
fun CoroutineScope.produceDom(pages: ReceiveChannel<String>) = produce {
    fun parseDom(page: String): Document {
        // 실제로는 DOM 라이브러리를 사용해서 문자열을
        // DOM으로 변환해야 한다.
        return Document(page)
    }

    for (p in pages) {
        send(parseDom(p))
    }
}
```

for 반복문을 사용하면 채널이 열려 있는 동안 채널의 값을 얻어올 수 있다. 따로 콜백 함수를 정의하지 않고도 비동기적 자료 제공자로부터 자료를 가져오는 매우 세련된 방법이다.

세 번째로 구현할 함수는 DOM을 받아서 각 문서의 제목을 추출하는 역할을 한다.

```
fun CoroutineScope.produceTitles(parsedPages: ReceiveChannel<Document>) =
    produce {
        fun getTitles(dom: Document): List<String> {
            return dom.getElementsByTagName("h1").map {
                it.toString()
            }
        }

        for (page in parsedPages) {
            for (t in getTitles(page)) {
                send(t)
            }
        }
    }
```

제목을 추출하기 위해서 getElementsByTagName("h1")를 사용했다. h1 태그가 발견되면 그 내용을 문자열로 변환한다.

이제 지금까지 만든 코루틴을 하나의 파이프라인으로 연결할 차례다.

파이프라인 연결하기

파이프라인의 구성 요소는 모두 알아봤으니 이제 이들을 하나로 연결하는 방법을 알아 보자.

```
runBlocking {
    val pagesProducer = producePages()
    val domProducer = produceDom(pagesProducer)
    val titleProducer = produceTitles(domProducer)
    titleProducer.consumeEach {
        println(it)
    }
}
```

이렇게 만들어진 파이프라인은 다음과 같이 생겼다.

```
Input=>pagesProducer=>domProducer=>titleProducer=>Output
```

파이프라인은 긴 처리 과정을 작은 세부 단계로 쪼개는 멋진 기법이다. 파이프라인을 구성하는 코루틴들이 모두 순수 함수라는 점에 주목하자. 쉽게 이해하고 테스트할 수 있다는 뜻이다.

연결된 파이프라인의 첫 번째 코루틴에 cancel()을 호출하면 전체 파이프라인을 멈출 수 있다.

팬아웃 패턴

팬아웃fan out 디자인 패턴은 작업을 여러 동시성 프로세서(일꾼worker이라고도 한다)로 배분하기 위한 패턴이다. 이해를 돕기 위해 이전 절에서 다뤘던 예제에 다음과 같은 새로운 문제 상황이 생겼다고 해보자.

만약 파이프라인의 처리 단계마다 수행해야 하는 작업의 양이 크게 다르다면?

예를 들어 HTML 문서를 파싱하는 것보다 네트워크를 통해 받아오는 데에 시간이 훨씬 오래 걸린다. 이런 경우 오래 걸리는 작업을 여러 코루틴에 분배하기를 원할 수 있다. 앞의 예제에서는 코루틴 하나가 채널 하나를 읽어 들였다. 그러나 여러 개의 코루틴이 하나의 채널을 읽는 것도 가능하다. 이렇게 하면 일감을 나눠서 처리할 수 있게 된다.

설명을 간단하게 하기 위해 어떤 값을 생산하는 코루틴을 다음과 같이 하나만 만들어 보자.

```
fun CoroutineScope.generateWork() = produce {
    for (i in 1..10_000) {
        send("${i}쪽")
    }
    close()
}
```

그리고 다음 함수는 생산자가 생산한 값을 읽는 코루틴을 생성하는 역할을 한다.

```
fun CoroutineScope.doWork(
    id: Int,
    channel: ReceiveChannel<String>
) = launch(Dispatchers.Default) {
    for (p in channel) {
        println("${id}번 일꾼이 ${p}을 처리")
    }
}
```

이 함수는 Default 분배기에서 실행되는 코루틴을 생성한다. 각 코루틴은 어떤 채널을 보고 있다가 값이 들어오면 콘솔에 그 값을 출력한다.

이제 생산자를 시작해 보자. 다음 코드는 모두 runBlocking 함수 안에 있어야 한다는 것을 기억하자. 하지만 여기서는 중요한 부분에 집중할 수 있도록 생략했다.

```
val workChannel = generateWork()
```

이제 다음과 같이 여러 일꾼이 같은 채널을 읽도록 하면 작업을 분배할 수 있게 된다.

```
val workers = List(10) { id ->
    doWork(id, workChannel)
}
```

이제 이 프로그램이 어떤 출력을 내는지 일부를 살펴보자.

```
> ...
> 4번 일꾼이 9994쪽을 처리
> 8번 일꾼이 9993쪽을 처리
> 3번 일꾼이 9992쪽을 처리
> 6번 일꾼이 9987쪽을 처리
```

두 일꾼이 같은 메시지를 받는 일은 없다. 또한 전송 순서와 출력 순서가 일치하지 않는다는 점도 유념하라. 팬아웃 패턴은 작업을 여러 코루틴, 스레드, CPU에게 효율적으로 분배할 때 유용하게 사용할 수 있다.

다음은 팬아웃 패턴의 짝꿍이라고 할 수 있는 팬인 패턴을 알아보자. 팬인 패턴은 팬아웃 패턴과 쌍으로 사용될 때가 많다.

팬인 패턴

팬인fan in 디자인 패턴은 여러 일꾼의 작업 결과를 하나로 모으기 위한 패턴이다. 여러 일꾼이 결과를 생산한 뒤에 이를 하나로 모아야 한다면 팬인 패턴을 사용하면 된다.

이 패턴은 이전 절에서 배운 팬아웃 패턴의 반대다. 여러 코루틴이 같은 채널을 읽는 대신 여러 코루틴이 결과를 같은 채널로 보낸다.

팬아웃 패턴과 팬인 패턴을 잘 조합하면 **맵리듀스**MapReduce 알고리듬의 훌륭한 기반이 된다. 이를 확인하기 위해 앞의 예제의 일꾼을 만드는 코드를 다음과 같이 살짝 바꿔 보자.

```
private fun CoroutineScope.doWorkAsync(
    channel: ReceiveChannel<String>,
    resultChannel: Channel<String>
) = async(Dispatchers.Default) {
    for (p in channel) {
        resultChannel.send(p.repeat(2))
    }
}
```

이제 각 일꾼은 주어진 작업을 처리하고 그 결과를 resultChannel로 보낸다.

이 패턴은 이전에 봤던 행위자나 생산자와는 다르다는 점에 유의하라. 모든 행위자는 고유한 채널을 갖지만 여기서는 모든 일꾼들이 하나의 resultChannel을 공유한다.

일꾼의 작업 결과를 모으기 위해서는 다음과 같은 코드를 사용한다.

```
runBlocking {
    val workChannel = generateWork()
    val resultChannel = Channel<String>()
    val workers = List(10) {
        doWorkAsync(workChannel, resultChannel)
```

```
        }
    resultChannel.consumeEach {
        println(it)
    }
}
```

이 코드가 어떻게 동작하는지 자세히 살펴보자.

1. 우선 resultChannel을 생성한다. 모든 일꾼이 이 채널을 공유할 것이다.

2. 만든 채널을 모든 일꾼들에게 알려 준다. 총 10개의 일꾼이 있으며, 각 일꾼은 받은 메시지를 두 번 반복해서 resultChannel에 보낸다.

3. 마지막으로 메인 코루틴에서 결과를 소비^{consume}한다. 이렇게 하면 동시에 실행되는 여러 일꾼이 만든 결과를 한 곳으로 모을 수 있다.

이 코드의 출력은 다음과 같을 것이다.

```
> ...
> 9995쪽9995쪽
> 9996쪽9996쪽
> 9997쪽9997쪽
> 9999쪽9999쪽
> 9998쪽9998쪽
> 10000쪽10000쪽
```

다음으로는 특정한 경우에 프로그램의 반응성을 높이는 데에 사용할 수 있는 디자인 패턴을 알아보자.

경주 패턴

경주^{racing} 디자인 패턴은 여러 작업을 동시에 실행한 뒤에 먼저 반환되는 '승자'의 결과만 사용하고 나머지 '패자'의 결과는 버리는 패턴이다.

코틀린에서 경주 패턴을 구현할 때는 채널에 대해 select() 함수를 호출한다.

날씨 애플리케이션을 작성한다고 해보자. 안정성을 높이기 위해 두 곳의 날씨 정보 사이트에서 데이터를 받아올 것이다. 하나는 Precise Weather이고, 다른 하나는 Weather Today라는 곳이다. 예제에서는 사이트 이름 및 현재 기온을 반환하는 생산자를 구현해서 날씨 정보 사이트를 표현할 것이다.

생산자가 여럿이면 모든 생산자의 채널을 구독한 후에 먼저 만들어지는 결과를 사용할 수 있다.

먼저 두 곳의 날씨 정보 사이트를 선언하자.

```kotlin
fun CoroutineScope.preciseWeather() = produce {
    delay(Random.nextLong(100))
    send("Precise Weather" to "+25c")
}

fun CoroutineScope.weatherToday() = produce {
    delay(Random.nextLong(100))
    send("Weather Today" to "+24c")
}
```

두 생산자의 로직은 거의 동일하다. 임의의 시간 동안 기다렸다가 온도 값과 사이트 이름을 반환한다.

다음과 같이 select 식을 사용하면 두 채널을 동시에 구독할 수 있다.

```kotlin
runBlocking {
  val winner = select<Pair<String, String>> {
    preciseWeather().onReceive { preciseWeatherResult ->
            preciseWeatherResult
        }
        weatherToday().onReceive { weatherTodayResult ->
            weatherTodayResult
        }
    }
    println(winner)
}
```

onReceive() 함수를 이용해서 여러 채널을 동시에 구독할 수 있다.

이 코드를 여러 번 실행하면 (Precise Weather, +25c)와 (Weather Today, +24c) 중 하나가 무작위로 출력될 것이다. 두 사이트가 '승리'할 확률은 동일하기 때문이다.

경주 패턴은 반응성을 위해 자원을 희생하고자 할 때 유용하게 사용할 수 있는 개념이다. 구현에는 코틀린의 select 식을 사용한다. 이번에는 select 식을 사용한 다른 동시성 디자인 패턴을 배우기 위해 select 식을 조금 더 깊이 알아보자.

비편향 select

select 구문을 사용할 때는 순서가 중요하다. 기본적으로 select는 편향적이기 때문이다. 만약 두 이벤트가 동시에 발생하면 select는 첫 번째 구문을 선택한다.

다음 예제를 통해 조금 더 자세히 살펴보자.

이번에는 생산자를 하나만 만들 것이다. 이 생산자는 다음에 시청해야 할 영화 제목을 채널로 보낸다.

```
fun CoroutineScope.fastProducer(
    movieName: String
) = produce(capacity = 1) {
    send(movieName)
}
```

채널에 0이 아닌 capacity를 설정했기 때문에 코루틴이 실행되면 곧바로 값을 얻을 수 있을 것이다.

이제 이 생산자를 2개 시작하고, select 식을 사용해서 어떤 영화가 선택되는지 보자.

```
runBlocking {
    val firstOption = fastProducer("분노의 질주 7")
    val secondOption = fastProducer("리벤저")

    delay(10)
    val movieToWatch = select<String> {
```

```
            firstOption.onReceive { it }
            secondOption.onReceive { it }
        }
        println(movieToWatch)
    }
```

이 코드는 아무리 실행해도 〈분노의 질주 7〉이 항상 이긴다. select 구문은 두 값이 동시에 준비되는 경우 항상 둘 중 첫 번째 채널을 선택하기 때문이다.

이번에는 select 대신 selectUnbiased 구문을 사용해 보자.

```
    ...
    val movieToWatch = selectUnbiased<String> {
        firstOption.onReceive { it }
        secondOption.onReceive { it }
    }
    ...
```

이 코드를 실행하면 〈분노의 질주 7〉이 출력될 때도 있고 〈리벤저〉가 출력될 때도 있을 것이다. 그냥 select 구문과는 달리 selectUnbiased는 순서를 무시한다. 여러 결과가 동시에 준비되면 임의로 하나를 택한다.

뮤텍스 패턴

상호 배제mutual exclusion라는 뜻의 **뮤텍스**mutex는 여러 코루틴이 동시에 접근할 수 있는 공유 상태를 보호하기 위해 사용한다.

늘 사용하는 공포의 '숫자 세기' 예제로 시작해 보자. 다음 코드에서는 여러 동시성 작업이 하나의 counter 변수의 값을 바꾸려고 한다.

```
var counter = 0
val jobs = List(10) {
    async(Dispatchers.Default) {
        repeat(1000) {
            counter++
```

```
            }
        }
    }
    jobs.awaitAll()
    println(counter)
```

이미 예상하겠지만 출력되는 counter 변수의 값은 10,000보다 작다. 상당히 당황스럽다.

이 문제를 해결하기 위해 한 번에 오로지 하나의 코루틴만 변수에 접근할 수 있도록 하는 락lock을 도입할 수 있다. 락을 이용하면 작업을 원자적으로 만들 수 있다.

각 코루틴은 락을 통해 counter 변수의 소유권을 얻으려고 시도할 것이다. 만약 다른 코루틴이 counter의 값을 바꾸고 있다면 잠시 기다렸다가 다시 락을 시도한다. counter를 모두 업데이트한 뒤에는 반드시 락을 해제해서 다른 코루틴도 변수에 접근할 수 있도록 해야 한다.

```
var counter = 0
val mutex = Mutex()
val jobs = List(10) {
    launch {
        repeat(1000) {
            mutex.lock()
            counter++
            mutex.unlock()
        }
    }
}
```

이제 이 코드는 항상 10,000이라는 올바른 값을 출력한다.

코틀린의 뮤텍스는 자바와 다르다. 자바에서 뮤텍스에 lock()을 호출하면 락을 걸 수 있을 때까지 스레드가 멈춘다. 반면 코틀린에서는 스레드가 아닌 코루틴이 멈춘다. 덕분에 동시성이 향상되고 락에 드는 비용이 줄어든다.

간단한 경우에는 이런 코드로도 충분하다. 하지만 lock()과 unlock() 사이의 임계 영역critical section이 예외를 던진다면 어떻게 될까?

그런 경우에는 코드를 try...catch 블록으로 감싸야 한다. 매우 성가신 일이다.

```
try {
    mutex.lock()
    counter++
}
finally {
    mutex.unlock()
}
```

finally 블록을 빼먹으면 락이 해제되지 않을 것이다. 그러면 락이 해제되기를 기다리는 모든 코루틴은 더 이상 진행이 불가능하며 데드락이 발생할 수도 있다.

딱 이런 상황에 사용할 수 있도록 코틀린은 withLock() 함수를 제공한다.

```
mutex.withLock {
    counter++
}
```

이전 예제와 비교했을 때 코드가 얼마나 간결해졌는지 보라.

사이드킥 채널 패턴

사이드킥 채널sidekick channel 디자인 패턴을 사용하면 주main 일꾼의 작업 일부를 조수 일꾼에게 넘길 수 있다.

지금까지는 select를 이용해서 값을 '받기만' 했다. 하지만 select를 이용해서 값을 다른 채널로 '보내는' 것도 가능하다. 다음 예제를 보자.

우선 초당 10개의 메시지를 처리하는 행위자 코루틴 batman을 선언해 보자.

```
val batman = actor<String> {
    for (c in channel) {
        println("배트맨이 ${c}을(를) 처리하고 있습니다.")
        delay(100)
```

```
    }
}
```

다음으로는 배트맨보다는 조금 느린 robin이라는 행위자 코루틴을 만들 것이다. 이 코루틴은 초당 4개의 메시지를 처리한다.

```
val robin = actor<String> {
    for (c in channel) {
        println("로빈이 ${c}을(를) 처리하고 있습니다.")
        delay(250)
    }
}
```

이제 슈퍼히어로와 그의 조수(사이드킥)를 2개의 행위자 코루틴으로 구현했다. 당연히 슈퍼히어로가 더 경험이 많기 때문에 보통 사이드킥보다 짧은 시간 안에 빌런villain을 처리할 수 있다.

하지만 슈퍼히어로 혼자선 빌런을 상대하기에 손이 모자랄 때도 있다. 그럴 때 그의 조수가 등장한다. 5명의 빌런을 약간의 시간차를 둬서 배트맨과 로빈 앞에 보내고 어떤 일이 일어나는지 보자.

```
val epicFight = launch {
    for (villain in listOf("조커", "베인", "펭귄", "리들러", "킬러 크록")) {
        val result = select<Pair<String, String>> {
            batman.onSend(villain) {
                "배트맨" to villain
            }
            robin.onSend(villain) {
                "로빈" to villain
            }
        }
        delay(90)
        println(result)
    }
}
```

여기서 select의 타입 매개변수는 채널로 '보내는 값'이 아니라 블록의 '반환값'을 가리킨다. 그래서 Pair<String, String>을 썼다.

코드의 출력은 다음과 같다.

```
> 배트맨이 조커을(를) 처리하고 있습니다.
> (배트맨, 조커)
> 로빈이 베인을(를) 처리하고 있습니다.
> (로빈, 베인)
> 배트맨이 펭귄을(를) 처리하고 있습니다.
> (배트맨, 펭귄)
> 배트맨이 리들러을(를) 처리하고 있습니다.
> (배트맨, 리들러)
> 로빈이 킬러 크록을(를) 처리하고 있습니다.
> (로빈, 킬러 크록)
```

사이드킥 채널을 사용하면 기본 처리 로직을 사용할 수 없을 때 대체 로직을 사용하도록 할 수 있다. 지속적인 스트림을 처리해야 하는데 처리기의 규모를 쉽게 늘릴 수 없을 때 사이드킥 채널을 사용하는 것을 고려하라.

요약

9장에서는 코틀린에서 '동시성'과 관련된 여러 디자인 패턴을 다뤘다. 대부분 코루틴과 채널, 값 지연을 기반으로 한다.

값 지연을 사용하면 비동기적으로 계산되는 값을 관리할 수 있다. 장벽 디자인 패턴은 여러 비동기 작업이 한 곳에서 모인 후에 다음으로 넘어갈 수 있도록 한다. 스케줄러 디자인 패턴은 작업 코드 자체와 작업이 런타임에 실행되는 방법을 분리시킨다.

파이프라인, 팬인, 팬아웃 디자인 패턴을 사용하면 일감을 여러 코루틴에 나눠 주고 처리 결과를 다시 모을 수 있다. 뮤텍스는 동시에 실행되는 작업의 개수를 제어할 때 사용한다. 경주 디자인 패턴을 사용하면 애플리케이션의 반응성이 향상된다. 마지막으로 사이드킥 디자인 패턴은 주 처리기가 들어오는 이벤트를 충분히 빨리 처리하지 못할 때 일감을 도우미에게 할당하는 패턴이다.

이 모든 패턴을 활용하면 애플리케이션에 존재하는 동시성을 효율적이고 확장성 있게 관리할 수 있다. 9장에서는 코틀린에서 일반적으로 사용되는 관용구idiom와 모범 사례를 알아볼 것이다. 또한 코틀린의 등장과 함께 나타난 안티 패턴도 살펴볼 것이다.

질문

1. 코틀린의 select 식이 편향적이라는 것은 무슨 뜻인가?
2. 언제 채널 대신 뮤텍스를 사용해야 하는가?
3. 맵리듀스나 분할 정복 알고리듬을 효율적으로 구현하려면 어떤 동시성 디자인 패턴을 사용해야 하는가?

3부

디자인 패턴 활용의 실제

3부에서는 지금까지 배운 디자인 패턴을 활용해서 실제 애플리케이션을 작성해 보며 몇 가지 모범 사례와 안티 패턴을 배울 것이다.

먼저 코틀린에서 애플리케이션을 개발할 때 따라야 할 모범 사례best practice와 피해야 할 안티 패턴anti-pattern을 살펴볼 것이다. 그 후에 이어지는 10~11장에서는 2개의 마이크로서비스를 작성할 것이다. 10장에서는 Ktor라는 동시성 프레임워크를, 11장에서는 Vert.x라는 반응형 프레임워크를 사용할 것이다.

지금까지 배운 디자인 패턴이 실제 프로그램을 작성할 때 어떻게 적용되는지 확인해 볼 수 있는 좋은 기회가 될 것이다.

3부에는 다음과 같은 3개의 장이 있다.

- **9장,** 관용구와 안티 패턴
- **10장,** Ktor를 이용한 동시성 마이크로서비스
- **11장,** Vert.x를 이용한 반응형 마이크로서비스

09
관용구와 안티 패턴

지금까지는 코틀린의 다양한 특징, 함수형 프로그래밍의 장점, 동시성 디자인 패턴을 살펴봤다.

9장에서는 코틀린에서 코드를 작성할 때 따라야 할 모범 사례와 함께 피해야 할 나쁜 코드 유형을 알아볼 것이다. '코틀린다운' 관용구는 어떻게 생겼고 피해야 할 코드는 어떻게 생겼는지 배울 수 있을 것이다. 여기서 제시하는 모범 사례는 광범위한 주제를 다룬다.

9장에서 다루는 내용은 다음과 같다.

- 시야 지정 함수 사용하기
- 타입 검사와 캐스팅
- try-with-resources 문의 대안
- 인라인 함수
- 대수적 자료형 구현하기

- reified 제네릭
- 상수 효율적으로 사용하기
- 생성자 오버로딩
- null 다루기
- 동시성을 명시적으로 나타내기
- 입력 유효성 검사하기
- 열거형 대신 봉인 클래스 사용하기

9장을 읽고 나면 더 가독성이 좋고 유지 보수가 쉬운 코틀린 코드를 작성할 수 있게 될 뿐만 아니라 빠지기 쉬운 함정을 피할 수 있게 될 것이다.

기술적 요구 사항

이전 장들의 기술적 요구 사항에 더해서, 필요한 의존성을 추가하기 위해 그래들이 활성화된 코틀린 프로젝트가 필요하다.

9장의 예제에서 사용된 소스 코드는 다음 깃허브 저장소(https://github.com/PacktPublishing/Kotlin-Design-Patterns-and-Best-Practices/tree/main/Chapter09)에서 확인할 수 있다.

시야 지정 함수 사용하기

코틀린에는 시야 지정 함수scoping function라는 개념이 있다. 시야 지정 함수는 모든 객체에 대해 사용 가능하며, 이를 사용하면 반복적인 코드를 줄일 수 있다. 다른 장점도 많이 있지만 특히 단일식 함수single-expression function를 간단하게 작성할 때 굉장히 도움이 된다. 시야 지정 함수는 람다식lambda expression을 인자로 받기 때문에 일종의 고차 함수다. 이 절에서는 모든 시야 지정 함수의 의미와 함께 객체를 시야 삼아 코드 블록을 실행하는 예제를 살펴볼 것이다. 절 전반에서 '시야'와 '맥락 객체context object'는 같은 의미로 사용되며 시야 지정 함수가 동작하는 객체를 가리킨다.

let 함수

let은 null 가능 객체nullable object에 대해 호출할 수 있다. 하지만 그 객체가 null이 아닐 때만 함수가 실행된다.

예를 들어 다음과 같이 영화의 유명한 대사를 맵에 저장해 뒀다고 하자.

```
val clintEastwoodQuotes = mapOf(
    "석양의 무법자" to "모든 총은 제각기 쓰는 법이 있지.",
    "황야의 무법자" to "제가 실수했네요. 관짝 4개요."
)
```

이제 영화 이름으로 이 맵에 있는 대사를 하나 골라서 출력할 것이다. 다만 맵에 없는 영화일 수도 있기 때문에 대사가 null인지 검사해야 한다.

```
val quote = clintEastwoodQuotes["용서받지 못한 자"]
if (quote != null) {
    println(quote)
}
```

다음과 같이 let 시야 지정 함수를 사용해서 이 코드를 다시 작성할 수 있다.

```
clintEastwoodQuotes["용서받지 못한 자"]?.let {
    println(it)
}
```

흔히 저지르는 실수 중 하나는 let 앞에 안전 탐색 연산자safe navigation operator를 빠뜨리는 것이다. let() 자체는 null에 대해서도 동작하기 때문에 다음 코드에서도 오류가 발생하지는 않는다.

```
clintEastwoodQuotes["용서받지 못한 자"].let {
    println(it)
}
```

다만 콘솔에 null이 출력될 것이다. 따라서 null 검사를 위해 let()을 사용하는 경우에는 물음표를 잊으면 안 된다.

apply 함수

apply()는 앞에서 이미 살펴본 바 있다. 이 함수는 블록 내에서 실행 대상 객체를 this로 받으며, 실행 후에는 이 객체를 반환한다. 특히 가변 객체를 초기화할 때 apply()를 유용하게 쓸 수 있다.

인수 없는 생성자를 호출한 다음에 수많은 설정자를 부르면서 필드를 초기화해야 했던 경험을 떠올려 보라. 예를 들어 다음 코드를 보자. 어떤 라이브러리에서 제공하는 클래스라고 생각해 보자.

```
class JamesBond {
    lateinit var name: String
    lateinit var movie: String
    lateinit var alsoStarring: String
}
```

이런 클래스의 인스턴스가 필요할 때 다음과 같은 절차적 코드를 작성할 수 있다.

```
val agent = JamesBond()
agent.name = "션 코너리"
agent.movie = "007 살인번호"
```

이런 코드 대신 apply() 함수를 써서 name과 movie만 설정하고 alsoStarring은 비워 둘 수도 있다.

```
val `007` = JamesBond().apply {
    this.name = "션 코너리"
```

```
        this.movie = "007 살인번호"
    }

    println(`007`.name)
```

여기서는 this가 맥락 객체이기 때문에 this를 생략해서 다음과 같이 간단하게 작성할 수도 있다.

```
val `007` = JamesBond().apply {
    name = "션 코너리"
    movie = "007 살인번호"
}
```

자바 클래스는 빈 기본 생성자와 수많은 설정자 함수를 가질 때가 많다. 이런 클래스를 다룰 때 특히 apply() 함수가 도움이 된다.

also 함수

이 절의 도입부에서 단일식 함수의 아름다움과 간결함에 대해 이야기했다. 두 수를 곱하는 간단한 함수를 살펴보자.

```
fun multiply(a: Int, b: Int): Int = a * b
```

하지만 종종 로그 출력과 같이 다른 부수 효과가 필요할 때가 있다. 이를 위해서는 다음과 같이 구현해야 할 것이다.

```
fun multiply(a: Int, b: Int): Int {
    val c = a * b
    println(c)
    return c
}
```

코드가 더 길어졌을 뿐만 아니라 새로운 변수까지 생겼다. 대신 also() 함수를 사용하면 다음과 같이 구현할 수 있다.

```kotlin
fun multiply(a: Int, b: Int): Int =
    (a * b).also { println(it) }
```

이 함수는 식의 결괏값을 it에 할당해서 블록을 실행한 뒤에 그 값을 반환한다. also() 함수는 연쇄 호출 도중에 부수 효과를 일으키고자 할 때 유용하다.

```kotlin
val l = (1..100).toList()
l.filter{ it % 2 == 0 }
    // 값을 출력하지만 자료 구조를 변경하지는 않음
    .also { println(it) }
    .map { it * it }
```

also()를 호출해서 리스트의 각 원소를 출력한 뒤에도 계속 map()을 호출해서 연쇄 호출을 이어갈 수 있는 것을 볼 수 있다.

run 함수

run() 함수는 let()과 굉장히 비슷하다. 다만 맥락 객체를 it 대신 this에 할당한다는 차이가 있다.

다음의 코드를 보면서 자세히 살펴보자.

```kotlin
val justAString = "string"
val n = justAString.run {
    this.length
}
```

이 예제에서 this는 justAString 변수를 가리킨다.

일반적으로 this는 생략할 수 있다. 따라서 이 코드는 다음과 같이 작성할 수도 있다.

```kotlin
val n = justAString.run {
    length
}
```

run() 함수는 apply() 함수와 함께 객체 초기화에 유용하게 쓸 수 있다. 하지만 apply() 함수가 맥락 객체를 반환하는 것과는 달리 run()은 블록의 계산 결과를 반환한다.

```
val lowerCaseName = JamesBond().run {
    name = "ROGER MOORE"
    movie = "007 황금총을 가진 사나이"
    name.toLowerCase() // <= JamesBond 타입이 아님
}
println(lowerCaseName)
```

이 코드의 출력은 다음과 같다.

```
> roger moore
```

여기서 객체의 이름은 "ROGER MOORE"로 초기화된다. run() 함수는 JamesBond 객체를 맥락으로 해서 실행되지만 반환되는 값은 String 타입이라는 점에 유의하라.

with 함수

다른 시야 지정 함수와 달리 with()는 확장 함수가 아니다. 즉 다음과 같은 코드는 불가능하다.

```
"scope".with { ... }
```

대신 with()는 맥락 객체를 인수로 받는다.

```
with("scope") {
    println(this.length) // "this"는 with()의 인수로 전달된 객체를 가리킴
}
```

다른 곳에서와 마찬가지로 this는 생략할 수 있다.

```
with("scope") {
    length
}
```

run()이나 let()처럼 with()도 어떤 값을 반환할 수 있다.

이 절에서는 여러 시야 지정 함수를 통해 객체에 대해 실행되는 코드 블록을 정의함으로써 불필요한 코드 반복을 줄이는 방법을 배웠다. 다음 절에서는 코틀린에서는 왜 다른 언어만큼 인스턴스 검사가 필요하지 않은지 알아볼 것이다.

타입 검사와 캐스팅

코드를 작성하다 보면 is를 이용해서 어떤 객체가 어떤 타입인지 검사하고 as를 이용해서 타입 변환을 하고 싶을 때가 있다. 예를 들어 슈퍼히어로를 위한 시스템을 만들고 있다고 하자. 슈퍼히어로들은 제각기 다른 메서드를 갖고 있다.

```
interface Superhero
class Batman : Superhero {
    fun callRobin() {
        println("출격, 로빈!")
    }
}

class Superman : Superhero {
    fun fly() {
        println("높이 높이, 저 멀리!")
    }
}
```

초능력을 쓰려고 할 때는 다음 함수를 호출한다.

```
fun doCoolStuff(s: Superhero) {
    if (s is Superman) {
        (s as Superman).fly()
    }
    else if (s is Batman) {
```

```
        (a as Batman).callRobin()
    }
}
```

하지만 알다시피 코틀린에는 스마트 캐스팅이 있다. 그래서 이 경우에는 굳이 명시적 캐스팅을 해주지 않아도 된다. 스마트 캐스팅을 사용하면 얼마나 코드가 깔끔해지는지 보자. 명시적 캐스팅만 지워 주면 된다.

```
fun doCoolStuff(s: Superhero) {
    if (s is Superman) {
        s.fly()
    }
    else if (s is Batman) {
        s.callRobin()
    }
}
```

뿐만 아니라 스마트 캐스팅을 사용할 때 when()을 사용하면 코드가 한층 더 깔끔해진다.

```
fun doCoolStuff(s : Superhero) {
    when(s) {
        is Superman -> s.fly()
        is Batman -> s.callRobin()
        else -> println("알 수 없는 슈퍼히어로")
    }
}
```

경우에 따라 예외는 있을 수 있지만 일반적으로 명시적 캐스팅은 지양하고 되도록 스마트 캐스팅을 사용해야 한다.

```
// Superhero는 문자열이 아니다
val superheroAsString = (s as String)
```

하지만 꼭 캐스팅을 해야겠다면 다음과 같이 안전한 캐스팅을 사용할 수 있다.

```
val superheroAsString = (s as? String)
```

09 관용구와 안티 패턴 | 311

이 **안전한 캐스팅 연산자**safe cast operator는 캐스팅이 불가능한 경우에 예외를 던지는 대신 null을 반환한다.

try-with-resources 문의 대안

자바 7에는 AutoCloseable이라는 개념과 try-with-resources 문이 추가됐다.

이것을 사용하면 코드에서 어떤 자원을 다 사용하고 나서 자원 사용을 자동으로 종료 close할 수 있다. 즉 더 이상 파일을 닫는 것을 잊어버릴 염려가 없다(완전히 없지는 않더라도 훨씬 덜하다).

자바 7 이전에 자원이 안전하게 닫히도록 하려면 다음과 같이 지저분한 코드를 작성해야 했다.

```
BufferedReader br = null; // 알다시피 null 사용은 피해야 한다.
try {
    br = new BufferedReader(new FileReader("./src/main/kotlin/7_TryWithResource.kt "));
    System.out.println(br.readLine());
}
finally {
    if (br != null) { // 명시적 검사
        br.close(); // 매번 작성해야 함(보일러플레이트)
    }
}
```

자바 7이 출시된 후로는 위의 코드를 다음과 같이 작성할 수 있다.

```
try (BufferedReader br = new BufferedReader(new FileReader("/some/path"))) {
    System.out.println(br.readLine());
}
```

코틀린은 이 문법을 지원하지 않는다. 하지만 use() 함수를 사용하면 try-with-resources 문을 대체할 수 있다.

```
val br = BufferedReader(FileReader("./src/main/kotlin/7_TryWithResource.kt"))

br.use {
    println(it.readLines())
}
```

어떤 객체에 use() 함수를 사용하기 위해서는 그 객체가 Closeable 인터페이스를 구현해야 한다. Closeable 객체는 use{} 블록이 끝나자마자 자동으로 닫힐 것이다.

인라인 함수

인라인 함수inline function는 마치 컴파일러에게 코드를 매번 복사해서 붙여 넣으라고 지시하는 것과 같다. 다시 말해 컴파일러는 inline 키워드가 붙은 함수를 호출하는 코드가 보이면 그 위치에 함수 본문 전체를 붙여 넣는다.

어떤 함수가 람다 함수를 인수로 받는 고차 함수라면 inline 키워드를 붙여 봄직하다. 이것이 인라인 함수의 대표적인 사용처다.

그런 고차 함수를 하나 예로 들어 컴파일러의 출력을 의사코드로 살펴보자.

먼저 함수 정의는 다음과 같다.

```
inline fun logBeforeAfter(block: () -> String) {
    println("이전")
    println(block())
    println("이후")
}
```

이 함수는 block이라는 람다 함수를 인수로 받는다. 이 람다 함수는 단순히 다음과 같이 '인라인 함수'라는 문자열을 반환한다.

```
logBeforeAfter {
    "인라인 함수"
}
```

이렇게 만들어진 바이트코드bytecode를 디컴파일decompile해서 나온 자바 코드를 살펴보면 logBeforeAfter 함수 호출은 전혀 등장하지 않는다. 다음과 같은 코드만 보일 것이다.

```
String var1 = "이전"; <- 인라인 함수 호출
System.out.println(var1);
var1 = "인라인 함수";
System.out.println(var1);
var1 = "이후";
System.out.println(var1);
```

인라인 함수는 그저 코드를 복사해서 붙여 넣는 것이기 때문에 함수 길이가 몇 줄 수준을 넘어간다면 인라인 함수를 사용해서는 안 된다. 그런 경우에는 일반 함수를 사용하는 것이 더 효율적일 것이다. 하지만 람다 함수를 입력으로 받는 단일식 함수를 작성한다면 성능 최적화를 위해 inline 키워드를 붙일 수도 있다. 결국 애플리케이션의 크기와 성능 사이의 트레이드오프trade-off다.

대수적 자료형 구현하기

대수적 자료형ATD, Algebraic Data Type은 함수형 프로그래밍에서 사용하는 개념인데, 3장에서 배운 **합성 디자인 패턴**과 매우 유사하다.

코틀린으로 간단한 이진 트리를 구현하면서 대수적 자료형의 사용법과 장점을 살펴보자.

먼저 트리 인터페이스를 선언할 것이다. 트리는 어떤 타입의 데이터이든 담고 있을 수 있기 때문에 타입 매개변수를 사용할 것이다.

```
sealed interface Tree<out T>
```

타입명 T에 out이라는 키워드가 붙어 있다. 이 타입이 공변covariant이라는 뜻이다. 이 용어의 의미는 인터페이스를 구현할 때 더 자세히 설명할 것이다.

공변의 반대는 반변contravariant이다. 반변 타입은 in 키워드를 사용해서 표시한다.

인터페이스에 sealed 키워드를 붙인 것도 볼 수 있다. 일반적인 클래스에 sealed 키워드를 적용하는 것은 4장에서 **방문자 패턴**을 다루면서 살펴봤다. 하지만 인터페이스에 sealed를 붙이는 것은 비교적 새로운 기능이며 **코틀린 1.5**에서 처음 도입됐다.

의미는 일반적인 클래스와 같다. 인터페이스의 소유자만 이를 구현할 수 있다는 것이다. 이는 컴파일 시에 인터페이스의 모든 구현체를 알 수 있다는 뜻이다.

다음으로는 빈 트리를 선언해 보자.

```
object Empty : Tree<Nothing> {
    override fun toString() = "빈 트리"
}
```

모든 빈 트리는 동일하기 때문에 객체로 선언해 줬다. 2장에서 배운 **싱글톤 디자인 패턴**의 사용례다. 빈 트리의 타입으로는 Nothing을 사용했는데, 코틀린의 객체 계층 구조상의 특수 클래스다.

> **중요**
>
> Any와 Nothing을 혼동하는 경우가 종종 있다. Any는 자바의 Object처럼 어떤 클래스든 나타낼 수 있지만 Nothing은 아무 클래스도 나타내지 않는다. 여기서 왜 Any를 사용할 수 없는지는 뒤에서 설명할 것이다.

이제 비어 있지 않은 트리 노드를 정의하자.

```
data class Node<T>(
    val value: T,
    val left: Tree<T> = Empty,
    val right: Tree<T> = Empty
) : Tree<T>
```

Node도 Tree 인터페이스를 구현하지만, 이번에는 객체가 아니라 데이터 클래스다. 모든 노드는 다르기 때문이다. Node는 T 타입의 값을 갖고 있는데, 이는 어떤 타입이든 값이 될 수 있다는 뜻이다. 하지만 같은 트리에 속하는 노드는 모두 같은 값 타입을 가져야 한다. 이게 바로 제네릭의 힘이다.

이진 트리이기 때문에 하나의 노드는 left와 right라는 2개의 자식을 갖는다. 기본적으로 두 자식은 모두 Empty다.

자식 노드의 기본값을 Empty로 설정할 수 있었던 것은 값 타입 T가 공변이며 Empty의 값 타입이 Nothing이기 때문이다. Any가 클래스 계층의 최상위 클래스에 해당한다면 Nothing은 최하위 클래스다.

Tree의 값 타입을 out T라고 선언하면 이 트리가 T 또는 T를 상속하는 모든 타입을 값으로 가질 수 있다는 의미다.

Nothing은 클래스 계층의 최하위 클래스이므로 모든 클래스를 상속받는다.

이제 준비가 끝났다. 방금 정의한 트리의 인스턴스를 만들어 보자.

```
val tree = Node(
    1,
    Empty,
    Node(
        2,
        Node(3)
    )
)
println(tree)
```

최상위root 노드의 값은 1이며 오른쪽 자식 노드의 값은 2다. 이 노드는 왼쪽 자식 노드를 가지며 이 자식 노드의 값은 3이다. 그림으로 표현하면 그림 9.1과 같다.

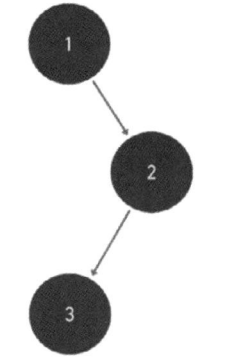

그림 9.1 그림으로 나타낸 트리

이 코드의 출력은 다음과 같다.

```
> Node(value=1, left=Empty, right=Node(value=2, left=Node(value=3, left=Empty,
right=Empty), right=Empty))
```

하지만 트리를 이런 식으로 출력하는 것은 별로 쓸모가 없다. 조금 더 유용한 정보를 얻기 위해 트리가 정수 값을 가질 때 모든 노드의 값을 더하는 함수를 구현해 보자.

```
fun Tree<Int>.sum(): Long = when (this) {
    Empty -> 0
    is Node -> value + left.sum() + right.sum()
}
```

이를 대수적 자료형에 대한 **연산**operation이라고 부른다. 정수를 값으로 갖는 트리에 대해서만 선언한 확장 함수다.

우선 각 노드가 Empty인지 Node인지 확인한다. sealed 클래스와 인터페이스의 아름다움이 여기서 돋보인다. Tree 인터페이스의 구현체가 딱 2개밖에 없다는 사실을 컴파일러가 알고 있기 때문에 when 표현식에 else 블록을 작성할 필요가 없다.

만약 Empty 노드라면 기본값 0을 반환한다. Empty가 아니라면 왼쪽과 오른쪽 자식의 값을 자신의 값과 더해서 반환한다.

이 함수는 5장에서 다룬 재귀 알고리듬의 예시이기도 하다.

이제 코틀린의 제네릭과 관련된 다른 주제를 살펴보자.

제네릭에서 타입 실체화

9장 앞부분에서 인라인 함수를 다뤘다. 인라인 함수는 복사되기 때문에 JVM의 중요한 제약 중 하나, 즉 **타입 소거**type erasure라는 제약을 피해 갈 수 있다. 어쨌든 인라인 함수 안에서는 어떤 타입을 사용하는지 정확히 알 수 있기 때문이다.

다음과 같은 예제를 살펴보자. Number를 입력으로 받는 제네릭 함수를 만들 것이다. 여기서 Number는 Int 또는 Long인데 이 함수는 자신의 타입과 매개변수의 타입이 동일한 경우에만 매개변수를 출력할 것이다.

우선 다음과 같이 단순하게 구현해 보자. 그냥 인스턴스의 타입을 검사하는 것이다.

```
fun <T> printIfSameType(a: Number) {
    if (a is T) { // <== 오류 발생
        println(a)
    }
}
```

하지만 이 코드는 다음과 같은 오류를 내며 컴파일되지 않는다.

> Cannot check for instance of erased type: T

자바에서는 이럴 때 보통 클래스를 인수로 넘긴다. 코틀린에서도 비슷한 방법을 사용할 수 있다. 안드로이드 개발 경험이 있다면 이 패턴이 표준 라이브러리에서 자주 사용되는 것을 알 것이다.

```
fun <T : Number> printIfSameType(clazz: KClass<T>, a: Number) {
    if (clazz.isInstance(a)) {
        println("예")
    } else {
        println("아니오")
    }
}
```

다음과 같이 테스트해 보면 제대로 동작하는 것을 알 수 있다.

```
printIfSameType(Int::class, 1) // "예" 출력(1은 Int)
printIfSameType(Int::class, 2L) // "아니오" 출력(2L은 Long)
printIfSameType(Long::class, 3L) // "예" 출력(3L은 Long)
```

이 코드는 제대로 동작하지만 몇 가지 단점이 있다.

- is 연산자는 사용하지 못하며 반드시 isInstance() 함수를 사용해야 한다.
- 반드시 올바른 클래스 clazz: KClass<T>를 전달해야 한다.

실체화된[reified] 타입을 사용하면 다음과 같이 더 좋은 코드를 작성할 수 있다.

```
inline fun <reified T : Number> printIfSameReified(a: Number) {
    if (a is T) {
        println("예")
    } else {
        println("아니오")
    }
}
```

이 함수도 앞의 코드와 동일하게 잘 동작한다. 그리고 클래스를 인수로 전달하지 않아도 된다. 실체화된 타입을 사용하는 함수는 반드시 inline으로 선언해야 한다. JVM의 타입 소거 때문이다.

이 함수가 잘 동작하는 것은 다음과 같이 테스트해 보면 확인할 수 있다.

```
printIfSameReified<Int>(1)   // "예" 출력(1은 Int)
printIfSameReified<Int>(2L)  // "아니오" 출력(2L은 Long)
printIfSameReified<Long>(3L) // "예" 출력(3L은 Long)
```

이제는 함수의 타입(Int 또는 Long)을 인수로 전달하지 않고 꺾쇠괄호 사이에 전달하는 것을 볼 수 있다. 실체화된 타입을 사용하면 다음과 같은 장점이 있다.

- 클래스를 인수로 전달할 필요가 없어서 메서드 시그니처가 더 깔끔해진다.
- 함수 내에서 is 문법을 사용할 수 있다.
- 타입 추론이 잘 동작한다. 즉 컴파일러가 추론할 수 있다면 타입 매개변수를 완전히 생략할 수 있다.

당연히 inline 함수에 적용되는 규칙도 동일하게 적용된다. 함수 전체가 복제되기 때문에 함수가 너무 길면 안 된다.

실체화된 타입을 사용하는 다른 경우를 알아보자. 바로 **함수 오버로딩**function overloading 이다. 이름은 같고 동작하는 타입만 다른 2개의 함수를 정의해 보자.

```
fun printList(list: List<Int>) {
    println("Int 리스트입니다.")
    println(list)
}

fun printList(list: List<Long>) {
    println("Long 리스트입니다.")
    println(list)
}
```

이 코드는 플랫폼 정의 충돌platform declaration clash을 일으키기 때문에 컴파일되지 않는다. 즉 JVM이 볼 때 두 함수는 똑같이 printList(list: List)와 같은 시그니처를 가진다. 컴파일 도중에 타입이 소거되기 때문이다.

하지만 reified 키워드를 이용하면 이 문제를 쉽게 해결할 수 있다.

```
inline fun <reified T : Any> printList(list: List<T>) {
    when {
        1 is T -> println("Int 리스트입니다.")
        1L is T -> println("Long 리스트입니다.")
        else -> println("다른 타입의 리스트입니다.")
    }
    println(list)
}
```

전체 함수가 inline 함수가 되기 때문에 이제 리스트의 실제 타입을 확인해서 올바른 결과를 출력할 수 있다.

상수 효율적으로 사용하기

자바의 모든 것은 (원시 타입 빼고) 객체이기 때문에 모든 상수를 객체의 정적 멤버로 만들어 버리는 것이 익숙하다.

코틀린에는 동반 객체가 있기 때문에 여기에 상수를 선언하곤 한다.

```
class Spock {
    companion object {
        val SENSE_OF_HUMOR = "None"
    }
}
```

이 코드도 잘 동작하지만, 어쨌든 동반 객체도 객체라는 사실을 잊으면 안 된다.

따라서 이 코틀린 코드를 자바 코드로 번역하면 대강 다음과 같다.

```
public class Spock {
    private static final String SENSE_OF_HUMOR = "None";

    public String getSENSE_OF_HUMOR() {
        return Spock.SENSE_OF_HUMOR;
    }
    ...
}
```

이 예제에서 코틀린 컴파일러는 상수를 가져오는 접근자 함수를 생성한다. 상수를 사용하는 데에 단계가 하나 추가되는 셈이다.

실제로 상수를 사용하는 코드를 살펴보면 다음과 같을 것이다.

```
String var0 = Spock.Companion.getSENSE_OF_HUMOR();
System.out.println(var0);
```

상수를 가져오기 위해서 메서드를 호출한다. 별로 효율적인 방법은 아니다.

이번에는 이 필드에 const 키워드를 붙여 보자.

```
class Spock {
    companion object {
        const val SENSE_OF_HUMOR = "None"
    }
}
```

컴파일러가 만들어 내는 바이트코드는 다음과 같다.

```
public class Spock {
   public static final String SENSE_OF_HUMOR = "None";
   ...
}
```

호출부는 다음과 같이 생겼다.

```
String var1 = "None";
System.out.println(var1);
```

코드 어디에서도 더 이상 Spock 클래스를 참조하지 않는다는 사실에 주목하라. 컴파일러가 상수 값을 '인라인화'한 것이다. 상수이므로 값이 절대 바뀔 일이 없고, 안전하게 인라인화할 수 있다.

그냥 상수 값만 필요할 때는 클래스 밖에 선언해도 된다.

```
const val SPOCK_SENSE_OF_HUMOR = "NONE"
```

네임스페이스가 필요하다면 객체 안에 둘 수도 있다.

```
object SensesOfHumor {
    const val SPOCK = "None"
}
```

이제 상수를 효율적으로 사용하는 법을 알았으니 생성자를 잘 쓰는 법을 알아볼 차례다.

생성자 오버로딩

자바에서 생성자를 오버로딩하는 것은 흔한 일이다. 예를 들어 다음과 같은 자바 클래스를 살펴보자. 초기화를 위해 name 값은 필수로 입력해야 하며, resetPassword는 값을 입력하지 않으면 기본적으로 false가 된다.

```
class User {
    private final String name;
    private final boolean resetPassword;
    public User(String name) {
        this(name, true);
    }

    public User(String name, boolean resetPassword) {
        this.name = name;
        this.resetPassword = resetPassword;
    }
}
```

코틀린에서는 constructor 키워드를 통해 여러 개의 생성자를 정의함으로써 이를 구현할 수 있다.

```
class User(val name: String, val resetPassword: Boolean) {
    constructor(name: String) : this(name, true)
}
```

클래스 본문에 정의된 부 생성자는 주 생성자를 호출하면서 두 번째 인자에 true라는 기본값을 넘겨줄 것이다.

하지만 주 생성자만 사용하되 기본값과 명명 인수를 활용하는 것이 더 낫다.

```
class User(val name: String, val resetPassword: Boolean = true)
```

부 생성자는 반드시 this 키워드를 통해 주 생성자를 호출해야 한다는 사실을 유념하라. 유일한 예외는 주 생성자가 기본 생성자인 경우다.

```
class User {
    val resetPassword: Boolean
    val name: String

    constructor(name: String, resetPassword: Boolean = true) {
        this.name = name
        this.resetPassword = resetPassword
    }
}
```

다음 절에서는 코틀린 코드에서 null을 효율적으로 다루는 방법을 알아보자.

null 다루기

코드에 null이 등장하는 것은 불가피하다. 특히 자바 라이브러리를 다루거나 데이터베이스에서 자료를 가져오는 코드를 작성한다면 더욱 그렇다. 코틀린에서 변수가 null인지 검사하는 여러 가지 방법은 이미 살펴봤다. 예를 들어 다음 코드를 보자.

```
// 절반의 확률로 "문자열"을, 나머지 절반의 확률로 null을 반환
val stringOrNull: String? = if (Random.nextBoolean()) "문자열" else null

// 자바 스타일의 검사 방법
if (stringOrNull != null) {
    println(stringOrNull.length)
}
```

엘비스 연산자를 사용하면 이 코드를 다음과 같이 쓸 수 있다.

```
val alwaysLength = stringOrNull?.length ?: 0
```

이 연산자는 length가 null이 아니라면 그 값을 반환하고, null이라면 기본값(이 코드에서는 0)을 반환한다.

객체가 중첩돼 있는 경우에는 연쇄적으로 null 검사를 수행할 수 있다. 예를 들어 Response 객체 안에 Profile이 들어 있고, 그 안에는 성과 이름 필드가 있다고 하자. 두

필드는 모두 null 값을 가질 수 있다.

```kotlin
data class Response(
    val profile: UserProfile?
)

data class UserProfile(
    val firstName: String?,
    val lastName: String?
)
```

연쇄적으로 null 검사를 하는 코드는 다음과 같다.

```kotlin
val response: Response? = Response(UserProfile(null, null))
println(response?.profile?.firstName?.length)
```

연쇄 사슬에 있는 필드 중 하나라도 null 값을 가지면 이 코드는 null을 출력한다(비정상 종료되는 대신).

마지막으로 9장 '시야 지정 함수 사용하기' 절에서 간단히 언급했던 let() 블록을 사용해서 null 검사를 하는 방법도 있다. 위의 코드를 let()을 사용해서 다시 작성하면 다음과 같다.

```kotlin
println(response?.let {
    it.profile?.let {
        it.firstName?.length
    }
})
```

군데군데 있는 it이 보기 싫다면 다른 시야 지정 함수인 run()을 사용하는 방법도 있다.

```kotlin
println(response?.run {
    profile?.run {
        firstName?.length
    }
})
```

!! 연산자는 안전하지 않기 때문에 실무에서는 사용을 피해야 한다.

```
println(json!!.User!!.firstName!!.length)
```

이 코드는 KotlinNullPointerException을 던질 것이다. 하지만 테스트를 할 때는 null 안전성 이슈를 빠르게 잡아내기 위해 !! 연산자를 사용하는 것이 도움이 될 수도 있다.

동시성을 명시적으로 나타내기

8장에서 보았듯이 코틀린에서 비동기 함수를 만드는 것은 매우 간단하다. 다음의 예시를 보자.

```
fun CoroutineScope.getResult() = async {
    delay(100)
    "OK"
}
```

하지만 이 함수의 사용자는 이 함수가 비동기적으로 실행되리라고는 예상치 못할 것이다. 그냥 단순히 값을 반환한다고 생각할 뿐이다.

다음 코드는 어떤 값을 출력할 것이라고 생각하는가?

```
println("${getResult()}")
```

"OK"가 출력될 것이라고 생각했던 사용자의 기대와는 달리 다음과 같이 출력될 것이다.

```
> Name: DeferredCoroutine{Active}@...
```

물론 6장을 읽었다면 무엇이 문제인지 알아채고 await() 함수를 붙일 것이다.

```
println("${getResult().await()}")
```

하지만 함수의 이름에서 이러한 동작을 눈치챌 수 있었다면 더 좋을 것이다. 함수 이름에 async라는 접미사를 붙이는 것이다.

```
fun CoroutineScope.getResultAsync() = async {
    delay(100)
    "OK"
}
```

코틀린에서는 관례적으로 함수 이름 뒤에 Async를 붙여 비동기 함수와 일반 함수를 구분한다. IntelliJ IDEA를 사용한다면 함수 이름을 관례에 맞게 바꾸라고 제안해 주기까지 할 것이다.

다음 절에서는 사용자의 입력을 검사하기 위해 사용하는 내장 함수를 이야기해 보자.

입력 유효성 검사하기

입력 유효성 검사는 꼭 필요하지만 귀찮은 일이다. 도대체 다음과 같은 코드를 이제껏 몇 번이나 작성한 것일까?

```
fun setCapacity(cap: Int) {
    if (cap < 0) {
        throw IllegalArgumentException()
    }
    ...
}
```

코틀린에서는 require() 함수를 사용해서 인수를 검사할 수 있다.

```
fun setCapacity(cap: Int) {
    require(cap > 0)
}
```

훨씬 읽기 좋은 코드가 탄생한다. require()로 null 검사도 할 수 있다.

```kotlin
fun printNameLength(p: Profile) {
    require(p.firstName != null)
}
```

하지만 더 간편한 requireNotNull() 함수가 있다.

```kotlin
fun printNameLength(p: Profile) {
    requireNotNull(p.firstName)
}
```

check() 함수를 사용하면 객체의 상태를 검사할 수 있다. 사용자가 제대로 설정하지 않은 객체를 반환할 때 이 함수를 사용하면 좋다.

```kotlin
class HttpClient {
    var body: String? = null
    var url: String = ""

    fun postRequest() {
        check(body != null) {
            "POST 요청에는 반드시 본문이 필요합니다."
        }
    }
}
```

역시 마찬가지로 null 검사를 위한 checkNotNull() 함수도 있다.

require()와 check()의 차이점은 require()는 입력이 잘못됐을 때 IllegalArgumentException을 던지는 데에 반해 check()은 IllegalStateException을 던진다는 점이다. IllegalArgumentException은 함수의 입력이 잘못됐다는 뜻이지만 IllegalStateException은 객체의 상태가 잘못됐다는 뜻이다.

코드의 가독성을 높이기 위해 require()나 check() 같은 함수를 사용하라.

마지막으로 코틀린에서 여러 상태를 표현하기 위한 효율적인 방법을 살펴보자.

열거형 대신 봉인 클래스 사용하기

자바 개발자라면 열거형enum에 기능을 추가하고 싶은 유혹이 생길지 모른다.

예를 들어 피자를 주문하고 상태를 추적하는 애플리케이션을 만든다고 하자. 다음과 같은 코드를 작성할 수 있다.

```
// enum이 상태를 나타내는 자바 스타일 코드
enum class PizzaOrderStatus {
    ORDER_RECEIVED, PIZZA_BEING_MADE, OUT_FOR_DELIVERY, COMPLETED;

    fun nextStatus(): PizzaOrderStatus {
        return when (this) {
            ORDER_RECEIVED -> PIZZA_BEING_MADE
            PIZZA_BEING_MADE -> OUT_FOR_DELIVERY
            OUT_FOR_DELIVERY -> COMPLETED
            COMPLETED -> COMPLETED
        }
    }
}
```

하지만 봉인 클래스를 사용하는 방법도 있다.

```
sealed class PizzaOrderStatus(protected val orderId: Int) {
    abstract fun nextStatus(): PizzaOrderStatus
}

class OrderReceived(orderId: Int) :
  PizzaOrderStatus(orderId) {
    override fun nextStatus() = PizzaBeingMade(orderId)
}

class PizzaBeingMade(orderId: Int) :
  PizzaOrderStatus(orderId) {
    override fun nextStatus() = OutForDelivery(orderId)
}
```

```kotlin
class OutForDelivery(orderId: Int) :
  PizzaOrderStatus(orderId) {
    override fun nextStatus() = Completed(orderId)
}

class Completed(orderId: Int) : PizzaOrderStatus(orderId) {
    override fun nextStatus() = this
}
```

여기서는 PizzaOrderStatus라는 봉인 클래스를 상속받아서 주문 상태를 나타내는 클래스를 상태마다 하나씩 만들었다.

이렇게 하면 주문 상태와 함께 추가적인 정보를 더 쉽게 저장할 수 있다는 장점이 있다. 이 예제에서는 주문의 ID를 저장할 수 있다.

```kotlin
var status: PizzaOrderStatus = OrderReceived(123)

while (status !is Completed) {
    status = when (status) {
        is OrderReceived -> status.nextStatus()
        is PizzaBeingMade -> status.nextStatus()
        is OutForDelivery -> status.nextStatus()
        is Completed -> status
    }
}
```

일반적으로 상태와 함께 어떤 데이터를 관리해야 하는 경우에 봉인 클래스를 쓰면 좋다. 또한 열거형보다는 봉인 클래스가 낫다.

요약

9장에서는 코틀린에서 더 좋은 코드를 작성하기 위한 모범 사례와 함께 피해야 할 여러 코드 형태를 살펴봤다. 이제 성능과 유지 보수 면에서 더욱 우수한 '코틀린다운' 코드를 작성할 수 있게 됐을 것이다.

이제 시야 지정 함수를 적재적소에 사용할 수 있을 것이다. 그러나 코드가 혼란스러워질 수 있으므로 과용은 금물이다. 특히 코틀린을 처음 접하는 사람들과 함께 일한다면 주의해야 한다.

let()과 엘비스 연산자, 코틀린의 스마트 캐스팅을 사용해서 null 값을 올바로 다루고 타입 캐스팅을 효율적으로 수행하도록 하자. 마지막으로 제네릭과 봉인 클래스 및 인터페이스는 여러 클래스 간의 복잡한 관계와 동작을 표현할 때 강력한 도구가 된다.

10장에서는 지금까지 배운 모든 지식을 총동원해 반응형 디자인 패턴을 활용한 실제 마이크로서비스를 작성할 것이다.

질문

1. 코틀린에서 자바의 try-with-resources에 해당하는 것은 무엇인가?
2. 코틀린에서 null을 다루는 여러 가지 방법에는 무엇이 있는가?
3. 구체화된 제네릭을 사용하면 어떤 문제를 해결할 수 있는가?

10
Ktor를 이용한 동시성 마이크로서비스

9장에서는 코틀린에서 가독성과 유지 보수성이 좋고 성능도 우수한 관용적 코드를 작성하는 법을 배웠다.

10장에서는 지금까지 배운 내용을 종합해서 **Ktor** 프레임워크를 이용한 마이크로서비스를 만들어 볼 것이다. **Ktor 프레임워크**를 사용하면 반응형 프로그래밍의 원칙을 준수하면서 현업에서 실제 작성하는 프로그램과 비슷한 서비스를 만들 수 있다. Ktor 프레임워크의 장점은 10장 앞부분에서 살펴볼 것이다.

10장에서 다루는 내용은 다음과 같다.

- Ktor 시작하기
- 요청 라우팅
- 서비스 테스트하기
- 애플리케이션 모듈화
- 데이터베이스 연결하기
- 엔티티 생성하기
- 일관성 있는 테스트 만들기
- 엔티티 조회하기
- Ktor에서 라우팅 구조화하기
- Ktor의 동시성

10장을 읽고 나면 코틀린으로 작성한 마이크로서비스를 하나 갖게 될 것이다. 이 서비스는 충실한 테스트 코드도 갖고 있고, PostgreSQL 데이터베이스에서 데이터를 읽고 다시 데이터를 저장할 수도 있다.

기술적 요구 사항

시작하기 위해서 다음이 필요하다.

- JDK 11 이상
- IntelliJ IDEA[1]
- Gradle 6.8 이상
- PostgreSQL 14 이상

10장에서는 컴퓨터에 이미 PostgreSQL이 설치돼 있으며 독자가 PostgreSQL을 다루기 위한 어느 정도의 지식이 있다고 가정할 것이다. 만약 PostgreSQL이 낯설다면 다음의 공식 문서(https://www.postgresql.org/docs/14/tutorial-install.html)를 읽어 보기 바란다.

10장의 예제에서 사용된 소스 코드는 다음 깃허브 저장소(https://github.com/PacktPublishing/Kotlin-Design-Patterns-and-Best-Practices/tree/main/Chapter10)에서 확인할 수 있다.

Ktor 시작하기

할 일 목록이나 장보기 목록 서비스는 이미 수도 없이 만들어 봤을 것이다.

---

1 IntelliJ IDEA Community Edition 2021.1 버전을 기준으로 설명한다. 다른 버전을 사용하면 프로젝트 생성 방법이나 생성된 프로젝트의 구조 및 샘플 코드가 책의 내용과 다를 수 있다. 프로젝트 생성 시 'Web Server' 템플릿을 제공하지 않는 최신 버전의 IntelliJ IDEA를 사용하는 경우, Ktor Project Generator(https://start.ktor.io)를 통해 책의 예제와 비슷한 구조를 갖는 Ktor 프로젝트를 생성할 수 있다. - 옮긴이

그래서 10장에서는 고양이 쉼터를 위한 마이크로서비스를 만들어 볼 것이다. 이 서비스의 기능은 다음과 같다.

- 서비스가 켜져 있고 잘 동작하고 있는지 확인할 수 있도록 핑^{ping}을 받아서 응답하는 엔드포인트^{endpoint}를 제공한다.
- 현재 쉼터에 있는 고양이의 목록을 반환한다.
- 새로운 고양이를 추가할 수 있다.

이 서비스는 **Ktor**라는 프레임워크를 사용해서 것이다. Ktor는 코틀린을 만든 개발자들이 직접 개발한 동시성 프레임워크다.

우선 코틀린 그래들 프로젝트를 새로 만들어 보자.

1. IntelliJ IDEA에서 **File > New > Project** 메뉴를 클릭한 뒤 **New Project** 창에서 **Kotlin**을 선택한다. **Build System**에는 **Gradle Kotlin**을 선택한다.
2. 프로젝트를 잘 나타내는 이름을 입력한다. 이 서비스 프로젝트의 이름은 `CatsHostel`로 지었다. 그리고 프로젝트에 사용할 **Project JDK**를 선택한다(여기서는 JDK 15를 사용할 것이다).

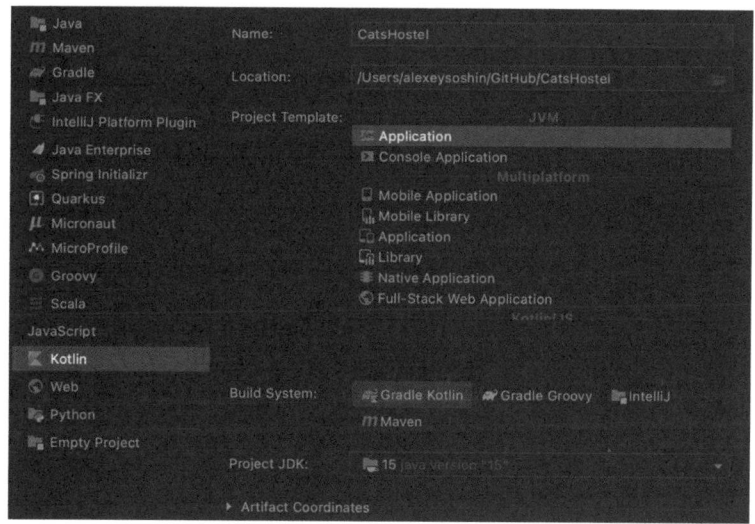

그림 10.1 프로젝트 JDK 선택

3. 다음 화면에서 **Test framework**로는 **JUnit 5**를, **Target JVM version**은 **1.8**을 선택하고 **Finish** 버튼을 누른다.

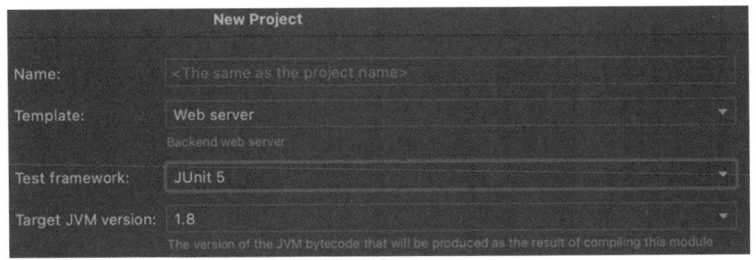

그림 10.2 테스트 프레임워크와 대상 JVM 버전 선택

4. 이제 다음과 같은 프로젝트 구조가 보일 것이다.

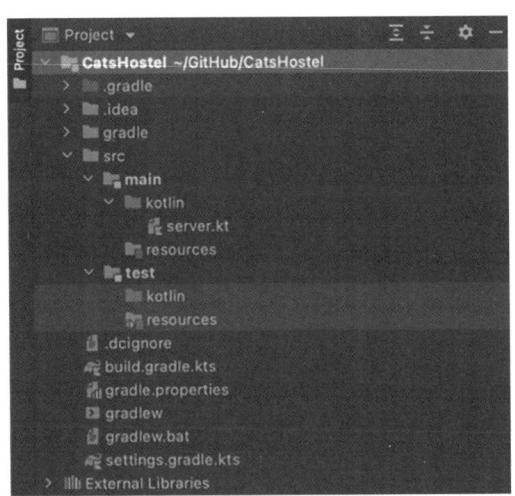

그림 10.3 프로젝트 구조

이제 build.gradle.kts 파일을 열어 보자. 이 파일은 프로젝트의 빌드 방법, 의존성, 사용하는 라이브러리 등을 설정하는 데에 사용한다. IntelliJ IDEA의 버전에 따라 파일 내용은 다소 다를 수 있으나 전체적인 구조는 같을 것이다.

.kts 확장자는 이 코틀린 프로젝트의 설정 파일이 코틀린으로 작성됐다는 것을 의미한다. 조금 더 정확히 말하면 코틀린이 아니라 **코틀린 스크립트**Kotlin Script다. 이제 Ktor

프레임워크를 사용해서 서버 프로그램 작성을 시작해 보자. 먼저 다음과 같이 생긴 dependencies 블록을 찾아야 한다.

```
dependencies {
    implementation(...)
    testImplementation("org.junit.jupiter:junit-jupiter-api:5.6.0")
    testRuntimeOnly("org.junit.jupiter:junit-jupiter-engine:5.6.0")

}
```

이 코드에는 프로젝트에서 사용하는 모든 라이브러리가 나열돼 있다. implementation() 설정 항목은 해당 라이브러리를 항상 사용한다는 뜻이며 testImplementation()은 해당 라이브러리를 테스트 중에만 사용한다는 것을 의미한다.

각 라이브러리가 어떻게 정의돼 있는지 살펴보자.

```
"org.junit.jupiter:junit-jupiter-api:5.6.0"
```

일반적인 문자열인데, 콜론(:)을 기준으로 다음과 같이 크게 세 부분으로 구분할 수 있다.

```
"그룹:이름:버전"
```

그룹과 이름은 라이브러리의 고유한 식별자다. 버전이 무엇인지는 굳이 설명하지 않아도 될 것이다.

이제 dependencies 블록을 다음과 같이 수정해 보자.

```
val ktorVersion = "1.6.0"
dependencies {
    implementation("io.ktor:ktor-server-netty:$ktorVersion")
    ...
}
```

10 Ktor를 이용한 동시성 마이크로서비스 | 337

.kts 파일은 코틀린 파일이기 때문에 일반적인 코틀린 문법을 사용할 수 있다. 여기서는 문자열 보간을 통해 라이브러리 버전을 값에 저장하고 이 값이 들어간 의존성 문자열을 만들었다.

현재 Ktor의 최신 버전은 **1.6.4**다. 하지만 이 책을 읽고 있는 시점에는 아마 신규 버전을 사용할 수 있을 것이다. 다음 링크(https://ktor.io/)에서 최신 버전을 확인하자.

모든 **Ktor** 라이브러리는 같은 버전을 사용해야 한다는 것이 일반적인 규칙이다. 그래서 버전을 별도의 값으로 선언한 것이다.

> **팁**
>
> 이 절의 지시를 처음부터 잘 따라왔다면 프로젝트의 src/main/kotlin 폴더 내에 server.kt 파일이 있을 것이다. 만약 없다면 만들면 된다.

이제 server.kt 파일에 다음과 같은 내용을 작성하자.

```
fun main() {
    embeddedServer(Netty, port = 8080) {
        routing {
            get("/") {
                call.respondText("OK")
            }
        }
    }.start(wait = true)
    println("다음 주소로 접속하세요: http://localhost:8080")
}
```

이 코드면 브라우저에 다음 주소(http://localhost:8080)를 입력했을 때 OK라고 응답하는 웹 서버가 만들어진다.

어떤 일이 일어나고 있는지 조금 더 자세히 살펴보자.

- 요청에 대해서 응답을 되돌려 주기 위해 call 객체를 사용한다. 이 객체를 **맥락**context 이라고도 한다. call 객체에는 요청을 파싱하고 다양한 종류의 포맷에 맞게 응답을 만들기 위한 메서드가 다양하게 준비돼 있다. 앞으로 이러한 메서드를 하나씩 살펴볼 것이다.

- embeddedServer() 함수는 2장에서 배운 빌더 패턴을 구현하고 있다. 이 함수에 여러 가지 옵션을 인수로 전달해서 웹 서버를 구성할 수 있다. 예제에서는 대부분 기본값을 사용하고 포트만 8080으로 지정해 줬다.
- start() 함수의 wait 인수를 true로 설정해서 서버가 요청을 기다리도록 한다.
- embeddedServer 함수에 필수로 전달해야 하는 인수는 딱 하나 있는데, 바로 사용할 서버 엔진의 종류다. 이 예제에서는 유명한 JVM 라이브러리인 Netty를 사용했지만 다른 선택지도 많이 있다. 젯브레인스에서 개발한 CIO는 가장 많은 주목을 받고 있는 엔진 가운데 하나다.

CIO나 Netty는 **팩토리** 패턴을 구현하고 있으며, 호출했을 때 서버 인스턴스를 생성해 준다. 여러 디자인 패턴의 조합을 통해 굉장히 유연하고 확장성 있는 아키텍처를 구현한 것이 정말 흥미롭지 않은가?

Netty 대신 CIO를 사용하려면 다음과 같이 새로운 의존성을 추가해야 한다.

```
dependencies {
    ...
    implementation("io.ktor:ktor-server-cio:$ktorVersion")
    ...
}
```

그리고 embeddedServer 함수의 인수에 새로운 서버 엔진을 지정해야 한다.

```
embeddedServer(CIO, port = 8080) {
    ...
}.start(wait = true)
```

서버의 종류를 바꾸려면 서버 엔진만 새롭게 지정해 주면 된다. 다른 코드는 전혀 손댈 필요가 없다. 구성 요소를 손쉽게 교체할 수 있도록 embeddedServer() 함수가 브리지 패턴을 구현하고 있기 때문이다.

이제 서버가 켜졌으니 여러 가지 요청에 대한 응답을 정의하는 코드를 작성해 보자.

요청 라우팅

routing 블록을 자세히 보자.

```
routing {
    get("/") {
        call.respondText("OK")
    }
}
```

이 블록에는 서버가 처리할 모든 URL을 기술한다. 예제에서는 최상위 URL만 처리하도록 했다. 클라이언트에서 최상위 URL을 요청하면 텍스트 응답 OK를 반환한다.

이번에는 텍스트 대신 JSON으로 응답하는 방법을 알아보자.

```
get("/status") {
    call.respond(mapOf("status" to "OK"))
}
```

respondText() 함수 대신 respond() 함수를 사용한다. 이 함수는 문자열이 아닌 객체를 받는다. 예제에서는 문자열 맵을 전달했다. 그런데 이 코드를 실행하면 예외가 발생한다.

기본적으로 객체를 JSON으로 직렬화(serialization)할 수 없기 때문이다. 직렬화를 해주는 여러 라이브러리가 있는데, 여기서는 kotlinx-serialization을 사용할 것이다. 먼저 의존성을 추가하자.

```
dependencies {
    ...
    implementation("org.jetbrains.kotlinx:kotlinx-serialization-json-jvm:1.3.0")
    ...
}
```

그리고 routing 블록 전에 다음과 같은 코드를 추가해야 한다.

```
install(ContentNegotiation) {
    json()
}
```

이제 다시 코드를 실행해 보면 다음과 같은 응답을 받을 수 있을 것이다.

```
> {"status":"OK"}
```

첫 번째 라우팅 예제에서는 JSON으로 직렬화한 객체를 응답으로 보냈다. 이제 브라우저에서 다음 주소(http://localhost:8080/status)에 접속해서 애플리케이션이 잘 작동하고 있는지 확인할 수 있다. 하지만 매번 확인하는 것도 꽤 귀찮은 일이다. 다음 절에서는 /status 엔드포인트에 대한 테스트를 작성하는 법을 배울 것이다.

서비스 테스트하기

첫 번째 테스트를 작성하기 위해 src/test/kotlin 디렉터리 아래에 ServerTest.kt라는 파일을 생성하자.

그리고 다음과 같이 의존성을 추가한다.

```
dependencies {
    ...
    testImplementation("io.ktor:ktor-server-tests:$ktorVersion")
}
```

다음으로는 ServerTest.kt 파일에 다음과 같은 코드를 작성한다.

```
internal class ServerTest {
    @Test
    fun testStatus() {
        withTestApplication {
            val response = handleRequest(HttpMethod.Get, "/status").response
            assertEquals(HttpStatusCode.OK, response.status())
            assertEquals("""{"status": "OK"}""", response.content)
```

```
        }
    }
}
```

코틀린에서 테스트는 클래스 단위로 그룹화하며, 클래스 안에 있는 @Test 애노테이션이 붙은 메서드가 하나의 테스트에 해당한다.

test 메서드에서는 먼저 테스트 서버를 시작하고 /status 엔드포인트에 GET 요청을 보낸 뒤, 응답으로 올바른 상태 코드와 JSON 본문이 돌아오는지 검사한다.

그러나 지금 이 테스트를 실행하면 실패할 것이다. 서버를 시작하지 않았기 때문이다. 테스트가 성공하도록 하려면 약간의 리팩토링refactoring이 필요한데, 이는 다음 절에서 설명할 것이다.

애플리케이션 모듈화

지금까지 작성한 서버 애플리케이션은 main() 함수에서 시작했다. 하지만 이렇게 하면 구성은 간단하지만 애플리케이션 테스트가 불가능하다.

Ktor에서는 보통 코드를 모듈 단위로 구성한다. main 함수를 다음과 같이 다시 작성해 보자.

```
fun main() {
    embeddedServer(
        CIO,
        port = 8080,
        module = Application::mainModule
    ).start(wait = true)
}
```

이번에는 블록 내부에 서버 로직을 직접 작성하는 대신 로직을 담고 있는 모듈을 인수로 전달했다.

이 모듈은 Application 객체의 확장 함수로서 정의한다.

```
fun Application.mainModule() {
    install(ContentNegotiation) {
        json()
    }
    routing {
        get("/status") {
            call.respond(mapOf("status" to "OK"))
        }
    }
    println("open http://localhost:8080")
}
```

보다시피 이 함수의 내용은 이전 코드에서 embeddedServer 함수에 직접 작성했던 내용과 동일하다.

이제 테스트 코드로 돌아가서 테스트하고자 하는 모듈을 지정해 주기만 하면 된다.

```
@Test
fun testStatus() {
    withTestApplication(Application::mainModule) {
        ...
    }
}
```

이제 테스트 모드에서도 서버가 정상적으로 시작되기 때문에 테스트는 성공할 것이다.

지금까지는 서비스의 기반 구조를 만드는 방법만 설명하고 실제 고양이 관리를 위한 비즈니스 로직은 다루지 않았다. 비즈니스 로직을 구현하려면 데이터베이스가 필요하다. 다음 절에서는 Ktor에서 Exposed 라이브러리를 활용해 데이터베이스를 다루는 방법을 설명할 것이다.

데이터베이스 연결하기

고양이를 저장하고 조회하려면 데이터베이스를 사용해야 한다. 여기서는 PostgreSQL을 사용하지만 다른 SQL 데이터베이스를 사용해도 방법은 동일하다.

먼저 데이터베이스 연결을 위한 라이브러리를 추가해야 한다. Exposed라는 라이브러리를 사용할 텐데, 이 라이브러리 역시 젯브레인스에서 개발한 것이다.

build.gradle.kts 파일에 다음과 같이 의존성을 추가하자.

```
dependencies {
    implementation("org.jetbrains.exposed:exposed:0.17.14")
    implementation("org.postgresql:postgresql:42.2.24")
    ...
}
```

라이브러리가 제대로 추가됐다면 이제 데이터베이스에 연결해 보자. /src/main/kotlin 폴더 아래에 DB.kt라는 파일을 만들고 다음과 같은 코드를 작성하면 된다.

```
object DB {
    private val host = System.getenv("DB_HOST") ?: "localhost"
    private val port = System.getenv("DB_PORT")?.toIntOrNull() ?: 5432
    private val dbName = System.getenv("DB_NAME") ?: "cats_db"
    private val dbUser = System.getenv("DB_USER") ?: "cats_admin"
    private val dbPassword = System.getenv("DB_PASSWORD") ?: "abcd1234"
    fun connect() = Database.connect(
        "jdbc:postgresql://$host:$port/$dbName",
        driver = "org.postgresql.Driver",
        user = dbUser,
        password = dbPassword
    )
}
```

이 애플리케이션에는 데이터베이스 인스턴스가 하나만 필요하기 때문에 2장에서 배운 싱글톤 패턴을 활용해서 DB 객체를 만들 수 있다. 싱글톤 객체를 만들 때는 object 키워드를 사용한다.

그리고 데이터베이스 연결을 위해 필요한 값은 환경변수에서 읽기를 시도한다. 만약 환경변수가 설정돼 있지 않으면 엘비스 연산자를 통해 기본값을 사용한다.

> **팁**
>
> 데이터베이스 및 사용자 생성 방법은 책의 범위를 벗어난다. 설명이 필요하다면 다음 링크(https://www.postgresql.org/docs/14/app-createuser.html) 및 다음 링크(https://www.postgresql.org/docs/14/app-createdb.html)의 공식 문서를 참고하자.

명령줄에서 다음과 같이 입력하면 간단하게 사용자와 데이터베이스를 만들 수 있다.

```
$ createuser cats_admin -W -d
$ createdb cats_db -U cats_admin
```

첫 번째 명령은 cats_admin이라는 이름의 데이터베이스 사용자를 만든다. 명령어를 실행하면 신규 사용자의 비밀번호를 입력하라고 요구할 것이다. 이 서비스는 cats_admin 계정을 통해 데이터베이스에 접근할 것이다. 두 번째 명령은 cats_db라는 데이터베이스를 cats_admin 사용자 아래에 만든다. 데이터베이스가 만들어졌으니 이제 고양이 정보를 저장할 테이블을 만들어야 한다.

테이블을 만들기 위해 DB.kt 파일 아래에 테이블을 나타내는 싱글톤 객체를 정의해 보자.

```
object CatsTable : IntIdTable() {
    val name = varchar("name", 20).uniqueIndex()
    val age = integer("age").default(0)
}
```

이 객체 정의가 의미하는 바를 찬찬히 뜯어 보자.

- IntIdTable은 Int 타입의 기본 키primary key를 갖는 테이블을 생성할 것을 의미한다.

- 객체 본문에서는 테이블의 열column을 정의한다. ID 열 외에 varchar 타입(즉 문자열 타입)의 name 열을 정의했는데 최대 길이는 20자로 설정했다.

- name 열에는 uniqueIndex()를 설정해서 모든 고양이의 이름이 반드시 유일하게 존재하도록 했다.

- 세 번째 열은 integer 타입(코틀린에서는 Int 타입)이며 기본값을 0으로 설정했다.

고양이 한 마리를 나타내는 데이터 클래스도 다음과 같이 정의할 것이다.

```
data class Cat(val id: Int,
               val name: String,
               val age: Int)
```

이제 남은 일은 다음과 같은 코드를 mainModule() 함수에 추가하는 것뿐이다.

```
DB.connect()
transaction {
    SchemaUtils.create(CatsTable)
}
```

이 코드는 애플리케이션이 시작될 때마다 데이터베이스 연결을 만들고 엔티티[entity]를 저장할 테이블을 생성하려고 할 것이다. 만약 테이블이 이미 존재한다면 아무 일도 일어나지 않는다.

데이터베이스 연결을 만들었으니 이를 활용해서 고양이를 몇 마리 저장해 보자.

엔티티 생성하기

이제 가상의 고양이 쉼터에 첫 번째 고양이를 들일 시간이다.

REST 원칙에 따르면 이러한 요청은 POST로 받아야 한다. 이 요청의 본문은 다음과 같이 생겼을 것이다.

```
{"name": "두부", "age": 4}
```

먼저 테스트부터 작성해 보자.

```
@Test
fun `POST 요청은 새로운 고양이를 생성한다`() {
    ...
}
```

백틱(`)을 사용하면 함수 이름에 공백을 포함할 수 있다. 이를 활용하면 테스트 내용을 잘 설명하는 테스트 이름을 지을 수 있다.

테스트 본문은 다음과 같다.

```
withTestApplication(Application::mainModule) {
    val response = handleRequest(HttpMethod.Post, "/cats") {
        addHeader(
            HttpHeaders.ContentType,
            ContentType.Application.FormUrlEncoded.toString()
        )
        setBody(
            listOf(
                "name" to "두부",
                "age" to 4.toString()
            ).formUrlEncode()
        )
    }.response
    assertEquals(HttpStatusCode.Created, response.status())
}
```

withTestApplication과 handleRequest 함수는 이전 절에서 이미 살펴봤다. 이번엔 POST 요청을 사용한다. POST 요청에는 알맞은 헤더를 설정하는 것이 중요하므로 addHeader() 함수로 헤더를 설정했다. 앞서 보았던 POST 본문을 전송할 수 있도록 본문도 설정해줬다.

마지막으로 할 일은 응답의 헤더에 HTTP 응답 코드가 Created인지 확인하는 것이다.

이 테스트를 실행하면 응답 코드가 404가 나오면서 실패할 것이다. 아직 /cats 엔드포인트를 구현하지 않았기 때문이다.

routing 블록으로 되돌아가서 새로운 엔드포인트를 추가하자.

```
post("/cats") {
    ...
    call.respond(HttpStatusCode.Created)
}
```

새 고양이를 생성하기 위해서는 POST 요청의 본문을 읽어야 한다. receiveParameters() 함수를 사용하면 본문을 읽을 수 있다.

```
val parameters = call.receiveParameters()
val name = requireNotNull(parameters["name"])
val age = parameters["age"]?.toInt() ?: 0
```

receiveParameters 함수는 대소문자 구분 없는 맵을 반환한다. 먼저 이 맵에서 고양이의 이름을 가져온다. 만약 고양이 이름이 요청 본문에 없다면 요청은 실패로 처리한다. 실패 처리는 Ktor에서 대신해 줄 것이다.

그리고 만약 나이age가 요청 본문에 없다면 엘비스 연산자를 이용해서 기본값 0을 사용한다.

이제 새로운 고양이 정보를 데이터베이스에 추가해야 한다.

```
transaction {
    CatsTable.insert { cat ->
        cat[CatsTable.name] = name
        cat[CatsTable.age] = age
    }
}
```

여기서는 데이터베이스를 수정하기 위해 transaction 블록을 사용했다. 그리고 insert() 메서드를 통해 새로운 값을 추가했다. 이 메서드는 모든 테이블 객체에 존재한다. insert의 람다 함수 블록 내에서 cat 변수는 추가하려는 새 행을 가리킨다. 이 변수의 name과 age를 입력받은 값으로 채워 줬다.

이제 테스트는 성공할 것이다. 하지만 테스트를 재차 실행하면 실패한다. 데이터베이스에서 고양이 이름은 중복을 허용하지 않기 때문이다. 그리고 테스트를 실행할 때마다 데이터베이스를 초기화하지도 않았다. 그래서 첫 번째 테스트에서는 '두부'라는 고양이가 잘 추가됐지만 두 번째에는 실패한다. 똑같은 이름의 고양이가 이미 데이터베이스에 존재하는 탓이다.

실행할 때마다 테스트의 결과가 달라지지 않도록 하려면 데이터베이스를 초기화해야 한다.

일관성 있는 테스트 만들기

테스트로 되돌아가서 다음의 코드를 추가해 보자.

```
@BeforeEach
fun setup() {
    DB.connect()
    transaction {
        SchemaUtils.drop(CatsTable)
    }
}
```

이 함수에는 @BeforeEach 애노테이션이 붙어 있다. 이름에서 알 수 있듯이 이 코드는 각 테스트를 시작하기 전에 실행된다. 이 함수가 하는 일은 먼저 데이터베이스 연결을 만들고 테이블을 완전히 삭제^{drop}하는 것이다. 그러면 애플리케이션이 다시 테이블을 생성할 것이다.

이제 테스트는 항상 일관성 있게 성공할 것이다. 다음 절에서는 Exposed 라이브러리를 통해 데이터베이스에서 고양이를 조회하는 방법을 배울 것이다.

엔티티 조회하기

REST 원칙에 따르면 모든 고양이의 정보를 조회하는 기능의 URL은 /cats가 돼야 하고, 고양이 한 마리의 정보를 조회하는 기능의 URL은 조회하고자 하는 고양이의 ID가 123일 때 /cats/123이 돼야 한다.

그럼 조회 기능을 위한 라우팅 2개를 새로 추가해 보자.

```
get("/cats") {
    ...
}
get("/cats/{id}") {
    ...
}
```

첫 번째 라우팅은 장 초반에 작성한 /status와 매우 비슷하다. 하지만 두 번째 라우팅은 조금 다르다. URL에 쿼리 매개변수$^{\text{query parameter}}$가 포함돼 있다. 매개변수 이름을 중괄호로 감싸면 쿼리 매개변수를 만들 수 있다.

쿼리 매개변수의 값을 읽어 오려면 parameters 맵을 사용한다.

```
val id = requireNotNull(call.parameters["id"]).toInt()
```

URL에 ID가 있으면 데이터베이스에서 ID에 해당하는 고양이 정보를 가져와야 한다.

```
val cat = transaction {
    CatsTable.select {
        CatsTable.id.eq(id)
    }.firstOrNull()
}
```

여기서는 transaction을 열고 select 문을 통해 요청받은 ID를 갖는 고양이 정보를 조회한다.

만약 객체가 반환되면 그 결과를 JSON으로 변환한다. 만약 찾는 고양이가 데이터베이스에 없다면 HTTP 코드 404 Not Found를 반환한다.

```
if (cat == null) {
    call.respond(HttpStatusCode.NotFound)
} else {
    call.respond(
        Cat(
            cat[CatsTable.id].value,
            cat[CatsTable.name],
            cat[CatsTable.age]
        )
    )
}
```

이제 고양이 한 마리의 정보를 가져오는 기능을 테스트하는 코드도 작성해 보자.

```
@Test
fun `ID를 지정한 GET 요청은 특정한 고양이 정보를 조회한다`() {
    withTestApplication(Application::mainModule) {
        val id = transaction {
            CatsTable.insertAndGetId { cat ->
                cat[name] = "복실이"
            }
        }
        val response = handleRequest(HttpMethod.Get, "/cats/$id").response
        assertEquals("""{"id":1,"name": "복실이","age":0}""", response.content)
    }
}
```

이 테스트는 먼저 Exposed를 통해 새로운 고양이를 만든다. 이때는 `insertAndGetId` 메서드를 사용한다. 이름에서 알 수 있듯이 이 메서드는 새로운 행을 추가하고 그 행의 ID를 반환한다. 고양이를 추가한 뒤에는 방금 구현한 엔드포인트를 통해서 고양이 정보 조회를 시도한다.

이 테스트를 실행하면 다음과 같은 예외가 발생하며 실패할 것이다.

```
> Serializer for class 'Cat' is not found.
```

기본적으로 Ktor는 사용자가 정의한 데이터 클래스를 JSON으로 변환하는 방법을 모른다. 이 문제를 해결하려면 우선 다음과 같이 build.gadle.kts 파일에 새 플러그인을 추가해야 한다.

```
plugins {
    kotlin("jvm") version "1.5.10"
    application
    kotlin("plugin.serialization") version "1.5.10"
}
```

이 플러그인은 `@Serializable` 애노테이션이 붙어 있는 모든 클래스에 대해 컴파일 타임에 직렬화 코드를 만들어 준다. 따라서 Cat 클래스에 `@Serializable` 애노테이션만 붙여주면 테스트는 성공할 것이다.

```kotlin
@Serializable
data class Cat(
    val id: Int,
    val name: String,
    val age: Int
)
```

이렇게 한 줄만 써주면 된다. 이제 ID로 고양이 정보를 조회하는 테스트가 성공할 것이다.

마지막으로 데이터베이스에 존재하는 모든 고양이의 정보를 조회하는 기능을 만들어야 한다. 이를 위해서 테스트 구성을 다음과 같이 조금 수정하자.

```kotlin
@TestInstance(TestInstance.Lifecycle.PER_CLASS)
class ServerTest {
    @BeforeAll
    fun setup() {
        DB.connect()
        transaction {
            SchemaUtils.create(CatsTable)
        }
    }

    @AfterAll
    fun cleanup() {
        DB.connect()
        transaction {
            SchemaUtils.drop(CatsTable)
        }
    }
    ...
}
```

여기서는 테스트 설정을 조금 바꿔서 모든 테스트가 실행되면 테이블을 삭제하도록 했다. 따라서 이번에는 각 테스트 전에 실행하는 것을 의미하는 `@BeforeEach` 대신 모든 테스트 실행 후에 실행하는 것을 의미하는 `@AfterAll` 애노테이션을 사용했다.

이 애노테이션을 사용하려면 클래스에 `@TestInstance` 애노테이션을 추가해야 한다. 기본적으로는 PER_METHOD가 사용된다. 하지만 여기서는 여러 개의 테스트를 연달아서 실행한 뒤에 정리 메서드를 실행하고자 하기 때문에 테스트 생애 주기$^{\text{life cycle}}$를 PER_CLASS로 설정해야 한다.

다음으로는 테스트를 다른 클래스로 감싸 보자.

```
@Nested
inner class `DB에 있는 고양이 정보를 사용하는 테스트` {

    @Test
    fun `ID를 지정한 GET 요청은 특정한 고양이 정보를 조회한다`() {
        ...
    }
}
```

테스트 클래스 중첩^{nesting}을 이용하면 특정한 테스트 상황을 효과적으로 캡슐화할 수 있다. 이 경우에는 고양이 정보가 이미 데이터베이스에 있는 상황하에 2개의 테스트를 실행하려고 한다.

이제 다음과 같은 설정 코드를 중첩 테스트 클래스에 추가하자.

```
lateinit var id: EntityID<Int>
@BeforeEach
fun setup() {
    DB.connect()
    id = transaction {
        CatsTable.insertAndGetId { cat ->
            cat[name] = "복실이"
        }
    }
}
@AfterEach
fun teardown() {
    DB.connect()
    transaction {
        CatsTable.deleteAll()
    }
}
```

이 중첩 클래스 내의 테스트를 실행하기 전에는 데이터베이스에 새로운 고양이를 생성하고, 실행 후에는 데이터베이스에서 모든 고양이를 삭제한다. 생성한 고양이의 아이디는 테스트에서 활용해야 하기 때문에 별도의 변수에 저장해 놓는다.

이제 단일 엔티티 조회를 테스트하는 코드는 다음과 같이 작성할 수 있다.

```kotlin
@Test
fun `ID를 지정한 GET 요청은 특정한 고양이 정보를 조회한다`() {
    withTestApplication(Application::mainModule) {
        val response = handleRequest(HttpMethod.Get, "/cats/$id").response
        assertEquals("""{"id":$id,"name":"복실이", "age":0}""", response.content)
    }
}
```

기대하는 응답 문자열에 고양이의 ID를 삽입한 것을 볼 수 있다. 테스트를 실행할 때마다 이 ID의 값은 달라질 것이기 때문이다.

데이터베이스의 모든 고양이를 조회하는 기능을 테스트하는 코드도 크게 다르지 않다.

```kotlin
@Test
fun `ID를 지정하지 않은 GET 요청은 모든 고양이 정보를 조회한다`() {
    withTestApplication(Application::mainModule) {
        val response = handleRequest(HttpMethod.Get, "/cats").response
        assertEquals("""[{"id":$id,"name":"복실이", "age":0}]""", response.content)
    }
}
```

다른 점이라면 요청에 고양이의 ID를 지정하지 않았다는 것과 응답이 JSON 배열로 온다는 것이다(응답 문자열의 대괄호가 JSON 배열을 의미한다).

이제 라우팅만 추가하면 된다.

```kotlin
get("/cats") {
    val cats = transaction {
        CatsTable.selectAll().map { row ->
            Cat(
                row[CatsTable.id].value,
```

```
                row[CatsTable.name],
                row[CatsTable.age]
            )
        }
    }
    call.respond(cats)
}
```

단일 엔티티 조회 예제를 잘 따라서 구현했다면 이 예제도 크게 어렵지 않을 것이다. 테이블의 모든 행을 조회하려면 selectAll() 함수를 사용한다. 그리고 모든 행을 데이터 클래스로 변환한다. 이제 유일한 문제는 모든 코드가 하나의 파일에 있어서 다소 지저분하게 보인다는 것이다. 고양이를 다루는 라우팅 코드를 다른 파일로 쪼갤 수 있다면 더 좋을 것이다. 다음 절에서 이러한 방법을 알아보자.

Ktor에서 라우팅 구조화하기

이번 절에서는 Ktor에서 같은 도메인에 속하는 여러 라우팅을 구조화하는 Ktor의 관용적 접근법을 살펴볼 것이다.

현재 routing 블록은 다음과 같이 구현돼 있다.

```
routing {
    get("/status") {
        ...
    }
    post("/cats") {
        ...
    }
    get("/cats") {
        ...
    }
    get("/cats/{id}") {
        ...
    }
}
```

고양이에 관련된 모든 라우팅을 별도의 파일로 추출하면 좋을 것 같다. 먼저 라우팅이 있던 자리에 함수 호출을 넣어 보자.

```
routing {
    get("/status") {
        ...
    }
    cats()
}
```

IntelliJ IDEA를 쓰고 있다면 Routing 클래스의 확장 함수를 만드는 것이 어떻겠냐고 제안해 주기까지 할 것이다.

```
fun Routing.cats() {
    ...
}
```

이제 고양이에 관련된 라우팅을 이 함수 안으로 모두 옮길 것이다.

```
fun Routing.cats() {
    post("/cats") {
        ...
    }
    get("/cats") {
        ...
    }
    get("/cats/{id}") {
        ...
    }
}
```

그런데 /cats라는 URL이 여러 번 반복되는 것이 보인다. 반복되는 URL은 route() 블록으로 빼낼 수 있다.

표 10.1 route() 블록을 이용해서 더 깔끔한 코드 만들기

변경 전	변경 후
| ```
fun Routing.cats() {
    post("/cats") {
        ...
    }
    get("/cats") {
        ...
    }
    get("/cats/{id}") {
        ...
    }
}
``` | ```
fun Routing.cats() {
    route("/cats") {
        post {
            ...
        }
        get {
            ...
        }
        get("/{id}") {
            ...
        }
    }
}
``` |

코드가 얼마나 깔끔해졌는지 보라.

이제 중요한 주제 하나만 더 다루면 된다. 10장 첫머리에서 Ktor가 굉장히 동시성이 높은highly concurrent 프레임워크라는 사실을 언급했다. 그리고 6장에서는 코틀린의 동시성이 대개 코루틴을 통해 구현된다는 것을 배웠다. 하지만 10장에서 코루틴은 하나도 작성하지 않았다. 어떻게 된 일인지 다음 절에서 살펴볼 것이다.

Ktor의 동시성

지금까지 작성한 코드를 보면 Ktor 코드에는 동시성 요소가 하나도 없다고 느낄 것이다. 하지만 실제로는 전혀 그렇지 않다.

지금까지 사용한 Ktor의 모든 함수는 **일시 중단 함수**suspending function와 코루틴을 기반으로 하고 있다.

요청이 들어올 때마다 Ktor는 요청을 처리하기 위한 코루틴을 새로 시작한다. CIO 서버 엔진은 내부적으로 코루틴을 기반으로 동작하기 때문이다. 이처럼 성능은 뛰어나면서도 프로그래머가 직접 제어할 필요가 없는 동시성 모델을 제공하는 것이 Ktor의 중요한 원칙 중 하나다.

게다가 엔드포인트를 정의하기 위해 사용한 routing 블록은 CoroutineScope에 접근할 수 있다. 즉 routing 블록 내에서 일시 중단 함수를 호출할 수 있다는 뜻이다.

예제에서 계속 사용했던 call.respond() 함수도 일시 중단 함수다. 일시 중단 함수를 사용하면 애플리케이션이 함수 실행을 기다리는 동안 맥락 전환context switching을 할 수 있고, 다른 코드를 동시에 실행할 수 있게 된다. 그래서 같은 양의 자원을 갖고도 훨씬 더 많은 요청을 처리할 수 있는 것이다. Ktor에 관한 내용은 이쯤에서 마무리하고 지금까지 배운 내용을 정리해 보자.

요약

10장에서는 Ktor 프레임워크를 이용해서 데이터베이스에 엔티티를 저장하는 서비스 및 이에 대한 테스트를 작성했다. 또한 팩토리 패턴, 싱글톤 패턴, 브리지 패턴 등 책에서 다룬 여러 패턴을 활용해서 Ktor 프레임워크가 더 유연한 코드 구조를 만드는 것을 볼 수 있었다.

이제 Exposed를 통해 데이터베이스를 다룰 수 있을 것이다. 테이블을 선언, 생성, 삭제하는 방법을 배웠고, 새로운 엔티티를 추가하는 방법, 엔티티를 조회 및 삭제하는 방법도 배웠다.

11장에서는 웹 애플리케이션을 작성하는 다른 방법을 살펴볼 것이다. 이번에는 **Vert.x**라는 반응형 프레임워크를 사용할 텐데 10장과 비교해서 읽어 보면 동시성과 반응형의 접근법이 어떤 차이를 보이는지 알 수 있을 것이다. 11장에서 각각의 장단점도 알아볼 것이다.

질문

1. Ktor 애플리케이션의 구조는 어떠한가? 그러한 구조의 장점은 무엇인가?
2. Ktor에서 플러그인이란 무엇이며 어디에 사용되는가?
3. Exposed 라이브러리는 어떤 문제를 해결하는가?

11

Vert.x를 이용한 반응형 마이크로서비스

10장에서는 Ktor 프레임워크에 친숙해지기 위해 고양이 정보를 데이터베이스에 저장하는 웹 서비스를 만들어 봤다.

11장에서도 계속해서 이 예제를 활용한다. 하지만 이번에는 **Vert.x** 프레임워크를 사용할 것이다. Vert.x는 7장에서 다룬 반응형 프로그래밍의 원칙 위에 만들어진 반응형 프레임워크다. 먼저 **Vert.x** 프레임워크의 장점을 몇 가지를 소개할 텐데 더 자세히 알아보고 싶다면 공식 웹사이트(https://vertx.io)에서 다양한 정보를 얻을 수 있다.

11장에서 개발할 마이크로서비스에는 서비스 정상 동작 여부를 확인하는 엔드포인트(Ktor로 구현한 것과 동일)와 함께 데이터베이스의 고양이 정보를 수정하고 삭제하는 기능을 제공하는 엔드포인트를 구현할 것이다.

10장에서 다루는 내용은 다음과 같다.

- Vert.x 시작하기
- Vert.x에서 라우팅 구현하기

- 버티클

- 요청 처리하기

- Vert.x 애플리케이션 테스트하기

- 데이터베이스 다루기

- 이벤트 루프 이해하기

- 이벤트 버스와 통신하기

기술적 요구 사항

11장의 예제를 따라하기 위해서는 다음이 설치돼 있어야 한다.

- JDK 11 이상

- IntelliJ IDEA[1]

- Gradle 6.8 이상

- PostgreSQL 14 이상

10장과 마찬가지로 PostgreSQL은 이미 설치돼 있으며 기본적인 사용법은 숙지하고 있다고 가정한다. 또한 Ktor에서 사용했던 것과 동일한 데이터베이스 테이블 구조를 사용할 것이다.

11장의 예제에서 사용된 소스 코드는 다음 깃허브 저장소(https://github.com/PacktPublishing/Kotlin-Design-Patterns-and-Best-Practices/tree/main/Chapter11)에서 확인할 수 있다.

---

[1] 10장과 마찬가지로 IntelliJ IDEA Community Edition 2021.1 버전을 기준으로 설명하므로 다른 버전의 IntelliJ IDEA를 사용하면 책과 다른 결과를 얻을 수 있다. - 옮긴이

⁂ Vert.x 시작하기

Vert.x는 비동기적 논블로킹 프레임워크다. 실제 애플리케이션 예제를 통해 이것이 무슨 뜻인지 살펴보자.

먼저 start.vertx.io를 사용해서 새로운 코틀린 그래들 프로젝트를 만들 것이다.

1. IntelliJ IDEA의 **File > New > Project** 메뉴를 눌러 나오는 **New Project** 마법사에서 **Kotlin**을 선택한다.

2. 프로젝트 이름을 입력한다. 예제에서는 CatsShelterVertx로 할 것이다. **Build System** 으로는 **Gradle Kotlin**을 선택한다.

3. 드롭다운 메뉴를 통해 설치된 **Project JDK** 버전을 선택한다. 모두 선택한 뒤에 대화 상자는 다음과 같은 상태일 것이다.

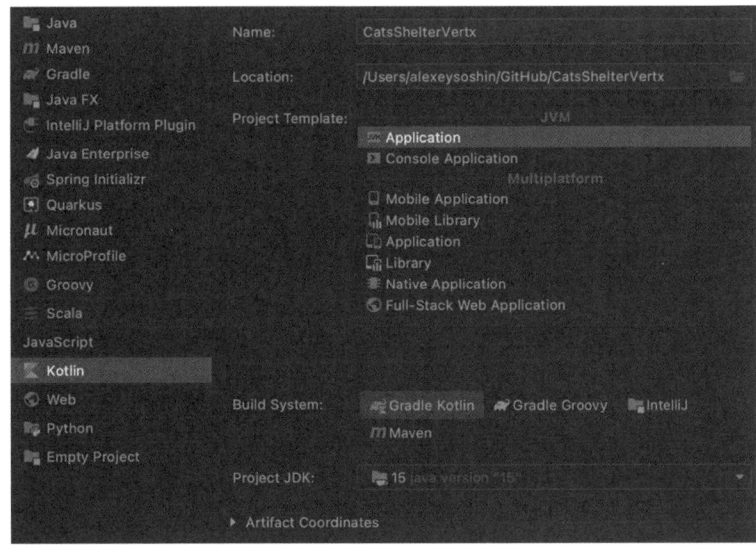

그림 11.1 코틀린 애플리케이션 생성하기

다음으로 build.gradle.kts 파일에 다음과 같은 의존성을 추가한다.

```
val vertxVersion = "4.1.5"
dependencies {
    implementation("io.vertx:vertx-core:$vertxVersion")
    implementation("io.vertx:vertx-web:$vertxVersion")
    implementation("io.vertx:vertx-lang-kotlin:$vertxVersion")
    implementation("io.vertx:vertx-lang-kotlin-coroutines:$vertxVersion")
    ...
}
```

10장에서와 마찬가지로 의존성 충돌을 막으려면 Vert.x에 관련된 모든 의존성은 같은 버전을 사용해야 한다. 그래서 라이브러리 버전을 값으로 선언해서 모든 의존성 버전을 한 번에 바꿀 수 있도록 했다.

각 의존성에 대한 설명은 다음과 같다.

- vertx-core는 라이브러리의 알맹이다.
- vertx-web은 REST 기반의 서비스를 만들기 위해 필요하다.
- vertx-lang-kotlin은 Vert.x로 코틀린에서 관용적 코드를 작성할 수 있도록 해준다.
- 마지막으로 vertx-lang-kotlin-coroutines는 6장에서 배운 코루틴을 활용할 수 있도록 한다.

다음으로는 src/main/kotlin 폴더 아래에 server.kt 파일을 만들고 다음과 같은 내용을 작성하자.

```
fun main() {
    val vertx = Vertx.vertx()
    vertx.createHttpServer().requestHandler{ ctx ->
        ctx.response().end("OK")
    }.listen(8081)
    println("다음 주소로 접속하세요: http://localhost:8081")
}
```

브라우저에서 다음 주소(http://localhost:8081)에 접속하면 OK라고 응답하는 웹 서버 만들기가 끝났다.

이제 코드를 이해해 보자. 먼저 3장에서 배운 팩토리 메서드를 이용해서 Vert.x 인스턴스를 만들었다.

requestHandler 메서드는 간단한 형태의 구독자(listener 또는 subscriber)다. 구독자가 어떤 일을 하는지 기억나지 않는다면 4장의 관찰자 패턴을 다시 읽어 보자. 여기서는 새로운 요청을 받을 때마다 구독자를 호출할 것이다. Vert.x의 비동기적인 특성이 여기서 드러난다.

다음으로는 Vert.x에 라우팅을 추가하는 방법을 알아보자.

Vert.x에서 라우팅 구현하기

지금까지 작성한 서버는 어떤 URL에 접속하든 항상 같은 결과를 반환한다. 당연히 그런 웹 서비스는 별로 쓸모가 없다. 그렇다면 가장 기본적인 엔드포인트를 추가해 보자. 서비스가 잘 동작하고 있는지 확인하기 위한 엔드포인트다.

이를 위해서는 Router를 사용한다.

```
val vertx = Vertx.vertx()
val router = Router.router(vertx)
...
```

Router를 이용하면 여러 HTTP 메서드와 URL에 대한 처리 로직을 지정할 수 있다.

이제 HTTP 상태 코드 200과 함께 OK라는 메시지를 반환하는 /status 엔드포인트를 추가해 보자.

```
router.get("/status").handler { ctx ->
    ctx.response()
        .setStatusCode(200)
        .end("OK")
}
vertx.createHttpServer()
    .requestHandler(router)
    .listen(8081)
```

이 코드에서는 요청 처리기 블록을 requestHandler 함수가 아닌 router 객체에 전달한다. 덕분에 코드를 관리하기 더 쉬워졌다.

첫 번째 예제에서는 단순 텍스트 응답을 반환하는 방법을 배웠다. 이번에는 JSON을 사용해 보자. 현업에서는 대부분 JSON 통신을 사용할 것이다. 처리기 본문을 다음과 같이 변경해 보자.

```
val json = json {
    obj(
        "status" to "OK"
    )
}
ctx.response()
    .setStatusCode(200)
    .end(json.toString())
```

여기서는 JSON 객체를 만들기 위해 4장에서 배운 DSL(도메인 특화 언어)을 사용하는 것을 볼 수 있다.

이제 브라우저에서 다음 주소(http://localhost:8081/status)에 접속하면 {"status": "OK"}라는 응답을 받을 수 있을 것이다.

다음 절에서는 Vert.x 프레임워크에서 코드를 구조화하는 방법을 살펴보자.

버티클

지금까지는 모든 코드를 server.kt 파일에 작성했다. 애플리케이션이 커지면 이 파일도 점점 길어질 것이다. 따라서 코드를 여러 파일로 쪼갤 방법이 필요하며 Vert.x에서는 **버티클**verticle이라는 클래스 단위로 코드를 쪼갠다.

버티클은 가벼운 작업자라고 생각할 수 있다. 작업자가 무엇인지는 7장에서 살펴봤다.

그렇다면 버티클을 통해 서버를 캡슐화하는 방법을 알아보자.

```
class ServerVerticle : CoroutineVerticle() {
    override suspend fun start() {
        val router = router()
        vertx.createHttpServer()
            .requestHandler(router)
            .listen(8081)
        println("http://localhost:8081에 접속하세요.")
    }

    private fun router(): Router {
        // 이제 라우팅 코드는 여기에 작성
        val router = Router.router(vertx)
        ...

        return router
    }
}
```

모든 버티클에는 초기화를 담당하는 start() 메서드가 있다. 보다시피 main() 함수에 있었던 모든 함수를 start() 메서드로 옮겼다. 하지만 아직은 코드를 실행해도 아무 일도 일어나지 않을 것이다. 버티클을 실행하지 않았기 때문이다.

버티클을 실행하는 방법은 여러 가지가 있다. 가장 간단한 것은 deployVerticle() 함수에 버티클 클래스(예제에서는 ServerVerticle 클래스)를 전달하는 것이다.

```
fun main() {
    val vertx = Vertx.vertx()
    vertx.deployVerticle(ServerVerticle())
}
```

클래스 이름을 문자열로 지정해서 보다 유연한 코드를 만들 수도 있다.

```
fun main() {
    val vertx = Vertx.vertx()
    vertx.deployVerticle("ServerVerticle")
}
```

기본 패키지에 속하지 않은 버티클 클래스의 이름을 문자열로 전달하는 경우에는 정규화된 경로fully-qualified path를 사용해야 Vert.x가 인스턴스를 생성할 수 있다.

이제 코드가 ServerVerticle.kt와 server.kt의 두 파일로 쪼개져서 더 좋은 구조를 갖게 됐다. 다음 절에서는 비슷한 방법으로 라우팅 코드를 리팩토링하는 방법을 알아볼 것이다.

요청 처리하기

Vert.x에서 모든 요청은 Router 클래스가 처리한다고 11장 앞부분에서 설명했다. 라우팅의 개념은 10장에서 알아봤기 때문에 이번엔 Ktor와 Vert.x가 라우팅을 처리하는 방식의 차이에 초점을 맞춰서 살펴보자.

고양이 정보를 삭제하고 수정하는 기능을 수행하는 엔드포인트 2개를 선언할 것이다. 각각은 delete와 put 메서드를 사용한다.

```
router.delete("/cats/:id").handler { ctx ->
    // 고양이 정보 삭제 코드
}
router.put("/cats/:id").handler { ctx ->
    // 고양이 정보 수정 코드
}
```

두 엔드포인트는 모두 URL 매개변수를 받는다. Vert.x에서는 URL 매개변수를 나타내기 위해 콜론을 사용하는 것을 볼 수 있다.

Vert.x에는 JSON 요청 및 응답을 파싱하기 위한 BodyHandler 클래스가 있다. 이 클래스의 인스턴스도 만들어 보자. 다음과 같이 라우터 인스턴스를 만들고 나서 BodyHandler 인스턴스를 등록해 준다.

```
val router = Router.router(vertx)
router.route().handler(BodyHandler.create())
```

이렇게 하면 Vert.x는 모든 요청의 본문을 JSON으로 파싱한다.

코드에서 /cats URL이 반복되고 있다. 이러한 반복을 막고 코드를 모듈화하기 위해서 서브라우터subrouter를 사용할 수 있다. 다음 절에서 계속해서 알아보자.

서브라우터 사용하기

서브라우터를 사용하면 라우팅을 여러 클래스로 분할함으로써 코드를 보다 체계적으로 관리할 수 있다. 라우팅을 새로운 함수로 분리하는 방법은 다음과 같다.

1. /status 엔드포인트는 그대로 두고 다른 엔드포인트는 모두 별도의 함수로 옮긴다.

```
private fun catsRouter(): Router {
    val router = Router.router(vertx)
    router.delete("/:id").handler { ctx ->
        // 고양이 정보 삭제 코드
    }
    router.put("/:id").handler { ctx ->
        // 고양이 정보 수정 코드
    }
    return router
}
```

이 함수 안에서 새로운 Router 객체를 만들어 고양이 관련 기능만 처리하도록 한다. 상태 정보를 보여 주는 기능과 라우팅을 분리한 것이다.

2. 원래 라우터에 서브라우터를 연결한다.

```
router.mountSubRouter("/cats", catsRouter())
```

코드를 깔끔하게 잘 쪼개는 것은 매우 중요한 일이다. 서브라우터를 사용하면 코드를 깔끔하게 유지할 수 있다.

이제 코드를 테스트하는 방법을 알아보자.

Vert.x 애플리케이션 테스트하기

Vert.x 애플리케이션 테스트에는 10장에서와 마찬가지로 JUnit 5 프레임워크를 사용할 것이다.

먼저 build.gradle.kts 파일에 다음과 같이 의존성을 추가해야 한다.

```
dependencies {
    ...
    testImplementation("org.junit.jupiter:junit-jupiter-api:5.6.0")
    testRuntimeOnly("org.junit.jupiter:junit-jupiter-engine:5.6.0")
}
```

첫 번째 테스트 코드는 /src/test/kotlin/ServerTest.kt 파일에 작성할 것이다.

통합 테스트의 기본 골격은 다음과 같다.

```
@TestInstance(TestInstance.Lifecycle.PER_CLASS)
class ServerTest {
    private val vertx: Vertx = Vertx.vertx()

    @BeforeAll
    fun setup() {
        runBlocking {
            vertx.deployVerticle(ServerVerticle()).await()
        }
    }

    @AfterAll
    fun tearDown() {
        // 서버를 사용한 뒤에는 닫아 줘야 함
        vertx.close()
    }

    @Test
    fun `상태 코드 200을 반환한다.`() {

    }
}
```

Ktor에서 봤던 테스트와는 구조가 다소 다르다. 여기서는 setup() 메서드 내에서 서버를 직접 시작한다.

Vert.x는 반응형 프레임워크이기 때문에 deployVerticle() 메서드는 즉시 Future 객체를 반환하고 스레드의 제어권을 되돌려 줄 것이다. 하지만 이 시점에 서버 버티클[verticle]은 아직 시작되지 않은 상태다.

이러한 경합 상황을 방지하기 위해 await() 메서드를 사용한다. 그러면 서버가 켜지고 요청을 처리할 준비가 될 때까지 테스트 실행이 중단된다.

이제 실제 HTTP 요청을 보내고 응답 코드를 확인해야 한다. 이를 위해서는 Vert.x 웹 클라이언트를 사용할 것이다.

Vert.x 웹 클라이언트에 대한 의존성을 다음과 같이 build.gradle.kts 파일에 추가하자.

```
testImplementation("io.vertx:vertx-web-client:$vertxVersion")
```

WebClient는 테스트에서만 사용할 계획이기 때문에 implementation 대신 testImplementation을 사용했다. 하지만 WebClient는 쓸모가 많은 라이브러리이기 때문에 테스트가 아닌 일반 코드에서 사용할 일이 생길 수도 있다.

의존성을 추가한 다음에는 setup 메서드에서 웹 클라이언트를 초기화해야 한다.

```
lateinit var client: WebClient
@BeforeAll
fun setup() {
    vertx.deployVerticle(ServerVerticle())
    client = WebClient.create(
        vertx,
        WebClientOptions()
            .setDefaultPort(8081)
            .setDefaultHost("localhost")
    )
}
```

setup() 메서드는 모든 테스트가 시작하기 전에 딱 한 번 호출된다. 이 메서드 내에서는 서버 버티클을 시작하고 웹 클라이언트를 (몇 가지 기본 옵션을 사용해서) 생성한다. 생성한 웹 클라이언트는 테스트 전반에서 사용할 수 있다.

이제 서버가 켜져 있고 정상 동작하는지 확인하는 테스트를 작성해 보자.

```
@Test
fun `상태 코드 200을 반환한다`() {
    runBlocking {
        val response = client.get("/status").send().await()
        assertEquals(200, response.statusCode())
    }
}
```

테스트 코드에서 무슨 일이 일어나는지 살펴보자.

- client는 WebClient 객체이며 모든 테스트가 공유한다. get 함수를 통해 /status 엔드포인트를 호출한다. 다만 이 함수는 요청을 만들기 위한 빌더에 불과하기 때문에 실제로 요청을 보내기 위해서는 send() 메서드를 호출해야 한다. send()를 빼먹으면 아무 일도 일어나지 않는다.

- Vert.x는 반응형 프레임워크다. 따라서 send() 함수는 응답을 받을 때까지 기다리는 대신 Future 객체를 반환한다. 그래서 Future를 코틀린의 코루틴으로 변환하는 await() 함수를 호출해서 실행 결과를 기다린다.

- 응답을 수신하면 다른 테스트에서와 동일한 방법으로, 즉 JUnit의 assertEquals 함수를 사용해서 결과를 확인한다.

이제 Vert.x에서 테스트를 작성하는 방법도 배웠다. 그다음에는 반응형 스타일로 데이터베이스를 사용하는 방법을 살펴보자.

데이터베이스 다루기

나머지 테스트 코드를 작성하기 위해서는 데이터베이스에 새로운 엔티티를 생성하는 코드를 작성해야 한다. 그러려면 우선 데이터베이스 연결이 필요하다.

먼저 다음과 같이 build.gradle.kts 파일에 의존성을 추가하자.

```
implementation("org.postgresql:postgresql:42.3.0")
implementation("io.vertx:vertx-pg-client:$vertxVersion")
```

첫 번째 줄은 PostgreSQL 드라이버를 가져온다. 두 번째 줄은 Vert.x JDBC 클라이언트를 추가하는데 이 클라이언트는 JDBC를 지원하는 모든 데이터베이스에 연결하기 위한 드라이버를 포함하고 있다.

설정 관리하기

이제 데이터베이스 설정을 어딘가에서 관리해야 한다. 로컬 개발 시에는 이런 설정 값을 하드코딩해서 관리할 수도 있다. 코드에 데이터베이스 설정을 하드코딩하는 방법은 다음과 같다.

1. 데이터베이스에 연결할 때는 최소한 다음과 같은 설정값이 필요하다.

    - 사용자 이름
    - 비밀번호
    - 호스트
    - 데이터베이스 명

    다음과 같이 Singleton 객체를 만들어 이러한 설정값을 저장할 것이다.

    ```
    object Db {
        val username = System.getenv("DATABASE_USERNAME") ?: "cats_admin"
        val password = System.getenv("DATABASE_PASSWORD") ?: "abcd1234"
    ```

```
        val database = System.getenv("DATABASE_NAME") ?: "cats_db"
        val host = System.getenv("DATABASE_HOST") ?: "localhost"
    }
```

이 Singleton 객체는 4개의 멤버를 갖는다. 각 멤버에 대해서 먼저 환경변수가 설정돼 있는지 확인하고, 만약 설정된 환경변수가 없다면 엘비스 연산자를 이용해서 기본값을 할당한다.

2. 이제 연결 풀을 반환하는 함수를 추가해 보자.

```
fun connect(vertx: Vertx): SqlClient {
    val connectOptions = PgConnectOptions()
        .setPort(5432)
        .setHost(host)
        .setDatabase(database)
        .setUser(username)
        .setPassword(password)

    val poolOptions = PoolOptions()
        .setMaxSize(20)

    return PgPool.client(
        vertx,
        connectOptions,
        poolOptions
    )
}
```

connect() 메서드는 2개의 설정 객체를 생성한다. 하나는 PgConnectOptions로 연결하고자 하는 데이터베이스의 구성 정보를 담고 있다. 다른 하나는 PoolOptions로 연결 풀을 설정하기 위한 값을 담고 있다.

3. 이제 테스트에서 데이터베이스 클라이언트를 만들기만 하면 된다.

```
...
lateinit var db: SqlClient
```

```
@BeforeAll
fun setup() {
    runBlocking {
        ...
        db = Db.connect(vertx)
    }
}
```

4. 여기까지 했다면 이제 데이터베이스에 고양이 정보가 존재하는 상황에 실행할 테스트 케이스를 모아 놓기 위해 새로운 중첩 클래스를 작성해 보자.

```
@Nested
inner class `고양이 정보가 있을 때` {
    @BeforeEach
    fun createCats() {
        ...
    }

    @AfterEach
    fun deleteAll() {
        ...
    }
}
```

10장에서 다뤘던 Exposed 프레임워크와는 달리 Vert.x의 데이터베이스 클라이언트에는 삽입이나 삭제 등의 동작을 위한 메서드가 따로 없다. 대신 데이터베이스에서 어떤 쿼리든 실행할 수 있는 저수준 API를 사용해야 한다.

5. 먼저 데이터베이스의 모든 자료를 지우는 쿼리를 작성하자.

```
@AfterEach
fun deleteAll() {
    runBlocking {
        db.preparedQuery("DELETE FROM cats").execute().await()
    }
}
```

먼저 preparedQuery() 메서드에 쿼리를 전달한 뒤에 execute() 메서드를 호출해서 쿼리를 실행하는 것이 Vert.x 데이터베이스 클라이언트의 기본적인 사용법이다.

다음 테스트로 진행하기 전에 이 쿼리가 완료되기를 기다려야 한다. 그래서 await() 함수를 사용해서 현재 코루틴이 쿼리 실행을 기다리도록 했으며, runBlocking() 어댑터 메서드를 사용해서 코루틴 맥락도 함께 기다리도록 했다.

6. 이번에는 개별 테스트를 실행하기 전에 데이터베이스에 고양이를 한 마리 추가하는 쿼리를 작성해 보자.

```
lateinit var catRow: Row

@BeforeEach
fun createCats() {
    runBlocking {
        val result = db.preparedQuery(
            """INSERT INTO cats (name, age)
            VALUES ($1, $2)
            RETURNING ID""".trimIndent()
        ).execute(Tuple.of("뭉치", 7)).await()
        catRow = result.first()
    }
}
```

여기서도 preparedQuery() 메서드를 사용했다. 하지만 이번에는 SQL 쿼리 안에 자리 표시자placeholder가 들어 있다. 각 자리 표시자는 달러 표시($)로 시작하며 첨자는 1부터 시작한다.

그리고 자리 표시자에 들어갈 실제 값을 execute() 메서드에 전달한다. Tuple.of가 팩토리 메서드 디자인 패턴을 사용하고 있다는 것은 이제는 금세 눈치챌 수 있을 것이다.

이후 테스트에서 고양이 정보를 삭제하거나 수정하려면 고양이의 ID가 필요하기 때문에 생성한 고양이의 ID는 잘 기억하고 있어야 한다. 그래서 lateinit으로 선언된 변수에 생성한 고양이 행을 저장한 것이다.

7. 이제 테스트를 작성하기 위해 필요한 모든 것이 준비됐다.

```
@Test
fun `DELETE 요청은 ID로 고양이 정보를 삭제한다.`() {
    runBlocking {
        val catId = catRow.getInteger(0)
        client.delete("/cats/${catId}").send().await()

        val result = db.preparedQuery("SELECT * FROM cats WHERE id = $1")
            .execute(Tuple.of(catId)).await()

        assertEquals(0, result.size())
    }
}
```

먼저 삭제하려는 고양이의 ID를 알아내고자 데이터베이스 행에 getInteger() 메서드를 호출했다. 자리 표시자의 첨자가 1부터 시작하는 것과는 달리 데이터베이스 행의 열 번호는 0부터 시작한다. 따라서 0번째 열의 값을 정수형으로 가져옴으로써 고양이의 ID를 알아낼 수 있다.

그리고 웹 클라이언트의 delete() 메서드를 호출하고 완료되기를 기다린다.

마지막으로 데이터베이스에서 SELECT 문을 실행해서 실제로 행이 삭제됐는지 검사한다.

이 테스트를 실행해 보면 지금은 실패할 것이다. 삭제 기능을 하는 엔드포인트를 아직 구현하지 않았기 때문이다. 다음 절에서 구현해 보도록 하자.

이벤트 루프 이해하기

이벤트 루프event loop 디자인 패턴은 대기열에 새로운 이벤트가 있는지 지속적으로 확인하다가 새로운 이벤트가 들어오면 재빨리 이를 처리할 수 있는 처리기에 작업을 할당하는 디자인 패턴이다. 이 패턴을 사용하면 하나 또는 매우 적은 수의 스레드를 사용하면서도 많은 수의 이벤트를 처리할 수 있다.

Vert.x와 같은 웹 프레임워크에서는 서버가 받는 요청이 이벤트에 해당한다.

이벤트 루프의 개념을 이해하기 위해 다시 서버 코드로 돌아가서 고양이 정보를 삭제하는 엔드포인트를 구현해 보자.

```
val db = Db.connect(vertx)
router.delete("/:id").handler { ctx ->
    val id = ctx.request().getParam("id").toInt()
    db.preparedQuery("DELETE FROM cats WHERE ID = $1")
        .execute(Tuple.of(id)).await()
    ctx.end()
}
```

이전 절에서 작성한 테스트 코드와 매우 흡사하다. 먼저 getParam() 함수를 통해 요청에서 URL 매개변수를 읽어 온다. 그리고 이 ID를 준비된 쿼리문에 전달한다. 하지만 이번에는 runBlocking 어댑터 함수를 사용할 수 없다. runBlocking을 사용하면 이벤트 루프가 멈춰 버리기 때문이다.

Vert.x는 모든 코드를 효율적으로 실행하기 위해 CPU 코어 개수의 2배만큼의 스레드를 사용한다. 즉 동기화 함수를 사용해서 스레드 1개를 멈춰 버리면 전체 성능에 부정적인 영향을 끼칠 수 있다는 뜻이다.

이 문제를 해결하기 위해서는 이미 익숙한 코루틴 빌더 중 하나인 launch() 함수를 사용한다. 사용법은 다음과 같다.

```
router.delete("/:id").handler { ctx ->
    launch {
        val id = ctx.request().getParam("id").toInt()
        db.preparedQuery("DELETE FROM cats WHERE ID = $1")
            .execute(Tuple.of(id)).await()
        ctx.end()
    }
}
```

CoroutineVerticle을 상속받아서 버티클 클래스를 만들었기 때문에 처리기 안에서는 일반적인 코루틴 빌더 함수를 모두 사용할 수 있다. 이렇게 만들어진 코루틴은 이벤트 루프 위에서 실행될 것이다.

이제 라우팅 함수에 suspend 키워드를 붙이는 일만 남았다.

```
private suspend fun router(): Router {
    ...
}
private suspend fun catsRouter(): Router {
    ...
}
```

이제 고양이의 정보를 수정하는 새로운 테스트를 작성해 보자.

```
@Test
fun `PUT 요청은 ID로 고양이 정보를 수정한다.`() {
    runBlocking {
        val catId = catRow.getInteger(0)
        val requestBody = json {
            obj("name" to "두부", "age" to 4)
        }
        client.put("/cats/${catId}")
            .sendBuffer(Buffer.buffer(requestBody.toString()))
            .await()

        val result = db.preparedQuery("SELECT * FROM cats WHERE id = $1")
            .execute(Tuple.of(catId)).await()

        assertEquals("두부", result.first().getString("name"))
        assertEquals(4, result.first().getInteger("age"))
    }
}
```

이 테스트는 삭제 테스트와 매우 비슷하다. 한 가지 주요한 차이는 send() 대신 sendBuffer() 메서드를 사용한다는 점이다. 이를 통해 PUT 엔드포인트에 JSON 본문을 보낼 수 있다.

JSON은 11장 초반에 /status 엔드포인트를 구현할 때와 비슷한 방식으로 만들었다.

이제 테스트가 성공할 수 있도록 PUT 엔드포인트를 구현해 보자.

```
router.put("/:id").handler { ctx ->
    launch {
        val id = ctx.request().getParam("id").toInt()
        val body = ctx.bodyAsJson
        db.preparedQuery("UPDATE cats SET name = $1, age = $2 WHERE ID = $3")
            .execute(
                Tuple.of(
                    body.getString("name"),
                    body.getInteger("age"),
                    id
                )
            ).await()
        ctx.end()
    }
}
```

지금까지 구현한 다른 엔드포인트와의 주된 차이점은 요청 본문을 파싱하는 로직이 있다는 점이다. 요청은 bodyAsJson 속성을 통해 파싱할 수 있다. 그 이후에 JSON 객체에 있는 getString과 getInteger 메서드를 사용해서 name과 age의 새 값을 가져온다.

이 정도면 다른 엔드포인트도 충분히 구현할 수 있을 것이다. 지금까지는 모든 코드가 하나의 커다란 클래스에 있었으니, 다음 절에서는 이벤트 버스의 개념을 활용해서 코드를 조금 더 잘 구조화하는 방법을 알아보자.

이벤트 버스와 통신하기

이벤트 버스 Event Bus는 4장에서 배운 관찰자 디자인 패턴의 구현체다.

Vert.x가 독립적 작업자인 버티클이라는 개념을 기반으로 하고 있다는 사실은 이미 언급했다. 또한 7장에서 다른 종류의 작업자도 살펴봤다. 코틀린의 coroutines 라이브러리는 actor()와 producer() 코루틴 생성기를 통해 채널과 결합된 코루틴을 쉽게 만들 수 있도록 해준다.

마찬가지로 Vert.x 프레임워크의 모든 버티클은 이벤트 버스와 결합돼 있으며 이를 통해 다른 버티클과 통신할 수 있다. 이제 ServerVerticle 클래스 일부를 분리해서 새로운 클래스(CatsVerticle)를 만들어 보자.

모든 버티클은 다음 메서드 중 하나를 통해 이벤트 버스에 메시지를 보낼 수 있다.

- request()는 하나의 구독자에게만 메시지를 보내고 응답을 기다린다.
- send()는 하나의 구독자에게만 메시지를 보내되 응답을 기다리지 않는다.
- publish()는 모든 구독자에게 메시지를 보내되 응답을 기다리지 않는다.

메시지를 보내는 함수는 3개지만, 이벤트 버스를 구독할 때에는 consumer() 메서드 하나만 사용한다.

이제 CatsVerticle 클래스에서 이벤트를 구독해 보자.

```kotlin
class CatsVerticle : CoroutineVerticle() {
    override suspend fun start() {
        val db = Db.connect(vertx)
        vertx.eventBus().consumer<Int>("cats:delete"){req->
            launch {
                val id = req.body()
                db.preparedQuery("DELETE FROM cats WHERE ID = $1")
                    .execute(Tuple.of(id)).await()
                req.reply(null)
            }
        }
    }
}
```

consumer() 메서드의 제네릭 타입은 받고자 하는 메시지의 자료형을 지정한다. 이 경우에는 Int 타입의 메시지를 구독한다.

consumer() 메서드에 전달하는 문자열(예제에서는 cats:delete)은 구독하고자 하는 주소다. 아무 문자열이나 사용해도 되지만 일정한 규칙을 따르는 것이 좋다. 가령 어떤 대상에 대해서 어떤 동작을 하고자 하는지를 나타내는 것이다.

삭제를 수행하고 나면 reply() 메서드를 통해 발행자에게 응답한다. 삭제 엔드포인트에서는 따로 정보를 반환할 필요가 없기 때문에 그냥 null을 보낸다.

이제 기존의 delete 라우팅 코드를 다음과 같이 수정한다.

```
router.delete("/:id").handler { ctx ->
    val id = ctx.request().getParam("id").toInt()
    vertx.eventBus().request<Nothing>("cats:delete", id) {
        ctx.end()
    }
}
```

여기서는 요청에서 파싱한 고양이 ID를 구독자 중 하나에게 request() 메서드를 통해 보낸다. 이때 메시지의 타입은 Int로 지정했다. 또한 구독자 코드에서 사용한 것과 동일한 주소를 사용했다.

코드를 새로운 버티클로 쪼갰기 때문에 새 버티클도 시작해 줘야 한다. main() 함수 및 테스트의 setup() 메서드에 다음과 같이 한 줄을 추가하면 된다.

```
vertx.deployVerticle(CatsVerticle())
```

다음 절에서는 이벤트 버스에 복잡한 객체를 전달하는 방법을 배울 것이다.

이벤트 버스로 JSON 보내기

마지막 예제에서는 고양이 정보를 수정하는 방법을 살펴볼 것이다. 기존 정보를 수정하기 위해서는 이벤트 버스에 ID 외에 다른 정보를 보내야 한다.

먼저 put 요청 처리기를 다음과 같이 수정하자.

```
router.put("/:id").handler { ctx ->
    launch {
        val id = ctx.request().getParam("id").toInt()
        val body: JsonObject = ctx.bodyAsJson.mergeIn(json{
```

```
                obj("id" to id)
        })

        vertx.eventBus().request<Int>("cats:update", body) { res ->
            ctx.end(res.result().body().toString())
        }
    }
}
```

JSON 객체를 어렵지 않게 이벤트 버스에 보낼 수 있는 것을 볼 수 있다. URL 매개변수로 받은 ID를 요청 본문과 병합하고, 이 JSON 객체를 이벤트 버스로 보낸다. 응답을 받으면 이를 다시 사용자에게 출력한다.

이제 보낸 이벤트를 소비하는 방법을 알아보자.

```
vertx.eventBus().consumer<JsonObject>("cats:update"){req ->
    launch {
        val body = req.body()
        db.preparedQuery("UPDATE cats SET name = $1, age = $2 WHERE ID = $3")
            .execute(
                Tuple.of(
                    body.getString("name"),
                    body.getInteger("age"),
                    body.getInteger("id")
                )
            ).await()
        req.reply(body.getInteger("id"))
    }
}
```

처리 로직을 Router에서 CatsVerticle로 옮겼지만 JSON을 통해 통신하기 때문에 코드는 거의 동일하다. 이 버티클 내에서는 cats:update 이벤트를 구독하며, 응답을 받으면 JSON 객체에서 이름, 나이, ID를 추출해 작업이 성공적으로 완료됐는지 확인한다.

여기까지가 11장에서 다룬 내용이다. 관심이 있다면 Vert.x에 관해 공부할 내용은 굉장히 많다. 하지만 11장에서 배운 내용만 잘 익혀도 앞으로의 공부를 위한 탄탄한 기반이 돼줄 것이다.

요약

11장을 마지막으로 코틀린 디자인 패턴의 여정을 끝마쳤다. Vert.x는 버티클이라고 하는 작업자 코루틴을 사용해서 애플리케이션의 로직을 체계화한다. 작업자끼리는 관찰자 디자인 패턴의 구현체인 이벤트 버스를 통해 통신한다.

또한 이벤트 루프 패턴이 무엇이며 Vert.x가 수많은 이벤트를 어떻게 처리하는지, 그리고 이벤트 루프를 멈추지 않는 것이 왜 중요한지 알아봤다.

이제 코틀린으로 된 2개의 프레임워크를 활용해서 마이크로서비스를 작성할 수 있을 것이다. 또한 상황에 따라 더 적합한 프레임워크를 고를 수도 있을 것이다.

Vert.x는 Ktor보다 저수준의 API를 제공한다. 즉 코드 구조에 관해 고민할 부분이 더 많다. 하지만 그만큼 성능이 더 좋을 수 있다. 이제 책을 마무리지어야 하기 때문에 코틀린과 그 생태계를 배우는 이후의 여정은 독자의 몫이다. 행운을 빌며, 도움이 필요하다면 언제든지 다음 링크(https://stackoverflow.com/questions/tagged/kotlin) 및 다음 링크(https://discuss.kotlinlang.org)에 접속하면 저자 본인을 비롯한 여러 코틀린 전문가의 도움을 얻을 수 있을 것이다.

즐거운 배움이 되기를 기원한다.

질문

1. Vert.x에서 버티클이란 무엇인가?
2. 이벤트 버스의 목적은 무엇인가?
3. 왜 이벤트 루프를 멈추면 안 되는가?

정답과 해설

⁝⁝ 1장. 코틀린 시작하기

1. **코틀린에서 var과 val의 차이는 무엇인가?**

   val 키워드는 한 번 할당하면 수정이 불가능한 불변 값을 선언한다. var 키워드는 여러 번 할당할 수 있는 가변 변수를 선언한다.

2. **코틀린에서 클래스는 어떻게 확장하는가?**

   클래스를 확장하려면 세미콜론 뒤에 확장하고자 하는 클래스의 이름과 생성자를 지정한다. 일반적인 클래스라면 반드시 open 키워드를 사용해서 확장이 가능하도록 선언해야 한다.

3. **final 클래스에 기능을 추가하려면 어떻게 하는가?**

   상속이 불가능한 클래스에 기능을 추가하고자 할 때는 확장 함수를 사용할 수 있다. 단, 확장 함수는 클래스 자체와 공개 필드 및 함수에만 접근할 수 있다.

2장. 생성 패턴 사용하기

1. **2장에서 배운 object 키워드의 쓰임새 두 가지를 말해 보라.**

   전역 시야에서는 object 키워드를 통해 싱글톤 객체를 선언한다. 또한 클래스 내에서 companion 키워드와 함께 사용하면 정적 메서드를 모아 놓기 위한 동반 객체를 만들 수 있다.

2. **apply() 함수는 언제 사용하는가?**

   apply() 함수는 객체의 상태를 변경한 뒤에 그 객체를 반환하고자 할 때 사용한다.

3. **정적 팩토리 메서드의 예를 하나 들어 보라.**

   JVM에서 Long 객체가 갖는 valueOf() 메서드는 정적 팩토리 메서드다.

3장. 구조 패턴 이해하기

1. **데코레이터 디자인 패턴과 프록시 디자인 패턴의 구현상 차이점은 무엇인가?**

   데코레이터 패턴과 프록시 패턴은 같은 방법으로 구현할 수 있다. 목적이 다를 뿐이다. 데코레이터 패턴은 객체에 기능을 추가하기 위해 사용하는 반면 프록시 패턴은 객체의 기능을 변경할 수 있다.

2. **경량 디자인 패턴의 주요 목적은 무엇인가?**

   경량 패턴의 목적은 여러 경량 객체가 같은 불변 상태를 재사용함으로써 메모리를 아끼는 것이다.

3. **퍼사드 디자인 패턴과 어댑터 디자인 패턴의 차이는 무엇인가?**

   퍼사드 패턴은 복잡한 코드를 조금 더 간단하게 다루기 위한 새로운 인터페이스를 만든다. 반면 어댑터 패턴은 인터페이스를 대체하는 다른 인터페이스를 만든다.

4장. 동작 패턴과 친해지기

1. **중개인 패턴과 관찰자 패턴의 차이점은 무엇인가?**

   두 패턴은 비슷한 목적을 갖는다. 중개인 패턴은 객체 간에 다양한 목적으로 활용할 수 있는 강한 결합을 만들며, 관찰자 패턴은 느슨히 결합된 컴포넌트 사이에서 작동한다.

2. **도메인 특화 언어란 무엇인가?**

   도메인 특화 언어는 특정한 도메인의 문제를 해결하는 데에 초점을 맞춘 언어다. 다양한 도메인에 사용할 수 있는 코틀린 등의 같은 범용 언어와는 다르다. 코틀린은 개발자들이 필요에 맞게 DSL을 만들어 사용할 것을 권장한다.

3. **봉인 클래스나 인터페이스를 사용하는 이유는 무엇인가?**

   봉인 클래스는 모든 하위 타입을 컴파일 시에 알 수 있기 때문에 코틀린 컴파일러는 when 문이 모든 경우를 다 포함하는지 검사할 수 있다.

5장. 함수형 프로그래밍 소개

1. **고차 함수란 무엇인가?**

   고차 함수는 다른 함수를 입력으로 받거나 함수를 출력으로 반환하는 함수를 가리킨다.

2. **코틀린의 tailrec 키워드는 무엇인가?**

   tailrec 키워드를 사용하면 코틀린 컴파일러가 꼬리 재귀를 최적화함으로써 스택 오버플로를 방지할 수 있다.

3. **순수 함수란 무엇인가?**

   순수 함수란 I/O와 같은 부수 효과가 없는 함수를 의미한다.

6장. 스레드와 코루틴

1. 코틀린에서 코루틴을 시작하는 방법에는 어떤 것이 있는가?

    코틀린에서 코루틴은 launch()나 async() 함수로 시작할 수 있다. 두 함수의 차이점은 async()는 값을 반환하지만 launch()는 아무것도 반환하지 않는다는 것이다.

2. 구조화된 동시성이 존재할 때 코루틴 중 하나가 실패하면 같은 부모를 갖는 다른 코루틴도 함께 취소된다. 이런 동작을 방지하려면 어떻게 해야 하는가?

    coroutineScope 대신 supervisorScope를 사용하면 같은 부모를 갖는 다른 코루틴이 취소되지 않도록 할 수 있다.

3. yield() 함수의 목적은 무엇인가?

    yield() 함수는 값을 반환한 뒤에 코루틴을 일시 중단한다.

7장. 데이터 흐름 제어

1. 집합 자료 구조를 위한 고차 함수와 동시성 자료 구조를 위한 고차 함수의 차이는 무엇인가?

    집합 자료 구조와 함께 사용하는 고차 함수는 전체 자료 구조를 한꺼번에 처리한다. 즉 전체 자료 구조의 복사본을 만들어서 결과를 계산한 뒤에 다음 단계로 넘어간다. 반면 동시성 자료 구조에 사용하는 고차 함수는 반응형 프로그래밍의 특징을 가지며 원소를 하나씩 처리한다.

2. 차가운 스트림과 뜨거운 스트림의 차이는 무엇인가?

    차가운 스트림은 소비자마다 스트림이 처음부터 시작한다. 반면 뜨거운 스트림은 구독 시점부터 스트림에 들어오는 데이터만 소비자에게 보낸다.

3. 채널이나 흐름을 언제 뭉개야 하는가?

    소비자가 생산자보다 느리며 메시지 일부를 버려도 되는 경우에 스트림을 뭉갬으로써 항상 최신 메시지만 소비할 수 있도록 한다.

8장. 동시성을 위한 설계

1. **코틀린의 select 식이 편향적이라는 것은 무슨 뜻인가?**

   select 식이 편향적이라는 것은 select의 두 채널이 '비겼을' 때 항상 첫 번째 채널의 값이 사용된다는 의미다.

2. **언제 채널 대신 뮤텍스를 사용해야 하는가?**

   뮤텍스는 여러 코루틴이 공유하는 자원을 보호할 때 사용한다. 채널은 코루틴 간 데이터를 전달할 때 사용한다.

3. **맵리듀스나 분할 정복 알고리듬을 효율적으로 구현하려면 어떤 동시성 디자인 패턴을 사용해야 하는가?**

   데이터를 분배할 때는 팬아웃 패턴을 사용하고 처리 결과를 다시 모을 때는 팬인 패턴을 사용해서 분할 정복 알고리듬을 구현할 수 있다.

9장. 관용구와 안티 패턴

1. **코틀린에서 자바의 try-with-resources에 해당하는 것은 무엇인가?**

   코틀린에서는 Closeable 인터페이스를 구현하는 객체에 대해 use() 함수를 사용함으로써 자원이 사용 후에 반드시 해제되도록 할 수 있다.

2. **코틀린에서 null을 다루는 여러 가지 방법에는 무엇이 있는가?**

   코틀린에서는 여러 가지 방법을 통해 null을 다룰 수 있다. 예를 들어 엘비스 연산자나 스마트 캐스팅, let이나 run과 같은 시야 지정 함수를 사용할 수 있다.

3. **구체화된 제네릭을 사용하면 어떤 문제를 해결할 수 있는가?**

   JVM에서는 런타임에 타입이 제거된다. 그러나 inline 키워드를 통해 제네릭 함수의 본문을 호출부에 복사하면 컴파일러가 실제로 사용하는 타입을 보존할 수 있다.

10장. Ktor를 이용한 동시성 마이크로서비스

1. **Ktor 애플리케이션의 구조는 어떠한가? 그러한 구조의 장점은 무엇인가?**

    Ktor 애플리케이션은 여러 개의 모듈로 구성되며 각 모듈은 Application 객체의 확장 함수로서 구현된다. 이렇게 애플리케이션을 모듈화하면 각각을 다양한 측면에서 독립적으로 테스트할 수 있게 된다.

2. **Ktor에서 플러그인이란 무엇이며 어디에 사용되는가?**

    Ktor에서 플러그인은 횡단 관심사를 다루는 한 가지 방법이다. 요청과 응답의 직렬화 및 역직렬화, 헤더 설정, 심지어 라우팅까지도 모두 플러그인으로 돼 있다.

3. **Exposed 라이브러리는 어떤 문제를 해결하는가?**

    Exposed 라이브러리는 데이터베이스를 다루는 고차원 API를 제공해 준다.

11장. Vert.x를 이용한 반응형 마이크로서비스

1. **Vert.x에서 버티클이란 무엇인가?**

    버티클은 비즈니스 로직을 작은 반응형 단위 로직으로 쪼갠 작고 가벼운 작업자다.

2. **이벤트 버스의 목적은 무엇인가?**

    이벤트 버스는 여러 버티클이 메시지를 보내고 소비함으로써 간접적으로 통신할 수 있도록 한다.

3. **왜 이벤트 루프를 멈추면 안 되는가?**

    이벤트 루프는 여러 요청을 동시에 처리하기 위해 한정된 개수의 스레드를 사용한다. 만약 하나의 스레드라도 멈춘다면 전체 Ver.x 애플리케이션의 성능이 저하된다.

찾아보기

ㄱ

가변성 047
가변 인수 129
값 040
값으로서의 함수 208
값 지연 패턴 278
게으르며(게으른) 263
게으른 초기화 080
경량 패턴 133
경주 패턴 291
경합 조건 206, 229
고차 함수 033, 161, 191, 208, 212, 255, 261, 304, 313
공변 314
관찰자 디자인 패턴 269
관찰자 디자인 패턴(관찰자 패턴) 378
관찰자 패턴 191, 363
구조 패턴 105
구조화된 동시성 246
기본 인수 099
기억 패턴 179
깨지기 쉬운 기반 클래스 문제 122
꼬리 재귀 222

ㄴ

내부 클래스 180
논블로킹 255, 361

ㄷ

다형성 220
단일식 함수 051, 304, 307, 314
단일 책임 원칙 204
대수적 자료형 314
덮어쓰기 067
데드락 296
데이터베이스 343, 371
데이터 클래스 067, 196, 281, 315, 345
데코레이터 패턴 106, 137, 182
도메인 특화 언어 166
동반 객체 084, 093, 321
동시성 235, 261, 280, 294, 326, 335, 357
동작 패턴 141
동적 자료 스트림 261
디자인 패턴 071

ㄹ

라우팅   340, 349, 355, 363
락   295
람다식   304
람다 함수   168, 172, 209, 213, 216, 313
리스트   045, 119, 263, 282
리터럴 함수   209

ㅁ

맵   046
맵리듀스   290
메모이제이션   218
메서드 수신자   070
메서드 참조 연산자   147, 193, 219
메시지 주도   254
명령줄 인수   037
명령 패턴   156
명명 인수   100, 323
문   050, 219
문자열 보간   053, 338
뮤텍스 패턴   294
미처리 문자열   053

ㅂ

반변   314
반복문   055
반복자 디자인 패턴   130
반복자 패턴   148
반응형   370
반응형 프로그래밍   252

방문자 패턴   182, 315
배압   255, 272, 274
배열   049
버티클   364, 369, 378
버퍼   267, 272, 274
범위 연산자   056
변수 가리기   091
병렬적(병렬성)   226
병렬화   202, 215
보일러플레이트   228
봉인 클래스   153, 185, 329
부 생성자   128, 323
부수 효과   204, 213
부지런하다(부지런한)   263
분배기   245, 283
분해(분해 선언)   281
분해 선언   082, 207
불변 객체(불변성)   196
불변(불변성)   040, 060, 099, 135, 207
불변성   137, 203, 263
불변 자료 구조   048
브리지 패턴   120, 156, 237
비동기   236, 254, 269, 279, 326
빌더 패턴   094

ㅅ

사이드킥 채널 패턴   296
상속   066
상수   124
상태 패턴   151, 241, 278
생산자   272, 292
생산자(생산자 코루틴)   285

생산자 코루틴　266
생성자　078, 083, 094
생성 패턴　075
설정자　059, 306
세트　045
속성　059
순서열　261
순수 함수　213
스레드　205, 226, 376
스레드 안전　051, 077, 139
스레드 안전성　229
스마트 캐스팅　090, 186, 196, 311
스케줄러 패턴　283
스트림　119
시야 지정 함수　304, 325
식　051, 219
싱글톤　081, 344
싱글톤 객체(싱글톤 패턴)　136
싱글톤 디자인 패턴(싱글톤 패턴)　315
싱글톤 패턴　076

ㅇ

안전한 캐스팅 연산자　312
안티 패턴　076, 179
어댑터 디자인 패턴　132
어댑터 패턴　115, 261
엘비스 연산자　107, 324, 344, 348, 372
여러 줄 문자열　053
연산자 오버로딩　112
열거형　329
예외　083
오버로딩　320, 323

원자적(원자성)　206, 295
위임 함수　138
유연성　254
유창한 문법　160
유창한 설정자　097
유창한(유창한 문법)　229
응답성　253
이벤트 루프　375
이벤트 버스　378
익명 함수　208, 216
인라인　322
인라인 함수　313, 317
인터페이스　063, 079, 081, 314
일급 객체　106, 157
일급 객체로서의 함수(값으로서의 함수)　145
일꾼　288, 290, 296
일시 중단 함수　240, 357
임계 영역　295

ㅈ

작업　236
장벽 패턴　280
재귀 호출　222
전략 패턴　142, 151
접근자　059, 321
접근 제한자　065, 096
접미 호출　172, 210
정적 자료 스트림　255
정적 팩토리 메서드　083
정적 팩토리 메서드(정적 팩토리 메서드 패턴)　093
제네릭 함수　318
제어 흐름　050

종결 함수 258
주 생성자 059, 128, 323
주석 035
줄 끝 쉼표 095
중개인 패턴 173, 191
중위 함수 057
중첩 클래스 181
지역 함수 190
직렬화 340, 351

ㅊ

참조 동등성 040
참조 투명성 214
채널 264, 286, 288, 290, 292
책임 사슬 패턴 162
최종 클래스 066
추상 클래스 064
추상 팩토리 패턴 086, 130

ㅋ

캐스팅 088, 311
캐시 084, 138, 218
커리 215
코루틴 156, 233, 357
클래스 058
클로저 160, 212

ㅌ

타입 별칭 124
타입 소거 317

타입 안전성 038
타입 인수 049
타입 추론 039, 051
테스트 125, 326, 341, 346, 349, 368
템플릿 메서드 패턴 186
튜플 207

ㅍ

파이프라인 패턴 285
패러다임(프로그래밍 패러다임) 033
패키지 034
패키지 수준 함수 036
패턴 매칭 220
팩토리 메서드 패턴 080, 143
팩토리 메서드(팩토리 메서드 패턴) 136, 363
팩토리 패턴(정적 팩토리 메서드 패턴) 339
팬아웃 패턴 288
팬인 패턴 290
퍼사드 패턴 130
프로그래밍 패러다임 202
프로토타입 패턴 100
프록시 패턴 137, 278

ㅎ

함수형 프로그래밍 201, 202
합성 디자인 패턴(합성 패턴) 314
합성 패턴 126, 148, 182
해석기 패턴 166
행위자 코루틴 266, 296
확장 함수 069, 098, 118, 132, 168, 309, 317, 342, 356

회복성   253
횡단 관심사   166
흐름   269
흐름 뭉개기   273

A

actor coroutine   266
adapter 패턴   261
anonymous function   208
anti-pattern   076
ATD(Algebraic Data Type)   314

B

backpressure   255
behavioral pattern   141

C

call suffix   210
casting   088
channel   264
class   058
closure   160
command-line arguments   037
companion object   084
contravariant   314
coroutine   156, 233
covariant   314
creational pattern   075
curry   215

D

deadlock   296
delegator function   138
destructuring declaration   082
dispatcher   283

E

eager   263
Elvis operator   324
enum   329
event loop   375
expression   219
extension function   069

F

final 클래스   066
fluent setter   097
fluent syntax   160
for-in 반복문   055, 056, 256
fragile base class problem   122
functional programming   202
function overloading   320

G

getter   059

H

higher-order function   033, 161

I

if 조건식 050, 220
immutability 203
infix call 057
inline 322
inline function 313
iterator 디자인 패턴 130

L

lambda expression 304
lambda function 209
lazy 263
lazy initialization 080
literal function 209
local function 190
lock 295

M

MapReduce 290
method receiver 070
multiline string 053

N

named argument 100
nested 클래스 181
non-blocking 255, 361
non-nullable 091
null 가능 091, 305
null 불가 061, 091

null 안전성 043, 107, 170, 326
nullable 091
nullable object 305

O

overriding 067

P

package-level function 036
parallelization 202
polymorphism 220
primary constructor 059, 128
producer coroutine 266
pure function 213

R

range operator 056
raw string 053
reactive programming 252
recursion 222
referential transparency 214
resilience 253
responsiveness 253

S

safe cast operator 312
sealed class 153
secondary constructor 128

sequence　261

serialization　340

setter　059

side effect　213

single-expression function　051, 304

smart casting　090, 186

statement　050, 219

static data stream　255

string interpolation　053

suspending function　357

T

tail recursion　222

terminator function　258

thread　205

thread-safe　051

thread safety　229

trailing comma　095

tuple　207

type argument　049

type erasure　317

V

variable arguments　129

verticle　364, 369

W

when 조건식　052

when 표현식　220

while 반복문　057

worker　288

코틀린 디자인 패턴 2/e
고전 패턴, 반응형 패턴, 동시성 패턴을 활용해 확장성 있는 애플리케이션 개발하기

2판 발행 | 2023년 8월 31일

옮긴이 | 이 대 근
지은이 | 알렉세이 소신

펴낸이 | 권 성 준
편집장 | 황 영 주
편   집 | 김 진 아
          김 은 비
디자인 | 윤 서 빈

에이콘출판주식회사
서울특별시 양천구 국회대로 287 (목동)
전화 02-2653-7600, 팩스 02-2653-0433
www.acornpub.co.kr / editor@acornpub.co.kr

한국어판 ⓒ 에이콘출판주식회사, 2023, Printed in Korea.
ISBN 979-11-6175-781-0
http://www.acornpub.co.kr/book/kotlin-design-patterns-2e

책값은 뒤표지에 있습니다.